Selvagens Bebedeiras

Álcool, Embriaguez e Contatos Culturais
no Brasil Colonial
(Séculos XVI-XVII)

Selvagens Bebedeiras

Álcool, Embriaguez e Contatos Culturais
no Brasil Colonial
(Séculos XVI-XVII)

João Azevedo Fernandes

Copyright © 2011 João Azevedo Fernandes

Publishers: Joana Monteleone/ Haroldo Ceravolo Sereza/ Roberto Cosso
Edição: Joana Monteleone
Editor assistente: Vitor Rodrigo Donofrio Arruda
Revisão: Íris Morais Araújo
Assistente de produção: João Paulo Putini
Projeto gráfico, capa e diagramação: Sami Reininger

Imagem da capa: "A maneira tupinambá de fabricar bebidas inebriantes e de bebê-las" de Theodor de Bry. Retirado de *Le théâtre du Nouveau Monde: les grands voyages de Théodore de Bry*. Paris: Gallimard, 1992.

CIP-BRASIL. CATALOGAÇÃO-NA-FONTE
SINDICATO NACIONAL DOS EDITORES DE LIVROS, RJ

F41s

Fernandes, João Azevedo
SELVAGENS BEBEDEIRAS: ÁLCOOL, EMBRIAGUEZ E CONTATOS CULTURAIS NO BRASIL COLONIAL (SÉCULOS XVI-XVII)
João Azevedo Fernandes.
São Paulo: Alameda, 2011.
238p.

Inclui bibliografia
ISBN 978-85-7939-068-5

1. Alcoolismo – Brasil – História.
2. Alcoolismo – Aspectos sociais – Brasil. I. Título.

11-0315.   CDD: 362.2920981
                            CDU: 178.1

                                            023982

Alameda Casa Editorial
Rua Conselheiro Ramalho, 694, Bela Vista.
CEP: 01325-000 – São Paulo – SP
Tel. (11) 3012-2400
www.alamedaeditorial.com.br

SUMÁRIO

Prefácio 9

Capítulo I – A Embriaguez dos Outros:
As Bebidas e o Contato Interétnico no Brasil

Prólogo 13
1. Os Povos Nativos e a Expansão Etílica da Europa 15
2. Do Problema do Álcool ao Álcool como Problema 20
3. Índios e Bebidas entre o Silêncio e a História 37
4. As Bebidas Alcoólicas na Historiografia e Etnologia Brasileiras 41
5. Métodos e Fontes para uma História Indígena das Bebidas no Brasil 45

Capítulo II – Descobertas e Invenções:
As Bebidas Alcoólicas nas Sociedades Indígenas

1. As Bebidas entre a História Natural e a Social 51
2. As Formas Etílicas das Sociedades Indígenas 55
3. A Saliva Criadora: O Cauim e Outras Cervejas Indígenas 66

**Capítulo III – Homens e Mulheres, Amigos e Inimigos:
As Bebidas como Um Sistema Cultural**

1. A Fermentação e a Origem da Cultura   77
2. As Bebidas como Signos da Diferença   85
3. Cauinagens: A Expressão Social de um Regime Etílico   96

**Capítulo IV – Da África ao Brasil:
O Aprendizado Etílico da Colonização**

1. Portugal e a Civilização do Vinho   109
2. A Bebida dos Outros: Álcool e Alteridade no Desvendar do Mundo   124
3. Vinho e Contato na Colonização do Brasil   141

**Capítulo V – A Guerra do Cauim:
A Destruição de Um Regime Etílico**

1. O Brasil e o Pecado da Embriaguez   161
2. Os Jesuítas e a Luta Contra as Cauinagens   176
3. O Fim do Antigo Regime Etílico   196

Considerações Finais   207

Bibliografia   213

Agradecimentos   235

*Dedico este trabalho a meu pai,
João Teixeira Fernandes
(Terras de Bouro, 1936 – Olinda, 1994)*

PREFÁCIO

"Depois de beber, cada um dá seu parecer". Não é o meu caso, aqui – advirto logo – que escrevo sóbrio -, senão uma citação do grande **Vocabulário Português e Latino** composto pelo teatino Rafael Bluteau, em 1712. Por alguma razão, o dicionarista dedicou verbete sobremodo extenso ao verbo *beber*, deliciando o leitor com adágios saborosos, alguns originais da Lusitânia, outros inspirados na cultura da Roma antiga. Bastaria isto para comprovar a enorme importância do ato de beber no mundo ocidental – não só a ação ou os efeitos dela, senão o papel estratégico da embriaguez na configuração das relações sociais e dos sistemas culturais.

É deste tema fascinante que trata o livro de João Azevedo Fernandes, **Selvagens bebedeiras,** cujo foco recai sobre os sistemas etílicos em contato nos dois primeiros séculos da colonização. O autor se debruça sobre tema quase virgem em nossa historiografia, que só nos últimos anos vem recebendo a atenção dos historiadores – como no caso de **Álcool e drogas na história do Brasil** (2005), organizado por Henrique Carneiro e Renato Pinto Venâncio. A bibliografia estrangeira, porém, já pesquisa nesse campo há uns 30 anos, em especial nos países de língua inglesa. Fernandes domina plenamente esta tradição historiográfica e o modo de lidar com as fontes que tratam do tema, não raro sinuosamente. Favorece-o sua dupla formação – histórica e antropológica – que salta aos olhos logo no título do primeiro capítulo, "A embriaguez dos outros", voltado para a exposição do problema: a relação entre a produção e o consumo de bebidas alcoólicas e os contatos interétnicos.

Trata-se, pois, de uma genuína história antropológica, na qual o autor desvenda os múltiplos significados culturais dos sistemas etílicos em perspectiva diacrônica, observando as bebedeiras nas fontes do passado. Mas – diga-se de passagem – nos transporta aos porres fenomenais do mundo indígena – com seus incríveis vomitórios – ou das "bacanais" romanas, nas quais os homens (somente eles) discutiam tudo e bebiam todas (na realidade só vinho) até cair. O adágio *In vino veritas* tem suas raízes nesse culto a Baco.

A obra é um primor de concepção metodológica, rica em simetrias referidas ao espaço e ao tempo. Sistema etílico do vinho (sul) versus sistema dos destilados (norte); fermentados versus *spirits*; sistemas indígenas versus sistemas colonizadores; sistemas antigos versus sistemas modernos; papel dos homens versus lugar das mulheres nas bebedeiras. Alteridade cultural e alteridade no tempo são os eixos teórico-metodológicos do livro.

Mas não pense o leitor que o livro fica ensimesmado em discutir teorias. A riqueza de informações e o requinte da narrativa inebriam desde a primeira página – sem trocadilho. Além de historiador e antropólogo, João Azevedo Fernandes escreve como poucos. Escreve para os leitores, não para si ou para dois ou três. É um escritor.

O livro explora o contato entre os sistemas etílicos postos em cena nos séculos XVI e XVII. De um lado, o sistema indígena das cauinagens – a bebida-alimento fermentada à base da mandioca – cujas características e significados culturais são analisados à exaustão. De outro lado, o sistema etílico do colonizador português – o do vinho, também alimento! – cujas origens e significados na história ocidental o autor apresenta em minúcias. Em meio a descrições, inclusive técnicas, sobre o fabrico das bebidas e os cerimoniais acoplados ao consumo delas, João Fernandes enfrenta diversos tabus – de que o assunto, em si mesmo, está cheio. Por exemplo, destaca o papel crucial das mulheres no sistema do cauim, relativizando o lugar secundário que a etnologia dedicou à condição feminina no mundo tupinambá. Outro exemplo: as peculiariades de cada subsistema etílico europeu – o dos vinhos, o das cervejas e o dos destilados, tudo assim mesmo, no plural, porque, conforme a sociedade ou o tempo, o significado das bebidas variava, sem contar que o tipo de cada uma das bebidas jogava papel decisivo no campo das relações sociais e representações ligadas à embriaguez.

Voltando ao período colonial, Fernandes nos mostra a vitalidade cultural do cauim, mesmo depois de iniciada a colonização, embora a cauinagem tenha sofrido ataques frontais – quiçá fatais – sobretudo dos missionários. É possível dizer que a cauinagem foi dos poucos elementos culturais indígenas (a exemplo da antropofagia) com os quais a colonização/missionação se recusou a negociar. O sistema português do vinho, por sua vez, foi mais longevo, apesar do clima abrasador do trópico, porém limitado ao enclave dos poucos reinóis que viviam na terra. O fato é que nem os portugueses tentaram impor o vinho aos índios, nem esses meteram seu cauim goela abaixo dos colonizadores. O contraste silencioso entre o cauim e o vinho permite alcançar, de um lado, a trajetória agonizante da sociedade tupinambá e, de outro, as inadaptabilidades do português ao desterro colonial – apesar do que disse Gilberto Freyre e conforme sublinhou, em contrário, Sérgio Buarque de Holanda – dois grandes mestres.

Nessa luta do vinho com o cauim – que, na verdade, não chegou a ser bem uma luta ... – quem saiu ganhando foi a aguardente de cana – a cachaça – bebida mestiça e colonial. Melhor dizendo: bebida colonial e escravista, pois a *jeribita* foi moeda valiosa no tráfico de escravos africanos a partir do século XVII. Não por acaso, a história da cachaça no Brasil começa no momento em que a escravidão africana passou a prevalecer nas lavouras do litoral. Da embriaguez ao sistema colonial: o livro transita com desenvoltura entre a micro-análise e as explicações globais, alterna escalas e observação, demonstra, em suma, que a história não é feita de compartimentos estanques. Nem de determinismos estéreis.

É com enorme satisfação que apresento ao leitor este grande livro de João Azevedo Fernandes – convencido de sua real contribuição à nossa historiografia.

Ronaldo Vainfas, fevereiro de 2011

CAPÍTULO I
A EMBRIAGUEZ DOS OUTROS:
AS BEBIDAS E O CONTATO INTERÉTNICO NO BRASIL

Antigamente tinha muita festa. A gente dançava muito, mas agora não tem mais festa. Por isso nós não sabemos mais fazer as nossas festas. Depois que nós encontramos com caraíbas, nós fomos parando de fazer nossas festas. (...) Nós precisamos sempre fazer festas, para nós é muito bom. Se a gente esquecer, a gente vai virar caraíba porque não tem mais festa.[1]

Prólogo

Brasil, século XVI. Na maloca, iluminada por fogueiras, vários homens se reúnem em volta de uma grande panela, uns sentados no chão, outros sobre pedaços de madeira. Algumas mulheres muito ágeis trazem cuias cheias de uma bebida densa e clara. Um dos homens se levanta e, vibrando um pequeno maracá, começa a dançar e cantar em torno da panela. Sua música fala de um irmão morto, capturado quando da última expedição contra os inimigos do outro lado da montanha. O homem pede às vozes do maracá que o ajude a vingá-lo, matando e devorando os odiados vizinhos.

De repente um velho que estava afastado se aproxima, um tanto trôpego, e começa a discursar. Fala de sua proximidade com o morto, já que era seu tio materno e também cunhado. Conta que já

---

[1] Takapianim Kayabi, "As festas estão acabando" (04/08/1981, Escola do Diauarum, versão oral), in *Histórias do Xingu – Coletânea de depoimentos dos índios Suyá, Kayabi, Juruna, Trumai, Txucarramãe e Txicão*, org. Mariana K. L. Ferreira (São Paulo: NHII-USP/Fapesp, 1994), 122.

havia matado, e comido, muitos daqueles inimigos, e que eles não eram grandes guerreiros, sendo mais afeitos às emboscadas do que ao combate direto. Os homens, e muitas mulheres, respondem ao discurso com risos e gritos altos. As cuias esvaziam-se em um ritmo cada vez mais rápido, e agora muitos estão dançando e discursando sobre lutas e sonhos. Alguns gritam e pedem mais cauim às mulheres; porém, a bebida daquela maloca está esgotada. Cambaleantes, mas ainda bastante dispostos a continuar a bebedeira, os homens levantam-se e vão para a maloca seguinte, onde os esperam vários potes cheios, a promessa de uma grande noite de cantos e danças, e de um dia de vitória e cabeças inimigas esmagadas.[2]

Quando pisaram no solo que se tornaria o território brasileiro, os europeus encontraram sociedades nativas que tinham, em suas bebidas alcoólicas e em suas formas específicas de embriaguez, um espaço crucial para a expressão de suas visões de mundo e para a realização de eventos e práticas centrais em suas culturas. Estas formas nativas de experiência etílica estavam, muitas vezes, em flagrante contradição com aquilo que os europeus consideravam como a forma correta de relacionamento com o álcool e com a ebriedade.

Durante e após as cerimônias etílicas dos índios, os europeus viam suas nascentes estruturas de poder, e seus instáveis mecanismos de controle, serem desafiados pelos nativos. Aos olhos dos europeus, estes pareciam possuídos por alguma força demoníaca, que aparentemente fruía das jarras e cuias nas quais suas estranhas bebidas espumavam. Uma boa parte dos esforços europeus foi inicialmente dirigida à extinção destes regimes etílicos dos índios, vistos como uma ameaça à colonização dos corpos e das mentes dos povos nativos.

No decorrer desta luta contra o beber indígena, defrontaram-se dois mundos etílicos muito diferentes, cujas lógicas mentais e práticas sociais haviam sido desenvolvidas durante milênios, de acordo com condições ecológicas e históricas muito específicas. No seio destas diferenças, foram construídos estereótipos que permitiram a elaboração de discursos que justificavam o domínio europeu a partir da necessidade de civilizar os povos nativos e reprimir suas formas de alteração da consciência.

É bastante comum pensar nas bebidas alcoólicas a partir da imagem do índio embriagado de cachaça (ou uísque, ou rum), presenteado pelo colonizador cúpido. Embora seja um fato que as bebidas alcoólicas tenham representado um importante meio de interação (muitas vezes bastante prejudicial aos povos indígenas) entre os colonizadores e os povos nativos, devemos tentar estabelecer como esta interação se deu em cada situação específica de contato interétnico. Para entender o papel do álcool e da embriaguez nos primeiros séculos da colonização é necessário fugir de uma transposição simples de modelos interpretativos construídos em outros contextos coloniais.

Ao contrário do que ocorreu na América Inglesa ou Austrália – onde os povos nativos não conheciam as bebidas alcoólicas – ou na América Espanhola, onde as bebidas nativas estavam inseridas em uma estrutura social altamente hierarquizada, o contato etílico no Brasil se deu entre europeus, para os quais o vinho era parte da alimentação cotidiana, e povos nativos relativamente igualitários,

---

2   Baseado em Hans Staden, *Duas Viagens ao Brasil* (Belo Horizonte/São Paulo: Itatiaia/Edusp, 1974 [1ª edição 1557]), 74, 148-9, 162-3.

que tinham nas festas de embriaguez um espaço crucial de ação social e ritual. É, portanto, uma situação única de contato etílico, que não pode ser reduzida à ideia de "álcool como arma".

Os colonizadores no Brasil – pelo menos até as primeiras décadas do século XVII – não dispunham de uma bebida destilada que pudesse ser oferecida aos índios como um substituto, muito mais potente, de suas cervejas de mandioca e milho e seus vinhos de frutas. Durante as primeiras décadas da colonização, as festas nativas de embriaguez, as *cauinagens*, representaram um enorme desafio ao domínio luso-brasileiro, como mostram os documentos coevos, especialmente a documentação jesuítica.

Estudar o papel das bebidas nas sociedades indígenas, e o lugar político e econômico das cauinagens nestas sociedades, é um passo inicial, e crucial, para a compreensão do longo e complexo processo de construção dos modos brasileiros de consumir álcool e de experimentar a embriaguez. Apesar da importância da cachaça nas relações entre os povos indígenas e a sociedade nacional, esta não surgiu em um ambiente cultural que ignorava a ebriedade, antes pelo contrário. Partindo destes problemas e lacunas, este livro se propõe a enfrentar duas questões básicas: como os povos indígenas bebiam e se embriagavam, e como seus regimes etílicos influenciaram os primeiros séculos da colonização no Brasil.

1. Os Povos Nativos e a Expansão Etílica da Europa

Em sua obra sobre a cultura material do capitalismo, Fernand Braudel apontou um dos aspectos mais importantes, mas pouco estudados, da expansão europeia durante a era moderna: a introdução das bebidas destiladas entre sociedades que conheciam unicamente as fermentadas, ou que sequer conheciam as bebidas alcoólicas. Como afirmou o historiador francês:

> O alambique deu à Europa uma superioridade sobre todos estes povos, a possibilidade de fabricar um licor superalcoólico, à escolha: rum, uísque, *Kornbrand*, vodca, calvados, bagaceira, aguardente, gim: que é que se deseja tirar do tubo refrigerado do alambique? (…) é inegável que a aguardente, o rum e a *agua ardiente* (o álcool da cana) tenham sido presentes envenenados da Europa para as civilizações da América. (…) Os povos indígenas sofreram enormemente com este alcoolismo que se lhes oferecia.[3]

São inúmeras as evidências documentais que atestam o impacto negativo da introdução das bebidas destiladas entre os nativos da América,[4] bem como da radical transformação nos padrões de

---

3   Fernand Braudel, *Civilização Material, Economia e Capitalismo (v. 1: As Estruturas do Cotidiano)* (São Paulo: Martins Fontes, 1995), 220-1.

4   Laurence A. French e Jim Hornbuckle, "Alcoholism among Native Americans: an analysis," *Social Work* 25, nº 1 (1980): 275-85; John W. Frank, Roland S. Moore e Genevieve M. Ames, "Historical and cultural roots of drinking problems among American Indians," *American Journal of Public Health* 90, nº 3 (2000): 344-51.

consumo das próprias beberagens nativas a partir do contato com os europeus. Considerar, a partir daí, que as bebidas alcoólicas e o alcoolismo tenham se constituído em uma das "armas da colonização", representa um pequeno passo, que alguns não hesitaram em dar.

Como afirmou, por exemplo, John Hemming, em seu clássico sobre a conquista dos índios no Brasil, "durante sua breve estada no Brasil a frota (de Cabral) deixou atrás de si duas das mais potentes armas do colonialismo. Uma delas foi o primeiro gosto do álcool".[5] Por sua vez, Nathan Wachtel, tratando da conquista espanhola da América, identificou a presença do "alcoolismo" no período colonial: "um dos sintomas mais dramáticos da desintegração da cultura nativa e da angústia a que ela dava origem era o alcoolismo: um fenômeno observado por todos os cronistas".[6] Henrique Carneiro, no contexto de um excelente trabalho sobre as drogas no mundo moderno, também fala no álcool destilado como "grande instrumento aculturador. Álcool, doenças e a Bíblia eram o cartão de visitas do colonialismo para os índios que sobreviviam ao extermínio direto".[7]

Tratar desta questão é uma tarefa revestida de inúmeras dificuldades, dificuldades inerentes a qualquer abordagem do assim chamado contato interétnico. Afinal, ao se falar aberta ou implicitamente nas bebidas como "arma da colonização", o espaço fica aberto para argumentos que apresentam os índios como meras *vítimas* da expansão europeia, em uma visão tão politicamente correta quanto historiograficamente e etnologicamente equivocada. Como bem observou Manuela Carneiro da Cunha a este respeito:

> Por má consciência e boas intenções, imperou durante muito tempo a noção de que os índios foram apenas vítimas do sistema mundial, vítimas de uma política e práticas que lhes eram externas e que os destruíram. Essa visão, além de seu fundamento moral, tinha outro teórico: é que a história, movida pela metrópole, pelo capital, só teria nexo em seu epicentro. A periferia do capital era também o lixo da história. O resultado paradoxal dessa postura "politicamente correta" foi somar à eliminação física e étnica dos índios sua eliminação como sujeitos históricos.[8]

Este é, por certo, um ponto central para a reflexão do historiador que se propõe a estudar as sociedades indígenas e suas relações com os europeus e com a sociedade nacional oriunda da colonização. E isto é ainda mais verdadeiro para o caso do Brasil, onde – ao contrário do que ocorreu

---

[5] John Hemming, *Red Gold: The Conquest of Brazilian Indians* (Chatham: Papermac, 1995), 6. Como veremos mais tarde esta primeira experiência com o álcool europeu não trouxe qualquer satisfação aos nativos.

[6] Nathan Wachtel, "Os Índios e a Conquista Espanhola," in *História da América Latina: A América Latina Colonial (v.1)*, org. Leslie Bethell (São Paulo/Brasília: Edusp/Funag, 1998), 218.

[7] Henrique Carneiro, "Mezinhas, Filtros e Triacas: Drogas no Mundo Moderno (XVI ao XVIII)," (Dissertação de Mestrado, Universidade de São Paulo, 1993), 48.

[8] Manuela L. Carneiro da Cunha, "Introdução a uma história indígena," in *História dos índios no Brasil*, org. Manuela L. Carneiro da Cunha (São Paulo: Companhia das Letras, 1992), 17-8.

nas Américas inglesa e hispânica – os povos indígenas permaneceram, por décadas, como um tema inacessível à historiografia. Presos entre o vaticínio de Varnhagen – para quem os índios não tinham história, apenas etnologia – e a esmagadora influência do marxismo, que via os índios como uma nota de pé de página na formação do escravismo colonial, os historiadores tendiam a ignorar o tema ou a tratá-lo de forma assaz insatisfatória.

As grandes modificações, teóricas e metodológicas, ocorridas na historiografia das últimas décadas, e o desenvolvimento de um diálogo mais aprofundado com a antropologia, trouxeram à tona a necessidade de levar em conta as diferentes histórias dos povos indígenas, permitindo assim o surgimento de um número crescente de trabalhos relevantes e favorecendo um refinamento cada vez maior das análises dos historiadores.[9]

Contudo, o diálogo com a antropologia (ou com outras disciplinas potencialmente necessárias para o estudo da história indígena, como a arqueologia) deve ser realizado com alguma prudência. Afinal, o historiador sempre estará sujeito a tomar um determinado tipo de antropologia como representante de *toda a antropologia*, geralmente escolhendo aquela corrente que mais se aproxima de suas próprias ideias a respeito do contato interétnico. Isto, me parece, é particularmente relevante no que se refere aos estudos antropológicos a respeito do contato, em que as divergências teóricas são profundas e acirradas.[10]

Pode ser tentador, para o historiador, recusar uma etnologia "clássica" ou "estruturalista" que, supostamente (e sublinho o "supostamente"), trataria as sociedades indígenas como "congeladas" no tempo – reproduzindo, desta forma, um velho preconceito a respeito da obra de Lévi-Strauss – e aderir a um tipo de etnologia que vê na sociedade colonial ou pós-colonial, ou mesmo no "sistema mundial", o fator decisivo para a compreensão daquelas sociedades, parecendo conferir à história um papel mais relevante do que o faz a etnologia "clássica". Marshall Sahlins, em *Ilhas de História*, define com precisão a proposta desta última corrente, bem como alguns de seus limites:

> Tenho observado entre teóricos do "sistema mundial" a seguinte proposição: dado que as sociedades tradicionais que os antropólogos habitualmente estudam são submetidas a mudanças radicais, impostas externamente pela expansão capitalista ocidental, não é possível manter a premissa de que o funcionamento dessas sociedades está baseado em uma lógica cultural autônoma. Essa proposição resulta de uma confusão entre um sistema aberto e a total ausência de sistema, tornando-nos

---

9   John M. Monteiro, "Tupis, Tapuias e Historiadores: Estudos de História Indígena e do Indigenismo," (Tese de Livre-Docência, Universidade de Campinas, 2001), 3-10.

10 Ver, por exemplo, João Pacheco de Oliveira Fº, "Uma etnologia dos 'índios misturados'? Situação colonial, territorialização e fluxos culturais," *Mana* 3, nº 1 (1998): 47-77, e Eduardo B. Viveiros de Castro, "Etnologia Brasileira," in *O que ler na ciência social brasileira (1970-1995)*, org. Sérgio Miceli (São Paulo/Brasília: Sumaré/ANPOCS/CAPES, 1999), 109-223.

incapazes de dar conta da diversidade de respostas locais ao sistema mundial, em especial daquelas que conseguem persistir em seu rastro.[11]

Ora, reconhecer o fato de que o contato alterou profundamente as sociedades indígenas não nos deve levar à ideia de que, a partir de então, a "situação de contato" passou a definir o "situado", isto é, os índios. Prefiro antes acreditar, como Eduardo Viveiros de Castro, que:

> Uma situação é uma *ação*; ela é um *situar*. O "situado"não é definido pela "situação" *– ele a define, definindo o que conta como situação*. Por isso, ao introduzir o "Brasil" na "situação histórica" dos índios, não estou simplesmente dizendo em outras palavras que o dispositivo colonial explica ("situa") as sociedades indígenas. O que Peirano chamou "Brasil" só é parte da situação histórica das sociedades indígenas porque ele é um dos *objetos* de um trabalho histórico ativo de *posição em situação* realizado *pelas* sociedades indígenas.[12]

Este é, certamente, um ponto central para o nosso tema. Ao contrário do que pensou Hemming, os europeus não "introduziram" o gosto do álcool entre sociedades que, em sua maioria, conheciam amplamente as bebidas fermentadas, e que desenvolveram inúmeras formas de manipulação dos microorganismos responsáveis pela fermentação. No que concerne às bebidas destiladas, é necessário concordar com o que disse Braudel a respeito da superioridade alcançada pelos europeus neste campo, mas devemos nos precaver contra a noção de um "presente envenenado", muita próxima à da "arma da colonização".

É importante perceber, como afirmei anteriormente, que as bebidas destiladas não chegaram às sociedades indígenas no Brasil – diferentemente do que ocorreu em regiões como a América do Norte ou a Austrália – em um contexto de "vazio etílico", no qual os nativos não conhecessem as bebidas alcoólicas e a experiência da embriaguez. Tão importante quanto estudar as maneiras pelas quais as bebidas destiladas representaram um incentivo à desagregação ou sujeição das sociedades indígenas é perceber como as bebidas nativas foram combatidas ou incorporadas ao sistema colonial, e como as formas especificamente europeias de beber e de viver a experiência etílica foram apresentadas e, em última instância, impostas aos índios.

A visão do álcool como uma arma, consciente e estrategicamente utilizada pelo colonialismo, deve ser substituída por um enfoque nas bebidas como signos e instrumentos de processos mais amplos de mudança, nos quais as formas de produzir e consumir bebidas aparecem como social e culturalmente determinadas, em última instância, por estruturas e interesses endógenos. Esta posição não representa uma recusa em reconhecer o impacto – certamente imenso – das novas bebidas europeias, mas sim a necessidade de

---

11 Marshall Sahlins, *Ilhas de História* (Rio de Janeiro: Jorge Zahar, 1990),

12 Viveiros de Castro, "Etnologia Brasileira," 135; sobre a influência da posição "vitimizadora" na historiografia brasileira ver Ronaldo Vainfas, *A Heresia dos Índios: catolicismo e rebeldia no Brasil colonial* (São Paulo: Companhia das Letras, 1995), 14.

entender a forma como as sociedades que sofreram o impacto do colonialismo *situaram* – aceitando ou se opondo – estas novas formas de consumo etílico e de embriaguez.[13]

Naturalmente, não deve haver qualquer ilusão a respeito das dificuldades em realizar uma tarefa deste tipo no Brasil, já que as vias de acesso às representações e práticas sociais dos atores nativos do passado são mínimas. Mínimas, mas não inexistentes: é possível, a partir da documentação histórica e da etnologia das sociedades indígenas contemporâneas, tentar reconstruir aspectos importantes das experiências etílicas destas sociedades e de suas relações com a alteridade etílica, e de como estas experiências e práticas sociais se articulavam na criação de *regimes etílicos* próprios.

Tratemos deste ponto de forma mais detida. As sociedades humanas são extremamente variadas no que concerne ao lugar ocupado pelas bebidas alcoólicas em seus contextos culturais, revelando o caráter eminentemente histórico de suas experiências etílicas. Desta forma, é perfeitamente possível falar da existência, em cada sociedade, de um ou mais *regimes etílicos*, isto é, de um conjunto de práticas, materiais e mentais, que organizam e conferem sentidos sociais a um ato que, se olhado de forma meramente neurológica, representa apenas a ingestão de uma substância alteradora da consciência. Tal ato, contudo, jamais deixa de estar inscrito em determinadas configurações culturais, que podem, inclusive, modificar os efeitos neurológicos da ingestão do álcool.[14]

Assim, é necessário reconhecer que os índios no Brasil possuíam maneiras de se relacionar com as bebidas alcoólicas – seja na escolha dos tipos de bebidas, seja nos contextos sociais em que estas eram consumidas – que lhes eram próprias, e que eram dependentes de uma formação étnica e cultural e de um processo histórico determinados. Muitas destas características ainda podem ser encontradas nas sociedades indígenas atuais, o que nos permite compará-las, embora sempre se deva ter em mente que os atuais regimes etílicos indígenas – entendidos como uma rede complexa de práticas e sentidos – não são idênticos aos do passado, e nem estes foram, de maneira teleológica, formadores imediatos dos regimes atuais.

Seguindo por este caminho, ao recusar o simplismo das noções de "arma da colonização" ou "presente envenenado", estamos reconhecendo a impossibilidade de ver, nas sociedades indígenas que receberam o primeiro impacto da expansão europeia, corpos "amorfos", que teriam oferecido uma resistência meramente vegetal àquela expansão. As formas pelas quais os índios responderam aos desafios que lhes foram colocados pelo contato interétnico são fundamentais para a compreen-

---

13 Para pontos de vista semelhantes, em um contexto africanista, cf. José C. Curto, *Álcool e Escravos: O comércio luso-brasileiro do álcool em Mpinda, Luanda e Benguela durante o tráfico atlântico de escravos (c. 1480-1830) e o seu impacto nas sociedades da África Central Ocidental* (Lisboa: Vulgata, 2002), 28-32; Justin Willis, "Drinking Power: Alcohol and History in Africa," *History Compass* 3 (2005), http://www.blackwell-compass.com/subject/history/article_view?article_id=hico_articles_bpl176 (acessado em 13/02/2009).

14 David G. Mandelbaum, "Alcohol and Culture," *Current Anthropology* 6, nº 3 (1965): 281-293; Dwight B. Heath, "Anthropology and Alcohol Studies: Current Issues," *Annual Review of Anthropology* 16 (1987): 99-120; Stanton Peele e Archie Brodsky, "Alcohol and Society: how culture influences the way people drink," *The Stanton Peele Addiction Website* (Julho, 1996), http://www.peele.net/lib/sociocul.html (Acessado em 04/02/2009).

são dos regimes etílicos nativos atuais, e mesmo dos regimes etílicos presentes na sociedade nacional que se desenvolveu a partir do processo de colonização.

Desta forma, se é verdade que os regimes etílicos atuais – tanto os da sociedade nacional quanto os das sociedades indígenas – estão marcados pela presença de um destilado, a cachaça, é também verdade que a cachaça surgiu historicamente em um contexto ainda profundamente marcado pela presença de um modo especificamente nativo de consumir bebidas alcoólicas e de experimentar a embriaguez.

2. Do Problema do Álcool ao Álcool como Problema

Antes de iniciarmos este trajeto, contudo, é necessário abordar alguns problemas que são inerentes à própria história das bebidas. Estudar esta história, aliás, é algo tão problemático quanto o estudo do contato interétnico: as bebidas alcoólicas, e o próprio ato de beber e se inebriar, trazem suas próprias interrogações e zonas obscuras, frequentemente imbricadas com candentes temas atuais. Vivemos em uma sociedade profundamente dividida pela questão das substâncias alteradoras de consciência. Produzimos uma enorme quantidade destas substâncias (legalmente, no caso do álcool, tabaco e remédios), que circulam em um mercado multibilionário. Ao mesmo tempo, criamos toda uma indústria, igualmente miliardária, de combate a tais substâncias, seja no campo policial e militar, seja na esfera cultural e acadêmica, com resultados bastante discutíveis.

Em nosso mundo, os alteradores de consciência – popularmente conhecidos como drogas – representam, antes de qualquer coisa, um *problema* a ser resolvido, sendo a própria palavra "droga" carregada de uma conotação extremamente negativa. Muitas vezes relegada a alguns parágrafos de sisudos e assustadores manuais toxicológicos,[15] a história das drogas está profundamente marcada por esta identificação com uma perspectiva contemporânea, medicalizada e ocidental.

Tal visão "patologizante" tolda nossa percepção acerca do fato de que estas substâncias foram universalmente desenvolvidas para suprir uma das necessidades mais básicas da humanidade: a exploração da verdadeira *terra incognita* que é o inconsciente humano, a *psicosfera* de Edgar Morin, "a fonte das representações, do imaginário, do sonho, do pensamento".[16] Como lembra Richard Rudgley, o fato de sonharmos todas as noites revela uma pulsão natural pela alteração dos estados

---

15 Antonio Escohotado, *A Brief History of Drugs: from the Stone Age to the Stoned Age* (Rochester: Park Street Press, 1999), VII.

16 Edgar Morin, *O Método IV – As Ideias: a sua natureza, vida, habitat e organização* (Lisboa: Publicações Europa-América, 1992), 109.

de consciência, mas esta busca também é realizada por meios mais ativos, através do uso do que ele chama[17] *substâncias essenciais*, entre as quais se incluem os inebriantes alcoólicos.[18]

O estudo das substâncias essenciais representa um meio privilegiado de acesso à riqueza da diversidade cultural humana. As culturas variam enormemente no que diz respeito às suas escolhas dos alteradores que são considerados aceitáveis e daqueles que são censurados ou mesmo proibidos. As sociedades ocidentais, por exemplo, tendem a anatematizar os alucinógenos, os quais, por sua vez, são vitais para sistemas culturais tão afastados quanto os da Sibéria, com o uso do cogumelo *Amanita muscaria*,[19] e da Amazônia, com seus *yajé, ayahuasca, paricá* e *yopo*.[20] Por outro lado, algumas sociedades ocidentais concedem um lugar fundamental em seus sistemas religiosos a um inebriante alcoólico, o vinho, enquanto tais substâncias são condenadas, a partir de um argumento de fundo religioso, por várias tradições islâmicas.[21]

Para o historiador, o reconhecimento da variabilidade cultural contemporânea é extremamente importante, na medida em que isto representa um seguro contra a tendência a naturalizar nossas próprias escolhas culturais. Tão vital quanto isto, porém, é a consciência de que mesmo em uma dada sociedade – a brasileira, por exemplo – a apreensão social de uma determinada substância pode variar consideravelmente no tempo, sendo o caso do álcool bastante emblemático deste tipo de mudança histórica.

A principal característica deste processo de mudança, para falar em termos globais, é o surgimento do conceito de *alcoolismo*, isto é, de uma patologia oriunda da *dependência do álcool*. Para além das críticas que possam ser feitas a este conceito – e elas existem[22] – é um fato inegável de que a ideia do alcoolismo como uma doença aditiva tem uma história bastante recente.[23]

---

17 Em lugar do termo "droga", palavra que pode ser usada para substâncias que não alteram a consciência.

18 Richard Rudgley, *Essential Substances: A Cultural History of Intoxicants in Society* (Nova York: Kodansha, 1995), 3-7.

19 *Ibidem.*, 36-46; Henrique Carneiro, *Pequena Enciclopédia da História das Drogas e Bebidas* (Rio de Janeiro, Elsevier, 2005), 115.

20 Bebidas feitas a partir de plantas como *B. caapi*, *A. peregrina*, e as do gênero *Virola*: Stephen Hugh-Jones, "Coca, Beer, Cigars and *Yagé*: Meals and anti-meals in na Amerindian community," in *Consuming Habits: Global and Historical Perspectives on How Cultures Define Drugs*, ed. Jordan Goodman, Paul E. Lovejoy e Andrew Sherratt (Londres: Routledge, 2007), 46-64; Rudgley, *Essential Substances*, 63-77; Carneiro, *Pequena Enciclopédia da História das Drogas e Bebidas*, 111, 126; Escohotado, *A Brief History of Drugs*, 50-7.

21 *Ibidem.*, 29-34.

22 Stanton Peele, "Addiction as a Cultural Concept," *Annals of the New York Academy of Sciences* 602 (1990): 205-20.

23 Robin Room, "The Cultural Framing of Addiction," *Janus Head* 6, nº 2 (2003): 221-34; Mikal J. Aasved, "Alcohol, drinking and intoxication in preindustrial society: Theoretical, nutritional, and religious considerations (Tese de Doutoramento, University of California, Santa Barbara, 1988), 63-4. A tese de Mikal Aasved é uma das obras mais notáveis já escritas sobre o uso de bebidas alcoólicas. Em um verdadeiro *tour de force*, por mais de 1300

É claro que as recriminações contra os excessos etílicos, e a ideia de que algumas pessoas possuem uma relação especial, e negativa, com a bebida, são tão antigas quanto o próprio álcool.[24] Contudo, a equação contemporânea *excesso de álcool = doença aditiva (alcoolismo)* só vai se desenvolver de fato no final do século XVIII, quando o médico norte-americano Benjamim Rush, no livro *Inquiry into the effects of ardent spirits upon the human body and mind* (1785), relacionou o consumo de álcool a doenças como a diabetes e a apoplexia. E somente em 1849 surgia o termo "alcoolismo", com a obra do médico sueco Magnus Huss, *Alcoholismus chronicus*.[25]

A noção de "alcoolismo", tão natural para nós, está relacionada a um progressivo controle social dos prazeres e do comportamento individual, processo diretamente ligado ao desenvolvimento da sociedade capitalista. Como afirma Fernando dos Santos: "o processo de implantação da racionalidade capitalista, apoiado por uma nova moralidade, produziu um instrumental normalizador e disciplinador capaz de difundir uma nova maneira de pensar, uma nova mentalidade".[26]

Desde a antiguidade mais remota as sociedades buscam controlar a liberdade comportamental possibilitada pelos inebriantes etílicos. Pode ser interessante traçar um esboço de uma arqueologia da temperança, o que nos auxiliará a compreender o lugar da embriaguez na mentalidade europeia de princípios da era moderna, e suas implicações para o contato interétnico. Os missionários que se defrontaram com as cauinagens dos Tupinambá, e de outros povos nativos, eram herdeiros de uma reflexão milenar acerca do álcool e da embriaguez, reflexão que surge muito cedo na história humana.

Na Mesopotâmia, por exemplo, era exigido que as sacerdotisas se abstivessem do consumo do álcool, sob pena de serem queimadas.[27] E era esperado, mesmo em relação às pessoas comuns, que os excessos no beber fossem evitados.[28] Alguns textos egípcios também mostram que, apesar da grande popularidade das bebidas alcoólicas, não se via com bons olhos o pendor exagerado pela embria-

---

páginas, o autor trata de todas as esferas, psicobiológicas e socioculturais, que envolvem o consumo do álcool e a embriaguez. Fez, inclusive, uma ótima pesquisa sobre as cauinagens dos Tupinambá. Infelizmente, o trabalho permanece inédito.

24 Jessica Warner, "Before there was 'alcoholism': lessons from the medieval experience with alcohol," *Contemporary Drug Problems* 19, nº 3 (1992): 409-29;

25 Aasved, "Alcohol, drinking and intoxication in preindustrial society," 50, 137-9; Fernando S. D. dos Santos, "Alcoolismo: a invenção de uma doença" (Dissertação de Mestrado, IFCH-Universidade de Campinas, 1995), 85-6.

26 *Ibidem.*, 49.

27 "Se uma (sacerdotisa) *naditum* ou *ugbabtum*, que não mora em um convento, abriu uma taberna ou entrou na taberna para (beber) cerveja, queimarão essa mulher", Código de Hammurabi, § 110, in Emanuel Bouzon, *O Código de Hammurabi* (Petrópolis: Vozes, 1986), 126.

28 Francis Joannès, "A função social do banquete nas primeiras civilizações," in *História da Alimentação*, dir. Jean-Louis Flandrin e Massimo Montanari (São Paulo: Estação Liberdade, 1998), 67.

guez. A *Sabedoria de Ani*, conjunto de máximas e preceitos de cunho moralizante, elaborado durante o período da XVIII[a] dinastia (1580-1314 a.C.), criticava o consumo desbragado da cerveja:

> Não te permitas beber cerveja
> Pois quando falares, então
> O contrário do que pensas sai de tua boca.
> Ignoras mesmo o que acabas de dizer.
> Cais, pois tuas pernas fraquejam diante de ti!
> Ninguém, pois, toma tua mão
> E os que bebiam contigo
> Levantam-se e dizem:
> "Que se afaste esse bêbado!"
> Se alguém vem te procurar
> Para pedir um conselho,
> E se te encontrarem caído por terra,
> És como uma miserável criança.[29]

A Bíblia apresenta vários exemplos de crítica à embriaguez, como no primeiro livro de Samuel. Quando Ana pede ao Senhor que lhe conceda um filho, o faz sem pronunciar palavras, o que leva à crítica – equivocada, mas bastante sintomática para nós – do sacerdote Eli:

> Demorando-se ela no orar perante o Senhor, passou Eli a observar-lhe o movimento dos lábios, porquanto Ana só no coração falava; seus lábios se moviam, porém não se lhe ouvia voz nenhuma; por isso Eli a teve por embriagada, e lhe disse: *Até quando estarás tu embriagada? Aparta de ti este vinho*. Porém Ana respondeu: *Não, senhor meu, eu sou mulher atribulada de espírito; não bebi nem vinho nem bebida forte; porém venho derramando a minha alma perante o Senhor*.[30]

Também os gregos esperavam que os cidadãos moderassem seu consumo do vinho. Não se tratava, é claro, de uma crítica à bebida em si: o vinho, juntamente com os cereais, representava para a cultura helênica a marca distintiva do ser humano, enquanto presentes das divindades civilizadoras Dioniso e Deméter. O vinho, que entre os gregos era pouco usado nas refeições, possuía uma aura sacra, sendo a embriaguez considerada como um meio de contato com o mundo espiritual e com os deuses. Contudo – pelo menos no que diz respeito aos hábitos etílicos da elite – a *euphrosyne* (alegria) motivada pelo vinho deveria, ao menos idealmente, ser limitada pelas necessidades da moderação, a qual permitiria a discussão construtiva dentro do *symposion*, o banquete reservado ao consumo da bebida.

---

29 *Apud* Christiane D. Noblecourt, *A Mulher no Tempo dos Faraós* (Campinas: Papirus, 1994), 328; ver também Reay Tannahill, *Food in History* (Londres: Penguin Books, 1988), 49.

30 Samuel (I), 12-15.

Entre estas regras estava a obrigação de se misturar o vinho e a água: apenas excepcionalmente bebiam os gregos o vinho puro, ato que, para eles, era um apanágio dos povos bárbaros. Para os gregos, o ato de inventar a bebida não era o suficiente para determinar o grau de civilização de uma sociedade: afinal, os bárbaros também tinham suas próprias bebidas alcoólicas. Era também necessário que os homens praticassem o autocontrole, e que soubessem a hora de parar de beber, de forma que fosse o homem o senhor do vinho, e não o contrário.[31]

Alceu de Mitilene, poeta lírico do século VII a.C., embora apaixonado pelo vinho e a embriaguez,[32] não se esquecia da obrigação de diluir, e assim controlar, o vinho e suas consequências:

> Bebamos! Porque aguardamos as lanternas?
> Já só nos resta um palmo de dia
> Traz as grandes taças. O vinho
> que dissipa as aflições doou-o aos homens
> o divino filho de Sêmele. Enche as taças
> Uma parte para duas de água até transbordarem
> E que uma taça empurre a outra.[33]

Por volta de 375 a.C., Eubulo resumiu bem o pensamento grego a respeito da forma como deveria se portar o bebedor civilizado:

> Três taças preparo para os comedidos: uma para a saúde, que esvaziam primeiro; a segunda para o amor e o prazer, a terceira para o sono. Depois de tomar esta última taça, os convidados prudentes vão para casa. A quarta taça já não é nossa, mas pertence à violência; a quinta, ao tumulto; a sexta, à folia; a sétima, aos olhos roxos; a oitava, ao policial; a nona, à bílis; e a décima, à loucura.[34]

É claro que muitos gregos bebiam bastante, ao ponto de serem ridicularizados como bêbados contumazes (caso de Alcibíades), também é verdade que o médico mais famoso da Atenas do século IV a.C., Mnesiteus, dizia que beber em excesso fazia bem à saúde.[35] Não obstante, a embriaguez contumaz era considerada por quase todos como uma fraqueza, que tornava o homem menos capaz

---

31 James Davidson, *Courtesans and Fishcakes: The Consuming Passions of Classical Athens* (Nova York: St. Martin's Press, 1998), 40; Massimo Montanari, "Sistemas alimentares e modelos de civilização," in Flandrin e Montanari, *História da Alimentação*, 110.

32 "Bebe comigo até ficarmos ébrios, Melanipo. Pensarás, por acaso, que uma vez transposto o caudaloso Aqueronte tornarás a ver a luz do sol?". Alceu de Mitilene, fragmento 9, in *O Vinho e as Rosas: antologia de poemas sobre a embriaguez*, org. Jorge S. Braga (Lisboa: Assírio & Alvim, 1995), 47.

33 *Ibidem.* (fragmento 3), 44.

34 *Apud* Hugh Johnson, *A História do Vinho* (São Paulo: Companhia das Letras, 1999), 52.

35 Davidson, *Courtesans and Fishcakes*, 39.

de cumprir seus deveres como cidadão, como participar da vida política, fazer filhos legítimos para a cidade e lutar nas guerras. *Söphrosynë* (temperança, moderação, autocontrole) era a virtude cardinal do homem grego clássico.

As infrações, reais ou míticas, ao princípio da moderação não apenas lançavam os homens ao nível dos povos selvagens como também eram, muitas vezes, punidas pelos deuses ou causadoras do caos social, como no caso da guerra entre os centauros e os lápitas, motivada por um episódio de embriaguez.[36] A nobreza macedônica, que acabou por dominar a Grécia a partir do século IV a.C., era uma frequente vítima da aversão helênica à embriaguez compulsiva e desbragada: quando os panegiristas Ésquino e Filócrates elogiavam Filipe da Macedônia como "ótimo orador, belíssimo homem e formidável bebedor", o filósofo Demóstenes – no contexto de seus acerbos discursos contra o rei "bárbaro", as *Filípicas* – troçava destes elogios, definindo "o primeiro como destinado a um sofista, o segundo a uma mulher, e o terceiro a uma esponja; nenhum a um rei".[37]

Já para os romanos – que esmaeceram o caráter sacro do vinho e que o consideravam como parte integrante das refeições e da vida quotidiana – a embriaguez era vista quase que como uma instituição cívica. As reuniões nas tabernas ou nos *collegia* – associações privadas que reuniam indivíduos de vários estratos sociais, e que podiam compartilhar uma mesma atividade profissional ou adorar a um deus específico – muitas vezes se transformavam em bebedeiras que, com muita facilidade, levavam a discussões e motins políticos. A grande popularidade dos *collegia* dedicados ao culto do deus Baco (o Dioniso dos gregos), cujo objetivo principal era beber à farta, demonstra a importância social do ato de se embriagar, para o qual também contribuía o evergetismo dos muito ricos, sempre dispostos a fornecer aos plebeus as oportunidades para a prática dos prazeres etílicos.[38]

Isto não significa que não existissem, em Roma, interdições à embriaguez. Assim como entre os gregos, o vinho dos romanos deveria, idealmente, ser misturado à água: para eles, o vinho não diluído era como um ser vivo, e perigoso, contra o qual o homem civilizado deveria se bater.[39] Havia restrições ao consumo por parte de mulheres e crianças, e quando da grande repressão aos cultos báquicos, ocorrida em 186 a.C. (quando cerca de sete mil pessoas foram executadas), o cônsul Spurius Postumus afirmou, a respeito das cerimônias dos adoradores de Baco, que "Quando o vinho inflama suas mentes, e a noite e a promiscuidade ... fazem desaparecer qualquer sentimento de modéstia, toda forma de corrupção começa a ser praticada".[40]

---

36 Massimo Vetta, "A cultura do *symposion*" in Flandrin e Montanari (dir.), *História da Alimentação*, 173-5.

37 Massimo Montanari, *A Fome e a Abundância: História da Alimentação na Europa* (Bauru: Edusc, 2003), 36.

38 Paul Veyne, "O Império Romano," in *História da Vida Privada (v. 1: Do Império Romano ao ano mil)*, org. Paul Veyne (São Paulo: Companhia das Letras, 1995), 184-189.

39 Florence Dupont, "Gramática da alimentação e das refeições romanas," in Flandrin e Montanari, *História da Alimentação*, 209.

40 *Apud* Escohotado, *A Brief History of Drugs*, 21.

Não obstante, pode-se afirmar que as críticas à embriaguez entre os romanos ficaram limitadas às perorações dos Catões mais empedernidos e dos filósofos estoicos mais otimistas. Durante os séculos em que a civilização romana floresceu, a embriaguez foi sempre considerada, especialmente entre os plebeus, como um direito, como uma *ammoenitas* que a cidade deveria garantir aos cidadãos e até mesmo aos escravos: dizia o escritor Horácio, no século I a.C., a um seu escravo que lamentava ter que viver no campo, cuidando de sua *villa*, que "eu e tu não apreciamos as mesmas coisas (...) agora aspiras à Cidade, e aos jogos, e aos banhos, agora que és rendeiro (...) que não tens ao teu alcance uma taberna para te fornecer de vinho, nem uma jovem complacente que toque flauta até caíres redondo no chão".[41]

Deve-se aguardar o surgimento do cristianismo para se assistir à construção de um verdadeiro discurso antietílico. Durante a Antiguidade Tardia e a Idade Média se verá uma tensão permanente entre o lugar central ocupado na cultura e na vida quotidiana por bebidas como o vinho, a cerveja e o hidromel, e a tendência dos Padres da Igreja e dos fundadores do monasticismo a abominar o uso profano do álcool. O ascetismo do cristianismo dos primeiros séculos equiparou, muitas vezes, a embriaguez a um pecado: Paulo de Tarso, no século I d.C., colocava as "bebedices e glutonarias" como "obras da carne", que afastavam o homem do Espírito e cuja "concupiscência" jamais deveria ser satisfeita.[42] Dirigindo-se aos romanos, o apóstolo advertia-os de que deveriam andar "dignamente, como em pleno dia, não em orgias e bebedices".[43]

Por seu turno, Agostinho de Hipona considerava, em princípios do século V d.C., que os alimentos e bebidas deveriam ser considerados como remédios (em uma comparação que marcará profundamente o pensamento cristão acerca do álcool), e consumidos unicamente na medida das necessidades mais básicas: lamentava o teólogo africano não poder, tal como havia feito com o vício da carne, abandonar por completo o vinho, pois assim "morreria de sede".[44]

O monasticismo medieval, preocupado com a criação de novas formas de disciplina pessoal, entre elas a renúncia à sexualidade, também construiu um paradigma de aversão à embriaguez. Os principais formuladores desta forma de religiosidade, homens como Bento de Nórcia (480-547), Gregório Magno (540-604) e Bernardo de Clairvaux (1109-1153), viam no comer e beber sem medida uma rendição ao corpo, e à parte sensual e animal da pessoa, o que levava ao desprezo dos cuidados da alma. A mortificação do corpo, e a renúncia a prazeres como a embriaguez, representavam o único acesso possível à união da alma com Deus, esta sim a embriaguez espiritual total e perfeita: "esta experiência, buscada por todos os monges e lograda por poucos, só poderia se dar negando a outra embriaguez, a da bebedeira, pois neste caso a perda do autocontrole provocava o triunfo da sensualidade".[45]

---

41 Pierre Grimal, *A Civilização Romana* (Lisboa: Ed. 70, 1988), 231.

42 Gálatas, 5: 16-21.

43 Romanos, 13: 13.

44 *Apud* Sonia C. de Mancera, *El fraile, el índio y el pulque: evangelización y embriaguez en la Nueva España – 1523-1548* (México [D. F.], Fondo de Cultura Económica, 1991), 60.

45 *Ibidem.*, 66.

Os resultados práticos destas recomendações foram modestos. As bebidas alcoólicas ocupavam um lugar cultural central no medievo, e a embriaguez estava presente em todas as esferas da sociedade, a começar pelos próprios mosteiros, grandes produtores de vinho e cerveja. Contudo, o pensamento antietílico medieval conformou e influenciou decisivamente as formas modernas de pensar o ato de beber, cuja compreensão é fundamental para entendermos as reações dos europeus, e não apenas dos religiosos, aos regimes etílicos dos povos indígenas americanos.

Com o alvorecer da era moderna surge uma nova onda de discursos contra a embriaguez. Na esfera laica, estes discursos se relacionam com o surgimento do modo de vida e de comportamento burguês, contrário aos excessos no comer e no beber típicos da nobreza e do populacho do medievo. Cada vez mais, um novo tipo de comportamento social, que se expressa não apenas na vida pública e no desenvolvimento de uma nova ética, mas também em um refinamento da etiqueta alimentar e etílica, propaga-se pelos diferentes níveis das sociedades europeias.

Um exemplo disso é a popularidade do tratado *De quinquaginta curialitatibus ad mensam*, escrito em dialeto lombardo por volta de 1300 pelo *magister grammaticae* milanês Bonvesin de la Riva, e que se tornou uma bíblia do comportamento ao ser adaptado para o italiano (como *Zinquanta Cortesie da tavola*) no século XVI. Entre recomendações como não falar com a boca cheia, não acariciar gatos e cães durante as refeições e não fazer alarde ao se encontrar uma mosca ou sujeira na comida, havia a condenação da embriaguez. Como afirma Daniela Romagnoli, tal condenação decorria da "vitória, bem burguesa e duradoura, da parcimônia sobre a prodigalidade".[46] A embriaguez era vista, pelo gramático milanês, como um desperdício injustificável: "aquele que se embriaga comporta-se como um louco e peca de três maneiras: prejudica seu corpo, prejudica sua alma e '*perd lo vin k'el spende*' ('perde o vinho que gasta')".[47]

Ao lado deste desenvolvimento da normatização burguesa, o discurso religioso que equiparava a embriaguez a um pecado também se fez presente durante toda a era moderna. Um exemplo deste tipo de elaboração antietílica pode ser encontrado em um trecho do fascinante tratado contra a embriaguez indígena, *Histoire de l'eau-de-vie em Canada*, escrito (publicado em 1840, mas escrito, presumivelmente, em princípios do século XVIII) pelo missionário francês François Vachon de Belmont. O missionário critica acerbamente os colonos franceses, ingleses e holandeses que introduziram as bebidas espirituosas entre os nativos do Canadá, e aproveita para também execrar a própria embriaguez dos europeus:

> Entre os alemães e bretões a embriaguez é chamada magnificência – um traço de elegância: eles a tratam como algo que mantém a sociedade unida, como a fonte da alegria e como um prazer que se dão os amigos e os bravos uns aos outros, e como algo que sempre esteve, em todos os tempos e lugares, na moda; dizem, enfim, que em nenhum lugar os magistrados parecem muito ocupados com este assunto. Nós podemos res-

---

46 Daniela Romagnoli, "*Guarda no sii vilan*: as boas maneiras à mesa," in Flandrin e Montanari, *História da Alimentação*, 507.

47 *Ibidem*

ponder que em todos os tempos e em todos os lugares a embriaguez passou por vício vergonhoso e por uma ofensa a Deus, ela sempre horrorizou, não apenas aos cristãos, mas a todas as Leis, como algo contrário à Fé Cristã e a toda boa moral.[48]

Apesar de certas semelhanças superficiais com o discurso contemporâneo, os discursos modernos contra a embriaguez, tanto o religioso quanto o laico, apresentam diferenças de fundo, que devemos nos esforçar para compreender. Como mostra Harry G. Levine – em artigo seminal acerca do surgimento da noção de alcoolismo – o discurso contemporâneo associa o consumo pesado do álcool a uma doença aditiva, cujo sintoma é a perda de controle sobre o comportamento etílico, e cujo único remédio é a abstinência de todas as bebidas alcoólicas. Este novo paradigma, surgido na virada do século XVIII para o XIX, e desenvolvido durante o oitocentos, representa uma quebra radical com as ideias tradicionais a respeito do assunto. Como afirma Levine:

> Durante o século XVII, e na maior parte do XVIII, considerava-se que as pessoas bebiam e ficavam embriagadas porque queriam, e não porque "precisavam" beber. No pensamento colonial, o álcool não prejudicava permanentemente a vontade, não era aditivo, e a embriaguez habitual não era encarada como uma doença.[49]

Na América colonial inglesa – e também no Brasil colonial, vale dizer – o álcool era visto, popularmente, como parte da nutrição, como um remédio e como um lubrificante social. Contudo, em função das diferenças entre os regimes etílicos praticados por ingleses e portugueses, as bebidas possuíam um papel social muito mais visível entre os americanos do norte do que entre os luso-brasileiros. Mesmo religiosos puritanos, como Increase Mather (1639-1723), consideravam que o álcool era uma "boa criatura de Deus, que deveria ser recebida com gratidão",[50] e o próprio Benjamim Rush, que seria um dos responsáveis pela criação do conceito de alcoolismo, dizia em sua juventude (1722), que não entendia

> Todo este barulho acerca do vinho e das bebidas fortes. Já não temos visto centenas que fizeram disso uma prática constante e ficaram embriagados diariamente por

---

48 François Vachon de Belmont, *Histoire de l'eau-de-vie en Canadá – d'après um manuscrit récemment obtenu de France* (Québec: Société Littéraire et Historique, 1840), 1. *Early Canadiana Online*, http://www.canadiana.org/ECO/mtq?id=60d54d621d&doc=42998 (acessado em 05/02/2009).

49 Harry G. Levine, "The Discovery of Addiction: Changing Conceptions of Habitual Drunkenness in America." *Journal of Studies on Alcohol* 15 (1979): 493; ver também Heidi Rimke e Alan Hunt, "From sinners to degenerates: the medicalization of morality in the 19th century," *History of the Human Sciences* 15, nº 1 (2002): 59-88; e Marty Roth, "The golden age of drinking and the fall into addiction," *Janus Head* 7, nº 1 (2004): 11-33.

50 *Apud* Jen Royce Severns, "A Sociohistorical View of Addiction and Alcoholism," *Janus Head* 7, nº 1 (2004): 151.

trinta ou quarenta anos e que, apesar disso, chegaram à idade avançada com tão boa saúde do que aqueles que seguiram estritas regras de temperança?[51]

Que não se pense, porém, que não existissem críticas à embriaguez excessiva: durante os primeiros séculos da colonização na América inglesa muitos deploraram o pendor para o consumo do álcool entre os colonos. Na década de 1760, o futuro presidente John Adams iria propor a limitação do número de tabernas, e Benjamim Franklin chamava-as de "a Peste da Sociedade".[52] Contudo, a embriaguez era sempre vista como uma opção moral daquele que bebia em excesso, e considerava-se que aqueles bebedores contumazes viciavam-se *na embriaguez, e não na bebida*.

Esta é uma diferença crucial com relação à visão contemporânea. Durante o século XIX o pensamento médico desenvolveu a ideia de que era o álcool que viciava, independentemente de qualquer opção moral: quem bebia sempre e em grande quantidade acabaria por se tornar um viciado em álcool e, portanto, um *alcoólatra*. Se para o jovem Benjamim Rush o álcool não representava um problema grave, para o autor do *Inquiry into the effects of ardent spirits ...* , o bêbado contumaz era um adicto, condição que surgia gradual e progressivamente. Aos poucos, dizia Rush, o livre arbítrio do viciado em álcool era destruído: "o uso das bebidas fortes é, inicialmente, fruto do livre arbítrio, mas com o hábito torna-se uma questão de necessidade". A cura proposta para esta doença só poderia ser a abstinência total: "**taste not, handle not, touch not**" deveria ser o lema de todo homem que quisesse curar o hábito da intemperança.[53]

Foi esta noção – a de que a culpa da embriaguez estava na substância ingerida, e não de uma fraqueza moral ou de uma propensão ao pecado – que serviu de base para toda uma série de atitudes antietílicas, seja através dos chamados "movimentos de temperança", seja através de leis repressivas, como a lei seca dos Estados Unidos, e que está no centro de terapias utilizadas ainda hoje, como os "12 passos", dos Alcoólicos Anônimos.[54]

Embora este seja um tema que escapa aos objetivos deste trabalho, é oportuno notar que o fracasso da lei seca e dos movimentos de temperança, bem como o desenvolvimento da ciência da genética, possibilitaram o surgimento daquilo que Harry Levine chama de "pensamento pós-proibição", isto é, a ideia de que não é o álcool em si mesmo que provoca, necessariamente, a doença, mas sim uma característica individual, seja o "metabolismo lento" de algumas raças, em especial os índios, seja a presença de um "gene do alcoolismo".[55]

O que importa notar aqui é que ambas as formas de pensamento contemporâneo – a do álcool como fonte dos problemas e aquela que lança o foco sobre "deficiências" individuais – contribuem para obliterar um dos fatos mais estabelecidos da pesquisa antropológica sobre as

---

51 Levine, "The Discovery of Addiction," 495.

52 *Ibidem*, 496.

53 *Ibidem*, 500.

54 David F. Musto, "Alcohol in American History," *Scientific American* 274, n° 4 (1996): 64-9.

55 Levine, "The Discovery of Addiction," 494.

bebidas: o reconhecimento dos determinantes culturais, e não biológicos ou médicos, de sua utilização. Como afirmou Dwight B. Heath a este respeito:

> A associação do ato de beber com qualquer tipo específico de problema associado – físicos, econômicos, psicológicos, de relacionamento social ou outros – é rara entre culturas através da história e no mundo contemporâneo. Enquanto a maioria dos antropólogos que estudam o álcool tende a se concentrar nas crenças e no comportamento, concedendo atenção tanto aos padrões "normais" quanto aos "desviantes", muitos outros tendem a focalizar o "alcoolismo" (definido de várias formas), o que implica que o hábito de beber está invariavelmente associado com algum tipo ou tipos de problemas.[56]

Esta associação entre as bebidas alcoólicas e problemas sociais e de saúde padece de várias deficiências. Ao lado da pespectiva moralizadora implícita na noção de "álcool-como-problema", apresenta-se também um viés etnocêntrico, no qual os povos ditos primitivos, justamente por fazer das bebidas alcoólicas um traço constante (e nada patológico) de seu cotidiano, aparecem como figuras frágeis, imersos em uma ansiedade permanente, somente superável por uma embriaguez disfuncional. A antropologia contemporânea, cada vez mais, vem expondo as insuficiências desta visão patologizante, percebendo nas bebidas (assim como fazem os povos nativos) uma forma de alimento, de "cultura material corporificada", especialmente valorizada por suas propriedades psicoativas.[57]

O mais problemático, ao menos no que diz respeito à história do contato entre europeus e índios, é que aquela visão extremamente limitada dos prazeres etílicos foi, retrospectivamente, lançada ao passado colonial, servindo como pano de fundo para a ideia das bebidas alcoólicas como uma "arma da colonização", ou como um "presente envenenado". Esta espécie de *imprinting* ideológico se manifesta naquilo que poderíamos chamar "modelo da guerra do ópio": algo ruim e deletério (no nosso caso, o álcool) é imposto por uma ou mais potências coloniais a uma ou mais sociedades dominadas (as sociedades indígenas), com vistas a reforçar e estender este domínio e, em última instância, a destruir aquelas sociedades.

A ideia – pouco explicitada, mas comum – de que as bebidas se constituíram em uma arma da colonização se enquadra muito bem neste modelo, nem sempre apoiado em evidências claras. As referências feitas por alguns historiadores ao consumo de bebidas pelos índios após o contato estão invariavelmente marcadas por esta identificação, contemporaneamente produzida, entre o álcool e a doença e desagregação social. Desta forma, a "distribuição de bebidas" aparece, ao lado da guerra jus-

---

56 Dwight B. Heath, "Cultural studies on drinking: definitional problems," in *Cultural Studies on Drinking and Drinking Problems. Report on a Conference*, eds. Pirjo Paakkanen e Pekka Sulkunen (Social Research Institute of Alcohol Studies, Helsinki, 1987), 15.

57 Michael Dietler, "Alcohol: Anthropological/Archaeological Perspectives," *Annual Review of Anthropology* 35 (2006): 230-2.

ta e da catequese, como uma das estratégias de "civilização" utilizadas pelos portugueses, estratégias que podiam exterminar "tribos inteiras".[58]

Esta é uma postura que claramente vê o álcool com algo necessariamente prejudicial, independentemente das condições, sociais e culturais, em que o ato de beber é praticado. Além disso, tal visão está marcada por um profundo etnocentrismo: mesmo reconhecendo os óbvios problemas que o álcool – notadamente em suas formas destiladas – causou (e causa) às sociedades indígenas, é forçoso reconhecer a existência de um viés etnocêntrico quando lançamos o foco sobre a embriaguez dos índios e, ao mesmo tempo, deixamos de tocar no fato de que muitas sociedades ocidentais aderiram apaixonadamente à "revolução dos destilados", com as consequências previsíveis.

Em 1751, o inglês William Hogarth produziu esta imagem que bem representava a percepção da elite inglesa do século XVIII a respeito da catástrofe provocada pela popularidade das bebidas destiladas – no caso, um gim de péssima qualidade – entre as massas urbanas:

A destruição moral e física provocada pelo gim[59]

---

58   Maria H. O. Flexor, "Núcleos urbanos planeados do século XVIII e a estratégia de civilização dos índios do Brasil," in *Cultura Portuguesa na Terra de Santa Cruz*, org. Maria B. Nizza da Silva (Lisboa, Estampa, 1995), 85.

59   William Hogarth, *Gin Lane* (1751), http://www.gordsellar.com/wp-content/uploads/2008/07/ginlane.jpg (acessado em 13/02/2009).

Como contraponto, Hogarth também representou uma visão idealizada do "bom" álcool, no caso a tradicional cerveja consumida pelos ingleses há séculos. Ao contrário da degradação provocada pelo gim, o consumo de cerveja tornava as pessoas saudáveis, amistosas, felizes e produtivas:

A cerveja como signo de felicidade e de saúde: o inimigo era o destilado, não o álcool [60]

Os europeus do período moderno deram inúmeras mostras de "debilidade" em relação ao álcool, mas esta fraqueza não estava inserida em um contexto de desagregação social causada pela pressão colonial, como ocorreu com os índios, e com outros povos nativos colhidos pela expansão europeia. Lançar o foco unicamente aos problemas sofridos pelos índios significa vê-los (mais uma vez ...) como vítimas passivas de uma deliberação "civilizadora" consciente dos agentes da colonização, quando a tarefa do historiador deveria ser a de reconhecer, como afirma Peter Mancall, "que os índios que escolheram beber o fizeram por suas próprias razões. E estas razões estavam profunda-

---

60 William Hogarth, *Beer Street* (1751), http://www.gordsellar.com/wp-content/uploads/2008/07/beerstreet.jpg (acessado em 13/02/2009). Sobre a "loucura do gim" do século XVIII ver Jessica Warner, *Craze: Gin and Debauchery in an Age of Reason* (Nova York: Random House, 2002); e Patrick Dillon, *Gin: The Much-Lamented Death of Madam Geneva – The Eighteenth-Century Gin Craze* (Boston: Justin, Charles & Co., 2003).

mente relacionadas com a maneira pela qual os índios entendiam o mundo ao seu redor e as forças que controlavam este mundo".[61]

Insistir na denúncia, velada ou não, da utilização das bebidas como arma da colonização também representa, mesmo que de forma inconsciente, uma adesão à ideia clássica de uma "fraqueza" atávica dos índios, fraqueza que, muitas vezes, foi exemplificada pela derrota indígena frente às bebidas europeias.[62] Mesmo em épocas mais recentes, os muitos problemas que as sociedades indígenas enfrentam com as bebidas foram tratados como uma decorrência de características genéticas: desta forma, na década de 1970, foi afirmado que os índios apresentam um metabolismo do álcool mais lento do que outras etnias, o que faria com que o álcool permanecesse por mais tempo no organismo e causasse problemas de saúde mais graves entre os nativos americanos.

Pesquisas posteriores, contudo, mostraram que as diferenças metabólicas são muito mais individuais do que étnicas, e que japoneses e chineses (etnias geneticamente mais próximas aos índios) possuem um metabolismo *mais rápido* do que os brancos norte-americanos. Além disso, revelou-se que asiáticos orientais, e também hispânicos que migravam para os Estados Unidos, apresentavam taxas de metabolismo mais lentas que as populações da própria Ásia ou da América Latina, com um aumento equivalente de problemas associados ao consumo do álcool.[63] Por fim, comprovou-se que as taxas de metabolismo entre índios e brancos norte-americanos são virtualmente idênticas, o que mostra a prevalência dos fatores ambientais e culturais sobre os genéticos, no que concerne aos efeitos do álcool.[64]

De todo o modo, à figura do índio bêbado acabou por se unir a do índio "fraco" e "pusilânime" na construção de um paradigma de inferioridade racial. O ato de beber, entendido não como uma doença, mas como imoralidade e signo de debilidade, se tornou uma parte fundamental dos discursos e imagens construídos pelos europeus a respeito dos índios. Um dos mais importantes aspectos da conquista colonial dos povos nativos das Américas foi o surgimento de uma forma peculiar de narrativa, a qual contribuiu para a criação de uma série de categorias estereotipadas que colocavam

---

61 Peter C. Mancall, *Deadly Medicine: Indians and Alcohol in Early America* (Ithaca/Londres: Cornell University Press, 1995), 100.

62 Antonello Gerbi, *O Novo Mundo: história de uma polêmica – 1750-1900* (São Paulo: Companhia das Letras, 1996), 65; 141.

63 Sherry Saggers e Dennis Gray, *Dealing with Alcohol: indigenous usage in Australia, New Zealand and Canada* (Cambridge: Cambridge University Press, 1998), 69-70.

64 L. J. Bennion e T. K. Li, "Alcohol metabolism in American Indians and whites. Lack of racial differences in metabolic rate and liver alcohol dehydrogenase." *The New England Journal of Medicine* 294, nº 1 (1976): 9-13; A. D. Fisher, "Alcoholism and race: the misapplication of both concepts to North American Indians," *Canadian Review of Sociology & Anthropology* 24, nº 1 (1987): 81-98; Raul Caetano, Catherine L. Clark e Tammy Tam, "Alcohol Consumption Among Racial/Ethnic Minorities: Theory and Research," *Alcohol Health & Research World* 22, nº 4 (1998): 233-41.

colonizadores e povos conquistados em dois polos opostos, marcadamente hierarquizados: civilização/selvageria, limpeza/impureza, temperança/intoxicação, entre outros.[65]

Um exemplo disto é dado por Yves d'Evreux, missionário que conheceu os Tupinambá do Maranhão durante sua estadia de dois anos em princípios do século XVII. Para este capuchinho francês, os índios gostavam tanto do vinho, que era "considerada a embriaguez por eles, e até mesmo pelas mulheres, como uma grande honra".[66] Também francês, o naturalista Charles-Marie de La Condamine, que desceu o Amazonas em 1743, definia os índios por sua "insensibilidade", a qual constituía a base de seu caráter, deixando "em aberto a decisão de honrá-la com o nome de apatia, ou aviltá-la com o nome de estupidez". Estes indígenas, disse, são "incapazes de previdência e reflexão", sendo "pusilânimes e poltrões ao extremo, se a embriaguez não os transporta".[67]

Esta apreciação persistia em fins do período colonial. Manuel Aires de Casal, que em sua *Corografia Brasílica*, de 1817, descrevia os índios que habitavam o território brasileiro, insistia em colocar a embriaguez como uma de suas principais características:

> Os aborígines ou povos brasileiros são geralmente bem feitos, enquanto pequenos; mas perdem a gentileza mui cedo; inconstantes, desconfiados, e apaixonados de todo o gênero de licor forte, que bebem sem medida, e com que de ordinário são furiosos e temíveis enquanto não lhes passa a embriaguez.[68]

Para os naturalistas alemães Johann von Spix e Carl von Martius, que exploraram as florestas brasileiras em princípios do século XIX, os índios só abandonavam sua frieza e indolência "naturais" para se dedicar ao álcool:

> Insensível aos prazeres do paladar, dado sobretudo à alimentação animal, o índio, em geral, é sóbrio, e, sem respeito a horário, contenta-se com atender à necessidade de refazer-se; até frequentemente jejua por comodidade. De outro lado, porém, quanto à bebida, é apaixonado da sua vinhaça ou cachaça, quando a pode obter.[69]

---

65 Gilbert Quintero, "Making the Indian: Colonial Knowledge, Alcohol, and Native Americans," *American Indian Culture and Research Journal* 25 (2001): 57-71.

66 Yves d' Evreux, *Viagem ao norte do Brasil feita nos anos de 1613 a 1614* (São Paulo: Siciliano, 2002 [1ª edição: 1615]), 124.

67 Charles-Marie de La Condamine, *Viagem pelo Amazonas – 1735-1745* (Rio de Janeiro/São Paulo: Nova Fronteira, 1992 [1ª edição: 1745]), 55.

68 Manuel Aires de Casal, *Corografia Brasílica ou Relação Histórico-Geográfica do Reino do Brasil* (Belo Horizonte/São Paulo: Itatiaia/Edusp, 1976 [1ª edição: 1817]), 36.

69 Johann B. von Spix e Carl F. von Martius, *Viagem pelo Brasil – 1817-1820* (São Paulo: Melhoramentos/IHGB/Imprensa Nacional, 1976 [1ªˢ edições: 1828-1829]), 203 (v. I).

Décadas mais tarde, em um contexto de extrema pressão sobre os povos indígenas, motivada pela Lei de Terras de 1850, até mesmo a espoliação dos territórios indígenas pelos europeus pôde ser justificado pelo vício da bebida, como nos diz João Francisco Lisboa:

> Se considerarmos por outro lado que a sua possessão (*dos índios*) também se fundava no esbulho que uns contra os outros praticavam quotidianamente, e que todo o seu direito repousava na violência, na conquista e na guerra, ordinariamente deliberada no meio de brutas orgias de sangue e vinho, então o abuso da espoliação, de que os europeus são acusados, ficará imediatamente atenuado.[70]

O viés etnocêntrico também pode se manifestar quando nos propomos a estudar a história dos inebriantes alcoólicos naquelas sociedades, tradicionalmente chamadas de primitivas, em um contexto anterior ao contato com os europeus. Poderia ser tentador, especialmente para os menos afeitos à bibliografia etnológica, aderir a uma forma qualquer de "teoria da ansiedade" – como a proposta por Donald Horton há meio século – a qual afirma que os primitivos viviam em um permanente estado de ansiedade, privação e medo, o que os teria levado à invenção de mecanismos de redução de ansiedade, como as bebidas alcoólicas e outras substâncias essenciais.[71]

Chama a atenção o caráter irremediavelmente datado, e equivocado,[72] desta visão das sociedades primitivas, mas o problema mais sério desta posição é a recusa de qualquer possibilidade de compreensão do papel determinante ocupado pelas bebidas alcoólicas na história tecnológica do homem, especialmente no que diz respeito à domesticação e manipulação de plantas e microorganismos: alguns dos momentos cruciais na história social humana, como a invenção da agricultura e da cerâmica, podem estar intimamente ligados ao desenvolvimento das bebidas alcoólicas.

Em 1986, Solomon Katz e Mary Voigt, retomando uma sugestão feita nos anos 1950 por Robert Braidwood e Jonathan Sauer, propuseram que o consumo de caldos fermentados e etílicos produzidos a partir da cevada selvagem teria antecedido a domesticação propriamente dita, na região do Crescente Fértil. A partir das mudanças climáticas ocorridas ao fim do Pleistoceno,

---

70 João Francisco Lisboa, *Crônica do Brasil Colonial – Apontamentos para a História do Maranhão* (Petrópolis: Vozes, 1976 [1ª edição: 1855]), 174. Estes são apenas alguns exemplos do discurso colonial que coloca a embriaguez como característica do que seriam povos fracos e, com justiça, dominados. Vejam a semelhança destes exemplos brasileiros com o discurso de um missionário presbiteriano suíço que trabalhou em Moçambique na virada do século XIX para o XX: "a propensão dos Bantu da África do Sul pelo álcool não é um resultado da civilização. A raça, sendo de caráter fraco, sempre foi dada à embriaguez. Privada de verdadeiros princípios morais e religiosos, ela foi exposta, como são todas as raças primitivas, aos excessos de suas perigosas paixões," Henri Junod, 1927, *apud* Aasved, "Alcohol, drinking and intoxication in preindustrial society," 181.

71 Para uma crítica definitiva à teoria da ansiedade ver Aasved, *ibidem*, 247-64; cf. Stephen H. Buhner, *Sacred and Herbal Healing Beers: The Secrets of Ancient Fermentation* (Boulder: Brewers Publications, 1998), 10-14.

72 Marshall Sahlins, "A Primeira Sociedade da Afluência," in *Antropologia Econômica*, org. Edgar A. Carvalho (São Paulo: Ciências Humanas, 1978), 7-44.

e a consequente diminuição do acesso a esta cerveja primitiva, os homens se viram forçados a investir na domesticação da cevada, com o intuito de manter seus crescentes padrões de consumo etílico. A domesticação das plantas no Oriente Próximo, evento cuja importância dispensa maiores considerações, teria sido, portanto, diretamente oriunda da busca por uma substância essencial: o álcool.[73]

O estudo de populações tradicionais no mundo contemporâneo mostra com clareza que a tese de Katz e Voigt nada tem de absurda. Várias destas sociedades dedicam enorme esforço, em trabalho e em tecnologia, para obter substâncias etílicas, servindo assim como um possível modelo para o que ocorreu entre os habitantes pré-históricos do Crescente Fértil. Entre os Chagga da região do Kilimanjaro (Tanzânia), encontraremos sistemas extensivos, e seculares, de irrigação, voltados unicamente para o cultivo do painço, que serve para a produção de cerveja, sendo raramente consumido como alimento. Para os Lepcha, do Himalaia, que também possuem sistemas de irrigação, o painço é considerado tão sagrado que jamais é consumido, sendo sempre utilizado para a fermentação.[74]

Apesar de atraente, a hipótese é pouco aceita pela maioria dos arqueólogos. Afinal, o conhecimento da agricultura não implica, *per se*, o conhecimento da fermentação, como mostram os agricultores pré-históricos da América do Norte, que desconheciam as bebidas alcoólicas.[75] Além disso, é possível alegar a ausência, no registro arqueológico, de recipientes adequados à fermentação em um período tão recuado.[76] De todo modo, a hipótese de Katz-Voight demonstra, esteja correta ou não, a importância de abandonarmos os preconceitos contemporâneos acerca dos inebriantes etílicos, e tratar as bebidas com o olhar atento que o tema merece. Independentemente do que tenha ocorrido no Oriente Próximo, é inegável que a produção das bebidas alcoólicas representou um passo tecnológico fundamental, seja no relacionamento com os microorganismos responsáveis pela fermentação, seja na manipulação das plantas.

No caso da maior parte dos nativos do Brasil, a produção dos fermentados estava – e, em alguns casos, ainda está – diretamente ligada ao principal recurso tecnológico disponível, a produção da cerâmica. Estas atividades motivavam enormes esforços coletivos de produção e armazenamento, marcando, cerimonial e culturalmente, eventos centrais do ciclo de vida e das relações com a alteridade, revelando assim a necessidade de reconhecer na experiência etílica indígena um objeto de estudo independente, e não um capítulo menor do empreendimento colonial.

Como afirmou Peter Mancall, em um trecho que poderia muito bem ser aplicado ao caso brasileiro, "muito embora os historiadores tenham reconhecido a força destrutiva do álcool para os

---

73 Solomon Katz e Mary Voigt, "Bread and Beer: The Early Use of Cereals in the Human Diet," *Expeditions* 28, nº 2 (1986): 23-34.

74 Buhner, *Sacred and Herbal Healing Beers*, 147.

75 Andrew Sherratt, "Alcohol and its alternatives: symbol and substance in pre-industrial cultures," in Goodman, Lovejoy e Sherratt, *Consuming Habits*, 24-5.

76 Thomas W. Kavanagh, "Archaeological Parameters for the Beginnings of Beer," *Brewing Techniques* 2, nº 5 (1994), http://www.brewingtechniques.com/library/backissues/issue2.5/kavanagh.html (acessado em 06/02/2009).

índios norte-americanos, poucos trataram o beber indígena como um sujeito de direito próprio".[77] Reconhecer a ausência de uma reflexão mais aprofundada sobre os regimes etílicos indígenas por parte da historiografia não significa, porém deixar de apontar alguns trabalhos que oferecem um excelente ponto de partida para a minha pesquisa, como se verá a seguir.

3. Índios e Bebidas entre o Silêncio e a História

O lugar ocupado pelas bebidas alcoólicas, nos diversos processos de contato e colonização, tem importância fundamental para a constituição dos modos atuais de produção e consumo de bebidas nas sociedades americanas. Muito embora não exista, no Brasil, qualquer trabalho historiográfico de vulto a respeito deste tema, algumas obras de cunho histórico e etnológico serão de importância fundamental para, ao menos, estabelecer os limites de nosso conhecimento acerca do papel das bebidas na colonização e no contato interétnico. Por outro lado, e especialmente em língua inglesa, existe uma produção bem mais significativa a respeito do impacto das bebidas alcoólicas nas sociedades indígenas. Qual o motivo desta diferença?

Poder-se-ia, naturalmente, lançar a responsabilidade sobre a disparidade de recursos técnicos e financeiros à disposição dos pesquisadores anglo-saxões. É de se duvidar, contudo, de uma explicação tão simplista. Afinal, existem vários temas, tão complexos quanto este, em que a produção acadêmica brasileira nada fica a dever à estrangeira, como é o caso, por exemplo, dos estudos sobre a escravidão africana ou sobre as mentalidades no período colonial.

Na verdade, para além dos problemas narrados nos textos dos antropólogos citados anteriormente, a discrepância pode ser explicada pelos diferentes lugares sociais ocupados pelas bebidas alcoólicas nos processos de colonização da América. Entender as razões destas diferenças é o primeiro passo para a compreensão do papel exercido pelas bebidas em nossa formação cultural. Além das distinções entre as próprias sociedades indígenas americanas, que variavam do total desconhecimento das bebidas alcoólicas até aquelas que conferiam um profundo significado mítico e ritual às bebidas, temos importantes diferenças entre as próprias sociedades europeias envolvidas no processo de colonização.

Neste sentido, assumem grande importância trabalhos como os de Ruth Engs.[78] Esta autora argumenta, de forma bastante sólida e bem documentada, a respeito da flagrante diferença entre as

---

77 Mancall, *Deadly Medicine*, XII.

78 Ruth C. Engs, "Do Traditional Western European Practices Have Origins in Antiquity?" *Addiction Research* 2, nº 3 (1995): 227-239; e "Protestants and Catholics: Drunken Barbarians and Mellow Romans?" *Alcohol Research and Health Information – Indiana University Bloomington* (2001), http://www.indiana.edu/~engs/articles/cathprot.htm (acessado em 06/02/2009). Para uma demonstração estatística da divisão da Europa em duas zonas etílicas, cf. Christianne Hupkens, Ronald Knibbe e Maria Drop, "Alcohol consumption in the European Community: uniformity and diversity in drinking patterns," *Addiction* 88 (1993): 1391-404; David E. Smith e Hans S. Solgaard,

práticas etílicas do norte e do sul da Europa, e a existência destes dois padrões de consumo desde a antiguidade: assim, o sul do continente, de clima mais tolerante – próprio para a viticultura – e de herança cultural romana, aceita o vinho (a bebida mais consumida) como uma parte normal da dieta diária. O vinho, geralmente, é consumido junto com as refeições, a embriaguez é mal vista, mesmo nas celebrações, e as crianças frequentemente recebem vinho diluído para acompanhar a comida. Nestas sociedades existem poucos problemas psicossociais relacionados ao consumo de álcool e um número reduzido de políticas de controle. Além disso, existe pouca pressão social para o consumo de bebidas.

Em contraste com estas atitudes da zona do Mediterrâneo, o norte europeu, de clima impróprio para a uva, demonstra um padrão ambivalente de consumo das bebidas alcoólicas, com extremos de consumo pesado e de abstinência. As bebidas – que até os tempos modernos não estavam disponíveis durante todo o ano – são provenientes de grãos (cervejas e destilados) e, geralmente, consumidas fora das refeições. Episódios de forte embriaguez ocorrem frequentemente em ocasiões especiais e comemorações. É comum que se beba com o objetivo de alcançar a embriaguez. O consumo e a intoxicação pública são mais ou menos aceitos, mas uma alta porcentagem da população é abstêmia. Limitações de idade e de consumo por parte de crianças – mesmo em ocasiões familiares – são comuns, e existem muitos problemas sociais relacionados ao álcool. A esmagadora maioria dos movimentos de abstinência surgiu nestas sociedades.

Ao lado destes dois padrões mais marcados, temos algumas regiões que apresentam um padrão "misto": é o caso da Alsácia e de algumas áreas da Alemanha e Suíça, que combinam as duas principais tradições. Caracterizam-se pelo consumo frequente de vinho, e por vezes cerveja, junto com as refeições. Estas bebidas, além dos destilados, também são consumidas fora das refeições, aproximando-se, assim, do padrão nórdico. O consumo de álcool *per capita* é bem alto, mas a embriaguez pública tende a ser mal vista. São áreas em que tanto línguas germânicas quanto latinas são faladas, com terras apropriadas para o cultivo da vinha, e todas foram antigas províncias romanas.[79]

Esta é uma maneira criativa de usar variantes ecológicas e culturais na construção de uma hipótese que dá conta das diferenças entre as posturas etílicas das sociedades nórdicas e mediterrânicas, o que nos ajuda a compreender as diferentes percepções das bebidas alcoólicas nas distintas sociedades e como isso impacta suas tradições acadêmicas. As bebidas eram vistas de formas muito diferentes entre as diversas sociedades europeias, o que se reflete necessariamente em suas tradições historiográficas, e nas historiografias das sociedades oriundas da colonização.

"Changing patterns in wine consumption: The north-south divide," *International Journal of Wine Marketing* 8, nº 2 (1996): 16-30; Kim Bloomfield *et al.* "International Comparisons of Alcohol Consumption," *Alcohol Research and Health* 27, nº 1 (2003): 95-109. Para uma visão mais recente, na qual a divisão histórico-ecológica divisada por Engs se articula com a diferenciação religiosa promovida pela Reforma, ver Mack P. Holt, "Europe Divided: Wine, Beer, and the Reformation in Sixteenth-century Europe," in *Alcohol: A Social and Cultural History*, ed. Mack P. Holt (Oxford/Nova York: Berg, 2006), 25-40.

79 Engs, "Do Traditional Western …".

Ainda no campo das tradições etílicas europeias, temos o trabalho, já citado, de Fernand Braudel, o qual, além de fazer um inventário excelente dos usos das bebidas pelas distintas sociedades, nos mostra o grande impacto da invenção dos destilados dentro da própria Europa, deixando evidente que este salto qualitativo da experiência etílica representou uma enorme surpresa, além de uma nova fonte de problemas sociais, para seus próprios inventores.

Falando especificamente sobre o impacto das bebidas nas sociedades indígenas colhidas pelo colonialismo, temos algumas obras fundamentais em língua inglesa. O mais completo trabalho sobre este tema é *Deadly Medicine: Indians and Alcohol in Early América*, de Peter C. Mancall.[80] Tratando de uma situação colonial muito distinta da brasileira, Mancall mostra as catastróficas consequências do encontro entre sociedades indígenas que desconheciam as bebidas alcoólicas e uma sociedade europeia, a inglesa, resolutamente "nórdica" em seu trato com o álcool.

A típica dicotomia, apontada por Engs, entre o consumo pesado e as tentativas de forçar a abstinência, teve largo curso nas relações entre ingleses e índios: assim, enquanto ministros religiosos e muitos funcionários laicos tentavam a proibição das bebidas entre os índios, outros agentes da colonização, como os comerciantes de peles, transformavam o rum caribenho na moeda básica em suas relações com os povos nativos. Deve-se ressaltar a enorme quantidade de documentos disponíveis para a pesquisa de Mancall, permitindo ao autor o estudo das tentativas de combate ao álcool por parte dos próprios índios, o que, lamentavelmente, não é possível fazer para o nosso período colonial.

Enquanto *Deadly Medicine* se interrompe com a independência norte-americana, William E. Unrau, em *White Man's Wicked Water*, estuda as relações entre índios e o álcool durante o século XIX, no momento da grande expansão para o Oeste.[81] Unrau constata que a expulsão dos ingleses permitiu, por várias razões, que o comércio do rum com os índios – e entre os próprios índios – se desenvolvesse quase sem limites. Sem, porém, tomar uma atitude de denúncia contra uma "arma da colonização", Unrau mostra que o grande consumo das bebidas pelos índios era uma consequência inevitável de sua confluência cultural com uma sociedade, a norte-americana, que consumia enormes quantidades de álcool, e que abrigava acerbos debates sobre este consumo e sobre as possibilidades de sua proibição.

Ao contrário de qualquer tendência "inata" dos índios, o autor revela que os nativos buscavam emular o comportamento dos "civilizados", em uma tentativa de acomodação que mimetizava uma das características mais evidentes, para os índios, da sociedade branca. Unrau também discute uma série de mitos e preconceitos, biológicos e culturais, que envolvem este tema, na busca de explicações para o devastador impacto das bebidas alcoólicas nas sociedades indígenas.

Recentemente Frederick H. Smith escreveu um artigo cujas preocupações centrais são idênticas às minhas. Assim como ocorreu no Brasil, as sociedades nativas do Caribe conheciam as bebidas

---

80   Mancall, *Deadly Medicine*.

81   William E. Unrau, *White Man's Wicked Water: The Alcohol Trade and Prohibition in Indian Country, 1802-1892* (Wichita: University Press of Kansas, 1999). Sobre a embriaguez como "imitação" dos brancos, ver Asved, "Alcohol, drinking and intoxication in preindustrial society," 307-8.

fermentadas à base de mandioca, possuíam festas de embriaguez articuladas com exibições de prestígio por parte dos chefes, utilizavam as bebidas como móvel para sua frequentes guerras e viam a ebriedade como um caminho para a expressão xamanística. Também no Caribe as descrições dos costumes etílicos dos índios serviram para construir discursos de inferioridade dos nativos e de justificação da expansão colonial. Com todos os limites epistemológicos inerentes ao formato de um artigo, é um trabalho indispensável para os interessados no tema.[82]

Para a América espanhola, temos o já clássico trabalho de William B. Taylor, *Drinking, Homicide and Rebellion in Colonial Mexican Villages*.[83] Embora assuma, em alguns momentos, uma postura, um tanto antiquada hoje, de denúncia da bebida, Taylor fez uma pesquisa documental notável e exaustiva. Trata-se de uma situação colonial distinta da América inglesa, em que uma sociedade mediterrânea encontra sociedades nativas (a base da pesquisa é a área Asteca no México central e a região de Oaxaca) que tinham na bebida um componente importante de sua vida social e ritual. Diferentemente do Brasil, contudo, estas sociedades fortemente estratificadas tendiam a reservar as bebidas para sua elite e proibi-las para os *macehuales*, os homens comuns. Além disso, a embriaguez pública poderia ser punida com a morte. A conquista espanhola rompeu estas regras e tornou o *pulque* um bem de consumo disponível para todos, causando uma enorme gama de problemas sociais e contribuindo em muito para a desagregação de tradicionais modos de vida.

Este ponto, aliás, foi bem percebido pelo frei Bernardino de Sahagún. Afirmando, em 1576, que os nativos tinham uma maneira de viver "muito conforme à Filosofia Natural e Moral", Sahagún debita à chegada dos espanhóis todos os males pelos quais passavam os nativos, "e porque eles derrocaram e lançaram por terra todos os costumes e maneiras de reger que tinham estes naturais e quiseram reduzi-los à maneira de viver da Espanha (...) perdeu-se todo o regimento que tinham". A principal tragédia, para Sahagún, era o excesso de álcool:

> A todos nós parece que a causa principal disto é a bebedeira que, como cessou aquele rigor antigo, de castigar com a pena de morte as bebedeiras, embora sejam castigados açoitando-os, tosquiando-os e vendendo-os como escravos por anos ou por meses, este não é castigo suficiente para que parem de se embebedar (...), e são estas bebedeiras tão desregradas e prejudiciais à república e à saúde e salvação dos que a praticam, que por elas se causam muitas mortes porque se matam uns aos outros estando bêbados.[84]

---

82 Frederick H. Smith, "European Impressions of the Island Carib's Use of Alcohol in the Early Colonial Period," *Ethnohistory* 53, nº 3 (2006): 543-66.

83 William B. Taylor, *Drinking, Homicide and Rebellion in Colonial Mexican Villages* (Stanford: Stanford University Press, 1979).

84 "Relação etnográfica de Bernardino de Sahagún sobre a degeneração da disciplina e dos costumes indígenas causada pela destruição de suas 'idolatrias'," in *A Conquista Espiritual da América Espanhola*, org. Paulo Suess (Petrópolis: Vozes, 1992), 218.

Ainda com relação ao México, temos as obras de Sonia Corcuera de Mancera: *El fraile, el índio y el pulque: Evangelización y embriaguez en la Nueva España – 1523-1548* (1991), e *Del amor al temor: Borrachez, catequesis y control en la Nueva España – 1555-1771* (1994), ambas tratando do papel das bebidas alcoólicas na catequese dos índios mexicanos. São trabalhos bastante úteis à compreensão do processo brasileiro: devido à pequena elaboração teórica dos missionários do Brasil colonial, o estudo daquilo que foi produzido pelos religiosos espanhóis nos ajuda a preencher uma lacuna, tendo em vista que portugueses e espanhóis compartilhavam de princípios e visões semelhantes acerca do ato de beber e da embriaguez, os quais foram constantemente aplicados em sua prática evangelizadora. Apesar das diferenças entre as sociedades indígenas no México e no Brasil, a noção de "embriaguez como pecado", utilizada pelos missionários em ambas as regiões, é fundamental para entendermos o que se passou no Brasil.

Esta rápida revisão revela bem as dificuldades da reflexão historiográfica nacional a respeito de nosso tema. Não existe qualquer trabalho no Brasil que sequer se aproxime da abrangência e profundidade analítica dos livros aqui citados. Recentemente, Henrique Carneiro tratou da questão das bebidas alcoólicas, no contexto de seu trabalho sobre afrodisíacos e alucinógenos no período moderno.[85] Infelizmente (no que se refere aos índios no Brasil), o autor limitou-se a tratar da documentação e bibliografia referentes à América espanhola, sem deixar de apontar um fato importante para nós, ao mostrar as grandes diferenças existentes entre as percepções europeia e nativa do que significava beber corretamente.

Influenciado por William Taylor e por Sonia Mancera, Carneiro aponta que, para os europeus – europeus *latinos*, poderíamos acrescentar – as bebidas deveriam ser consumidas durante as refeições, de forma moderada e cotidiana, evitando-se os grandes episódios de embriaguez. Ora, nada mais distante da etiqueta asteca ou inca, para a qual o ato de beber diariamente era extremamente condenado, reservando-se as bebidas para as ocasiões cerimoniais, em que a embriaguez era ativamente buscada.[86] Embora, no que concerne às bebidas alcoólicas, não trate do Brasil, o livro de Henrique Carneiro é indispensável para a compreensão da visão europeia a respeito das substâncias essenciais.

4. As Bebidas Alcoólicas na Historiografia e Etnologia Brasileiras

Seria injusto e equivocado, contudo, deixar de reconhecer em vários autores elementos que nos permitem iniciar uma pesquisa acerca das relações entre os índios no Brasil e as bebidas alcoólicas, e do papel destas no processo de colonização. Quando nos debruçamos sobre a história das bebidas no Brasil, um nome imediatamente se destaca: o de Luis da Câmara Cascudo.

---

85   Henrique Carneiro, *Amores e sonhos da flora: afrodisíacos e alucinógenos na botânica e na farmácia* (São Paulo, Xamã, 2002), 171-205.

86   *Ibidem*, 183-4.

Pode-se afirmar que o autor potiguar ocupa nesta área o lugar que pertence a Gilberto Freyre nos estudos sobre a família brasileira. Com uma importante diferença: enquanto Freyre deu início a toda uma nova área de estudos, Câmara Cascudo permaneceu, infelizmente, como um precursor sem seguidores. Seria tema para um outro trabalho explicar as diferentes trajetórias de autores que, em vários aspectos, muito se assemelham. Uma das possíveis causas reside no fato de Freyre ter se notabilizado por seus estudos em uma área "estrutural" – a organização social e familiar – em um período que dedicava pouca atenção a temas aparentemente mais ligados à vida cotidiana.

Para o pesquisador contemporâneo, contudo, é impossível deixar de ver em *Prelúdio da Cachaça* (1968)[87] uma obra ímpar em interesse e importância. Neste livro, tão notável quanto pouco lido, o etnógrafo faz um estudo bastante amplo, e que hoje chamaríamos de interdisciplinar, da cachaça na cultura e na sociedade brasileira. O autor discute a etimologia das palavras *cachaça* e *jeribita* (nome mais comum da aguardente de cana durante o período colonial) e apresenta vários testemunhos históricos acerca do papel da "branquinha" em nossa formação. Além disso, traça um amplo quadro do folclore associado à bebida, inclusive com suas muitas aplicações terapêuticas.

Apesar de suas insuficiências, que não são poucas, Câmara Cascudo realiza aqui uma obra que constitui, sem sombra de dúvidas, o ponto de partida para qualquer história das bebidas no Brasil, até mesmo no que diz respeito ao impacto dos destilados nas sociedades invadidas pelos europeus. Vejamos este trecho:

> Para os africanos, sudaneses e bantos, do Atlântico e do Índico, o europeu revelou o perturbador alambique, incluído na parafernália civilizadora. Os pretos, como os indígenas antes dos portugueses, desconheciam totalmente qualquer bebida destilada, produzindo unicamente as cervejas, garapas, na base de frutas ou raízes (...). Pelos séculos XIX e XX é que o alambique dominou a predileção na África negra, tornando-se fabricável pelos nativos e surgiram aguardentes de todos os tipos, desorganizando reinados e comprando servidores.[88]

Infelizmente, a preocupação do etnólogo potiguar não teve, até este momento, seguidores, e sua obra continua sendo o único trabalho mais sistemático a respeito da bebida mais importante do Brasil. Além deste livro, outras obras de Câmara Cascudo, como o *Dicionário do Folclore Brasileiro* (1954), *Folclore do Brasil* (1967), e *História da Alimentação no Brasil* (1967-8), entre muitas outras, estão mais próximas à preocupação central deste livro, ao descrever as bebidas fermentadas nativas e sua importância na cultura brasileira e na formação da tradição culinária nacional.

Também dentro deste campo, é fundamental o livro de Nunes Pereira, *Panorama da Alimentação Indígena: Comidas, Bebidas e Tóxicos na Amazônia Brasileira* (1974). Sem maiores preocupações

---

[87] Luis da Câmara Cascudo, *Prelúdio da Cachaça: Etnologia, História e Sociologia da Aguardente* (Belo Horizonte, Itatiaia, 1986 [1ª edição: 1968]).

[88] *Ibidem*, 15.

analíticas, mas com uma preocupação verdadeiramente enciclopédica, Pereira ajuda a revelar a proficiência dos povos indígenas no Brasil nas artes da fermentação, e as inúmeras formas pelas quais as bebidas fermentadas de origem indígena penetraram e influenciaram a cultura brasileira.

O mais importante livro já escrito sobre as bebidas dos índios brasileiros, contudo, é *Pulque, Balché e Pajauaru. Na etnobiologia das bebidas e dos alimentos fermentados* (1975),[89] do químico pernambucano Oswaldo Gonçalves de Lima. Verdadeiro monumento ao detalhe e à erudição, este livro não se enquadra em qualquer classificação simples: combinando a microbiologia com a etnologia, a história e a memória, Gonçalves de Lima insere as bebidas dos índios brasileiros no amplo quadro das técnicas de fermentação, comparando-as com bebidas e alimentos de todos os continentes. É obra indispensável e, em sua abrangência, única. Gonçalves de Lima é também autor de *El maguey y el pulque en los códices mexicanos* (1956), livro unanimemente considerado pelos autores mexicanos, como Sonia Mancera,[90] como um clássico no estudo do papel das bebidas fermentadas nas religiões da Mesoamérica.

E não há muito mais. Se quisermos nos aprofundar no estudo das bebidas nativas teremos que nos dirigir aos antropólogos e a seus estudos sobre os povos indígenas contemporâneos. Encontraremos alguns trabalhos interessantes sobre a cachaça (embora não estejam no mesmo nível do de Câmara Cascudo), nos quais os povos indígenas encontram-se singularmente ausentes. De todos eles, o mais interessante é *Medicina Rústica*, de Alceu Maynard de Araújo (1959), belíssimo trabalho de etnomedicina, realizado em uma pequena comunidade alagoana. A aguardente ocupa aqui um lugar da maior importância, e Araújo se compraz em apresentar exemplos das inúmeras aplicações medicinais da bebida. Deliciosas são as loas à cachaça recolhidas pelo autor, que faz um estudo aprofundado da etiqueta dos bebedores inveterados, como este, em que a cachaça, e sua distribuição pela estratificação social brasileira, são apresentadas de forma irônica:

> De primeiro só bebia
> negro, caboco e mulato,
> hoje até os home alto
> veve bebo todo dia,
> na rua tombá e pendê
> contano os passo errado
> até o seu delegado
> já tenho visto bebê.[91]

---

89 Esta edição (Recife, UFPE, 1975) é muito rara e está esgotada. Utilizo a edição mexicana: Oswaldo Gonçalves de Lima, *Pulque, Balché y Pajauaru. En la etnobiología de las bebidas y de los alimentos fermentados* (México [D.F.], Fondo de Cultura Económica, 1990).

90 Mancera, *El fraile, el índio y el pulque*, 17-42.

91 Alceu M. de Araújo, *Medicina Rústica* (São Paulo: Editora Nacional, 1979 [1ª edição: 1959]), 266.

Menos interessante, mas sintomático quanto à ausência dos historiadores em um tema tão importante, é um artigo do psiquiatra Clóvis de Faria Alvim, "Alcoolismo no Brasil Colonial" (1975), que traz uma boa pesquisa documental sobre as origens e desenvolvimento da produção e consumo da aguardente de cana no período colonial, especialmente no que se refere aos africanos e seus descendentes. É um trabalho que chama a atenção para as insuficiências de uma abordagem não profissional de um tema histórico. A visão do autor é essencialmente a de um patologista, o que deixa transparecer certos preconceitos e anacronismos:

> O alcoolismo alastrou-se assustadoramente entre os escravos, principalmente nas zonas açucareiras e de mineração. (...) Ainda adolescentes, iniciavam-se os negros na bebida danada, como prova da sua machidão ou da sua maioridade. E não a largavam mais, esquecidos das suas mágoas e das suas misérias de pretos cativos.[92]

Não é de surpreender, aliás, que o próprio autor apresente elementos documentais que poderiam matizar sua posição, como é o caso de uma carta de Rodrigo César de Menezes, governador da capitania de São Paulo entre 1721 e 1727. Na carta, D. Rodrigo mostra o valor da cachaça, ao afirmar "ser experiência certa que o senhor de escravos, que não a dava aos seus sofria maior mortandade em suas senzalas do que aqueles que por este meio os animava e fortificava."[93]

Gilberto Freyre também nos traz informações importantes para o estudo dos padrões de consumo etílico no Brasil colonial, embora se limite a abordar a cachaça. Mostra, por exemplo, a marcante diferença nos comportamentos etílicos de holandeses e luso-brasileiros durante a ocupação neerlandesa, ao tratar da paixão dos nórdicos pela embriaguez, em contraste coma relativa frugalidade etílica dos portugueses e seus descendentes americanos, sem deixar, contudo, de apontar que "negros e caboclos" mostravam-se apaixonados pela cachaça.[94] Infelizmente, Freyre não nos mostra como os "caboclos", os descendentes dos índios, teriam abandonado seus cauins e aderido tão apaixonadamente à cachaça.

Um trabalho revelador sobre a tradição historiográfica brasileira a respeito do álcool é o de Julita Scarano, "Bebida Alcoólica e Sociedade Colonial" (2001), artigo inserido em obra coletiva acerca das festas no Brasil colonial.[95] Embora seja um artigo interessante, especialmente quando aborda as questões de distribuição e tributação da cachaça, passa ao largo das bebidas nativas e das festas de índios, as *cauinagens*, durante o período colonial. Ao lermos o artigo de

---

92 Clóvis de Faria Alvim, "Alcoolismo no Brasil Colonial," *Revista da Associação Médica de Minas Gerais* 26, n°s 1 e 2 (1975): 45.

93 *Ibidem*, 46.

94 Gilberto Freyre, *Sobrados e Mucambos: decadência do patriarcado rural e desenvolvimento do urbano* (São Paulo: Global, 2003 [1ª edição: 1936]), 280.

95 Julita Scarano, "Bebida Alcoólica e Sociedade Colonial," in *Festa: Cultura e Sociabilidade na América Portuguesa*, org. István Jancsó e Íris Kantor (São Paulo: Edusp/Fapesp/Imprensa Oficial, v. II, 2001), 467-83.

Scarano, temos a impressão que a experiência etílica só teve início no Brasil com a chegada dos portugueses, e com a invenção da cachaça.

Este quadro bibliográfico, pouco animador, vem se modificando nos últimos tempos. Exemplo disso é o livro, organizado por Renato P. Venâncio e Henrique Carneiro, *Álcool e drogas na história do Brasil*.[96] Entre vários artigos interessantes a respeito das bebidas alcoólicas na história do Brasil, destaca-se o de Ronald Raminelli, o qual retira o cauim de sua habitual obscuridade historiográfica.[97] Embora limitado, como não poderia deixar de ser, pelo formato de um artigo, seus métodos e conclusões se aproximam bastante dos apresentados neste livro.

É partindo destas reflexões, e lacunas, historiográficas que tentarei enfrentar a questão básica deste trabalho, isto é, como abordar as bebidas nativas e seu papel nas culturas indígenas, em especial daquelas que sentiram, em primeiro lugar, o impacto da expansão europeia. Embora seja crucial estudar o papel da cachaça no processo de contato, tarefa que ainda está para ser feita pelos historiadores brasileiros, é necessário fazermos, antes disso, um estudo do papel das bebidas nativas neste processo, de como estas bebidas, e as formas nativas de embriaguez, foram vistas pelos primeiros europeus, e de como os nativos se apoiaram em suas próprias experiências etílicas e na sua visão geral do mundo para enfrentar o desafio da chegada dos estranhos invasores que chegavam do oceano. Neste esforço de pesquisa, a vasta bibliografia disponível sobre a etnologia indígena brasileira, os relatos de viajantes e cronistas, e a documentação administrativa pertinente constituirão as bases fundamentais.

5. Métodos e Fontes para uma História Indígena das Bebidas no Brasil

As bebidas fermentadas ocupavam, e ocupam, um lugar central nos sistemas culturais indígenas, mas não existem muitos trabalhos antropológicos que sintetizem as informações de caráter histórico e etnográfico existentes sobre o tema. De todo o modo, tais informações nos permitem inserir a documentação histórica em um contexto etnográfico, e vislumbrar o forte impacto provocado nas mentes europeias pelos hábitos etílicos dos nativos. Estas bebedeiras tradicionais, nas quais os índios tornavam-se "furiosos e temíveis", eram encaradas pelos primeiros missionários como um dos principais, senão o maior, obstáculo para a conversão daqueles pagãos:

> Y lo que más los tiene ciegos, es el inçassiable appetitu que tienen de venguança, en lo qual consiste su honra, y con esto el mucho vino que beven, hecho de raízes o de

---

96 Renato P. Venâncio e Henrique Carneiro (org.), *Álcool e drogas na história do Brasil* (São Paulo/Belo Horizonte: Alameda/Ed. PUCMinas, 2005.

97 Ronald Raminelli, "Da etiqueta canibal: beber antes de comer," in Venâncio e Carneiro, *Álcool e drogas na história do Brasil*, 29-46.

> fruitas, que todo a de seer masticado por sus hijas y otras moças, que de solas ellas en quanto son vírgines usão pera este officio. Ni sé otra mejor traça de infierno que ver una multitud dellos quando beven, porque pera esso combidan de mui lexos; y esto principalmente quando tienem de matar o comer alguna carne humana, que ellos traen de moquen

Tais sessões de embriaguez possuíam uma profunda relação com o sistema de guerra e vingança das sociedades ameríndias, apresentando-se como um instrumento mnemônico em que a história de cada grupo, as crônicas de suas guerras e deslocamentos, as agruras e angústias causadas pelas ações dos inimigos e seus atos violentos, as honrarias conseguidas por seus campeões eram lembradas e permanentemente reconstruídas: "De facto, quando estão mais bêbados, renova-se a memória dos males passados, e começando a vangloriar-se deles logo ardem no desejo de matar inimigos e na fome de carne humana".[98] Como percebeu brilhantemente o jesuíta Jácome Monteiro, em 1610:

> tomando novos nomes, conforme aos contrários que matam, dos quais chegam alguns a ter cento e mais apelidos, e em os relatar são mui miudos, porque em todos os vinhos, que é a suma festa deste gentio, assi recontam o modo com que os tais nomes alcançaram, como se aquela fora a primeira vez que a tal façanha acontecera; e daqui vem não haver criança que não saiba os nomes que cada um alcançou, matando os inimigos, e isto é o que cantam e contam. Contudo os cavaleiros nunca fazem menção dos seus nomes, senão quando há festa de vinhos, na qual só se ouve a prática da guerra, como mataram, como entraram na cerca dos inimigos, como lhe quebraram as cabeças. Assim que os vinhos são os memoriais e crónicas de suas façanhas.[99]

Os cronistas e viajantes também apontaram um ponto extremamente valioso para nós: estas sessões de embriaguez eram objeto de um eficiente controle social, como fica claro por este trecho de Claude d'Abbeville:

> Se esses índios são grandes dançarinos são ainda melhores bebedores; em verdade não costumam beber senão nos dias de reuniões festivas, como quando matam algum prisioneiro para comer, quando deliberam sobre a guerra, em suma quando se juntam por prazer ou para tratar de negócios importantes, os

---

98 "Carta do Ir. José de Anchieta ao P. Inácio de Loyola, Roma (São Vicente, fim de março de 1555)," *ibidem*, v. II, 194.

99 Jácome Monteiro, "Relação da província do Brasil, 1610," in Serafim Leite, *História da Companhia de Jesus no Brasil* (Rio de Janeiro: Civilização Brasileira, 1949, v. VIII), 409-10.

quais não seriam bem sucedidos se antes não preparassem o cauim e não cuidassem à vontade.[100]

O capuchinho francês mostra aqui que havia uma demarcação cerimonial e religiosa que limitava, quando não impedia, a ocorrência de excessos alcoólicos entre os índios dentro de seu modo de vida tradicional. E não se trata apenas do pequeno potencial alcoólico das cervejas e vinhos dos índios, pois são bebidas efetivamente embriagantes: "A bebida tem sabor semelhante ao de nossa cerveja de malte: tomando-se muito, embriaga, efeito que no fim da festa se percebia de sobra pelos pulos desordenados e pelo canto delirante de li-lá-lá".[101]

Como abordar, de um ponto de vista histórico, o lugar social e espiritual destas bebidas em culturas que não mais existem? Naturalmente, as etnografias sobre os povos indígenas atualmente existentes serão muito importantes, visto que os grandes quadros mentais que situavam as bebidas alcoólicas nas sociedades do passado, ainda moldam, em grande medida, as experiências etílicas dos indígenas de hoje, especialmente aqueles que mantiveram alguma autonomia, ou que permanecem parcialmente isolados da sociedade nacional.

Trabalhos recentes, como as etnografias de Tânia Stolze Lima sobre os Yudjá (Juruna), de Márnio Teixeira-Pinto sobre os Arara, de Marco Antônio Gonçalves sobre os Pirahã, ou de Susana de Matos Viegas sobre os Tupinambá de Olivença (BA), entre vários outros, são fundamentais para a compreensão do beber indígena.[102] Por outro lado, a antropologia também ajuda a iluminar as consequências da alteração radical da experiência etílica após o contato. Tanto para outros contextos culturais,[103] quanto para os indígenas no Brasil,[104] temos excelentes trabalhos sobre este tema.

Não obstante, é óbvio que não se pode, pura e simplesmente, transplantar a experiência dos povos nativos atuais para os povos do passado, por mais que existam inúmeros pontos de contato entre estas experiências, e por mais que existam povos "do passado" que conseguiram sobreviver até hoje. A sociedade nacional, e as sociedades indígenas, não são as mesmas de quinhentos ou quatrocentos

---

100 Claude d'Abbeville, *História da Missão dos Padres Capuchinhos na Ilha do Maranhão e terras circunvizinhas* (Belo Horizonte/São Paulo: Itatiaia/Edusp, 1975 [1ª edição: 1614]), 237.

101 Spix e Martius, *Viagem pelo Brasil*, v. I, 200.

102 Tânia S. Lima, *Um peixe olhou para mim: O povo Yudjá e a perspectiva* (São Paulo/Rio de Janeiro: Ed. UNESP/ISA/ NuTI, 2005); Márnio Teixeira-Pinto, *Ieipari: Sacrifício e Vida Social entre os índios Arara (Caribe)* (São Paulo: Hucitec/ Anpocs/Ed. UFPR, 1997); Marco Antônio Gonçalves, *O Mundo Inacabado: Ação e Criação em uma Cosmologia Amazônica. Etnografia Pirahã* (Rio de Janeiro: Ed. UFRJ, 2001); Susana de Matos Viegas, *Terra Calada: Os Tupinambá na Mata Atlântica do Sul da Bahia* (Rio de Janeiro/Lisboa: 7Letras/Almedina, 2007).

103 John H. Hamer, "Acculturation Stress and the Functions of Alcohol among the Forest Potawatomi," *Quarterly Journal of Studies on Alcohol* 26, nº 2 (1965): 285-301; Saggers e Gray, *Dealing with Alcohol*.

104 Aldo Litaiff, *As Divinas Palavras: identidade étnica dos Guarani-Mbyá* (Florianópolis: Ed. UFSC, 1996).

anos atrás, o que torna a contextualização histórica, baseada na pesquisa documental, indispensável aos nossos objetivos.

Já nos referimos aqui ao enorme valor dos relatos de viajantes e cronistas, especialmente no que concerne aos Tupinambás, mas também a várias outras nações indígenas. Autores como Alfred Métraux[105] e Florestan Fernandes[106] (notadamente este último) mostraram com grande competência e criatividade as inúmeras possibilidades de uso dos cronistas e viajantes como fontes para uma reflexão antropológica e histórica acerca das sociedades indígenas do passado e do contato com os europeus. O trabalho de ambos teve continuidade nas pesquisas de Roque Laraia[107] e, especialmente, Eduardo Viveiros de Castro, que mostrou as insuficiências e limites das interpretações anteriores sobre os relatos coloniais, abrindo, por sua vez, novos caminhos interpretativos.[108]

Além destes relatos, temos uma série de documentos oriundos da burocracia governamental que nos permitem, com muitas limitações, acompanhar a evolução das relações entre os índios e a sociedade nacional através das bebidas. Mesmo que o foco principal do trabalho esteja voltado aos relatos daqueles indivíduos que travaram um contato direto com os nativos, e suas formas de beber, é fato que o Estado, muitas vezes, ao lado de missionários que constantemente solicitavam seu apoio, participou ativamente de um longo processo de controle das formas nativas de beber e de se embriagar.

Uma palavra sobre a delimitação espacial e cronológica deste livro. Em uma situação ideal, seria desejável a posse de uma documentação detalhada e contínua a respeito de uma mesma sociedade indígena e suas relações com as bebidas, do momento do contato em diante, como William Taylor fez para o México. Infelizmente, não existe este *corpus* documental, nem ao menos em forma parcial. As informações são fugazes e esparsas, e impedem uma visão de conjunto e bem localizada sobre uma nação indígena específica, além de tornar obrigatória a tomada de certas liberdades quanto à cronologia.

De todo modo, é um fato que existem, pelo menos em relação aos Tupinambá, um conjunto de informações que nos permite traçar uma história da descoberta, do combate, e da vitória (que jamais foi absoluta) europeia sobre as bebidas e sobre as formas nativas de embriaguez. Outros povos, e "naçoens" indígenas, como os chamados "tapuias", embora não sejam tão bem documentados, também sofreram o impacto da luta dos europeus – especialmente os missionários – sobre aquilo que era considerado uma forma selvagem, quando não demoníaca, de relacionamento com a experiência etílica, forma que afastava aqueles povos "primitivos" de tudo aquilo que era considerado como civilizado e cristão.

---

105 Alfred Métraux, *A Religião dos Tupinambás e suas relações com a das demais tribus tupi-guaranis* (São Paulo: Companhia Ed. Nacional, 1950).

106 Florestan Fernandes, *A Organização Social dos Tupinambá* (São Paulo: Hucitec, 1989 [1ª edição: 1948]); e *A Investigação Etnológica no Brasil e outros Ensaios* (Petrópolis: Vozes, 1975).

107 Roque de Barros Laraia, "Organização Social dos Tupi Contemporâneos," (Tese de Doutoramento, Universidade de São Paulo, 1972).

108 Eduardo B. Viveiros de Castro, *Araweté: os deuses canibais* (Rio de Janeiro: Jorge Zahar/Anpocs, 1986).

Desta forma, o principal foco de observação deste livro será lançado aos Tupinambá do litoral, e à documentação relativa aos dois primeiros séculos de colonização no Brasil, quando se deu o principal esforço europeu de evangelização, de controle, e de combate a estes povos. Outros povos, épocas e conjuntos documentais participarão de forma acessória, mais importante, na medida em que o estudo dos Tupinambá não esgota, em absoluto, todo o espectro das experiências etílicas indígenas e do impacto europeu sobre estas experiências. Não é possível esquecer, em nenhum momento, o fato de que, para vários povos indígenas contemporâneos, o contato com a sociedade ocidental é extremamente recente, ou sequer se iniciou.

CAPÍTULO II
DESCOBERTAS E INVENÇÕES: AS BEBIDAS ALCOÓLICAS NAS SOCIEDADES INDÍGENAS

1. As Bebidas entre a História Natural e a Social

Mayowoca se pôs então a organizar o mundo,
Que o dilúvio tornou inabitável.
Pela pura força de seu pensamento fez
Crescerem as árvores, correrem os rios, nascer os animais.
Entreabriu uma montanha de onde saiu
Uma nova humanidade a quem ensinou as artes da civilização,
As cerimônias religiosas e a preparação das bebidas fermentadas
Que permitem comunicar-se com o céu.[1]

Antes de abordar os fundamentos, técnicos e simbólicos, dos regimes etílicos dos nativos que habitavam o território que viria a se tornar o Brasil, é importante criticar a noção de que o homem, tal como um Prometeu embriagado, tenha arrancado da natureza os segredos da fermentação, descobrindo-os com o uso de sua mente privilegiada. Quando Donald Horton, por exemplo, viu nas bebidas alcoólicas um mecanismo de redução de ansiedade, imaginava um ativo processo de *invenção* por parte do

---

[1] Mito de origem Yabarana, in Claude Lévi-Strauss, *El Origen de las Maneras de Mesa* (México [D.F.], Siglo Veintiuno, 1970), 135.

homem, o que não é propriamente exato. Afinal, as substâncias etílicas são encontradas com facilidade na natureza, sendo até mesmo utilizadas, de forma mais ou menos deliberada, por outros animais, como morcegos,[2] pássaros,[3] musaranhos-arborícolas[4] e elefantes, entre outros. Os elefantes, aliás, já foram observados derrubando palmeiras, fazendo buracos em seus troncos, esperando que estes se enchessem com a seiva e que esta fermentasse, para só então sorver o líquido embriagante.[5]

Entre nossos parentes mais próximos, os primatas, esta atração pelas substâncias fermentadas é ainda mais nítida,[6] tendo sido convincentemente demonstrado que o pendor pelo álcool é algo que está profundamente relacionado à nossa história evolucionária.[7] Por que isto ocorre? Seria difícil explicar uma tendência tão espalhada pela natureza com hipóteses a respeito de mecanismos de inibição da ansiedade e, portanto, devemos olhar em outra direção.

Em primeiro lugar, como foi dito acima, é preciso atentar para a disponibilidade das substâncias etílicas na natureza. A acessibilidade a estas substâncias essenciais é assegurada pela enorme quantidade de microorganismos que sobrevivem a partir dos açúcares produzidos pelos seres vivos, em especial pelas plantas. Tais microorganismos – como as leveduras e algumas bactérias – executam uma tarefa bem diferente das plantas verdes.[8]

Estas plantas, responsáveis pela vida na terra ao converter luz solar em oxigênio, utilizam-se da clorofila para produzir – a partir do dióxido de carbono e da água – a glucose. Uma parte da glucose é transformada em frutose, e as duas moléculas juntas formam a sucrose, principal fonte de energia das plantas. A sucrose é o alimento dos lêvedos, que a transformam em dióxido de carbono e álcool etílico.[9]

---

2   "Drunk Bats Prefer Sobering Sugar," *Scientific American Podcast*, 03/04/2007, http://www.sciam.com/podcast/episode.cfm?id=B524C660-E7F2-99DF-33AFFFBDAC9A9786 (acessado em 17/02/2009).

3   Amos Kenigsberg, "A New Source of Terror: Drunk Birds. Avian flu or flying under the influence?" *Discover*, 08/02/2006, http://discovermagazine.com/2006/feb/drunk-birds (acessado em 17/02/2009).

4   Frank Wiens *et al.*, "Chronic intake of fermented floral nectar by wild treeshrews," *Proceedings of the National Academy of Sciences* 105 (2008): 10426–31.

5   Buhner, *Sacred and Herbal Healing Beers*, 137. Elefantes bêbados representam um problema frequente na Índia e em outros países: cf. "Elephants electrocuted after beer-fuelled rampage," *The Guardian*, 23/10/2007, http://www.guardian.co.uk/world/2007/oct/23/india (acessado em 17/02/2009).

6   Josi Glausiusz, "Homo Intoxicatus," *Discover* 21, nº 6 (2000): 17.

7   Robert Dudley, "Evolutionary Origins of Human Alcoholism in Primate Frugivory," *The Quarterly Review of Biology* 75, nº 1 (2000): 3-15; e "Fermenting fruit and the historical ecology of ethanol ingestion: is alcoholism in modern humans an evolutionary hangover?" *Addiction* 97 (2002): 381-88.

8   Buhner, *Sacred and Herbal Healing Beers*, 62-4.

9   O dióxido de carbono é reaproveitado pelas plantas para a produção de mais sucrose, que é novamente atacada pelos lêvedos. O dióxido de carbono produzido pelas leveduras é uma das substâncias naturais mais importantes para o homem, pois é a partir dela que o pão é produzido.

As plantas buscam defender sua sucrose do ataque das leveduras através de vários meios, em especial com o uso de grossas cascas. Sua principal defesa, porém, é a transformação da sucrose em *amido*, substância não consumível pelos lêvedos. Este é, obviamente, um ponto importantíssimo para nós, visto que o amido representa uma indispensável fonte de nutrientes. E o que ainda é mais importante: nossa saliva possui uma enzima – a amilase salivar, ou ptialina – que quebra (por hidrólise) as moléculas grandes do amido, transformando-o em açúcares mais simples, que podem ser digeridos ou fermentados. Ao mascar amiláceos como a mandioca ou o milho, as índias no Brasil nada mais faziam, e fazem, do que fornecer o ambiente para as leveduras úteis, colocando-as a seu serviço para a produção dos diferentes tipos de cervejas insalivadas.[10]

Por que os homens se interessam tanto pelas substâncias fermentadas? É impossível compreender este ponto, especialmente no que diz respeito às bebidas, sem abandonarmos nossa concepção moderna a respeito do álcool, encarado como algo meramente recreativo e/ou patológico. Para as sociedades pré-históricas (e para os "primitivos" contemporâneos), os fermentados representavam uma fonte essencial de nutrientes, raramente obtidos por outros meios.[11]

Tomemos o exemplo de uma bebida indonésia feita a partir do arroz, o *tape*, para demonstrar estas vantagens nutricionais: durante a fermentação, a quantidade de lisina é aumentada em 15%, a de tiamina em 300%, e o conteúdo de proteínas é dobrado. No caso da mandioca, aliás, o incremento proteico é ainda maior: a mandioca não fermentada possui 1,5% de proteínas, contra 8% da fermentada. As leveduras sintetizam vitaminas do complexo B para favorecer a fermentação, constituindo-se na principal fonte destas vitaminas na maioria das sociedades pré-industriais. Além disso, cervejas e outras bebidas fermentadas contêm minerais nobres como selênio, cromo e cobre.[12]

No caso dos cereais, como o milho ou a cevada, a fermentação traz outros benefícios: além de todas as vantagens já citadas, a fermentação inibe a presença dos fitatos, os quais impedem a total absorção dos nutrientes por parte do organismo.[13] Em sociedades basicamente vegetarianas, como a maioria das sociedades humanas, a fermentação representa uma importantíssima arma contra uma série de doenças de fundo nutricional. Dietas vegetarianas tendem a provocar deficiência da vitamina B12; o consumo único do arroz leva à deficiência de riboflavina e tiamina (provocando o beribéri) enquanto a exclusividade do milho leva à pelagra, por falta de niacina. Além disso, muitas destas dietas provocam a falta de vitamina C e, portanto, podem causar o escorbuto. Todas estas substâncias vitais são produzidas abundantemente durante a fermentação.[14]

---

10 Lima, *Pulque, Balché y Pajauaru*, 296-302.

11 Aasved, "Alcohol, drinking and intoxication in preindustrial society," 321-6.

12 Buhner, *Sacred and Herbal Healing Beers*, 70-1; Aasved, "Alcohol, drinking and intoxication in preindustrial society," 327-30.

13 Katz e Voigt, "Bread and Beer", 30.

14 Buhner, *Sacred and Herbal Healing Beers*, 72; cf. Lima, *Pulque, Balché y Pajauaru*, 471-3.

Esta breve relação de alguns dos benefícios dos alimentos fermentados nos deve alertar quanto ao equívoco de encararmos o uso do álcool a partir de um ponto de vista unicamente recreativo, ou somente como um ritual. Como afirmou – em sua obra clássica sobre a antropologia das técnicas – André Leroi-Gourhan: "a maioria destas bebidas são, aliás, muito fracas em álcool, desempenhando, na maior parte dos casos, um papel mais alimentar do que tóxico".[15] O componente nutricional das bebidas fermentadas é um aspecto fundamental, mas frequentemente relegado a um segundo plano. Comumente se condena a cachaça por seu efeito deletério sobre as sociedades indígenas, mas pouco é dito a respeito dos problemas ocasionados pela transformação de seus padrões tradicionais de consumo etílico, ou mesmo de sua abolição.

O caso dos Tiriyó, povo de língua caribe do Planalto das Guianas, é exemplar.[16] Com seu território dividido entre o Brasil e o Suriname, este povo também se viu sujeito a duas orientações missionárias distintas, a partir dos anos 1960. Os Tiriyó do Brasil foram contatados pelos franciscanos, que privilegiaram um estilo de catequese gradual, procurando harmonizar as crenças preexistentes com o ideário católico e investindo mais na assistência médica do que em um proselitismo religioso agressivo. Os Tiriyó do Suriname, por seu turno, foram missionados por protestantes, que tudo fizeram para extirpar os costumes tradicionais, notadamente suas festas e cerimônias regadas a *sakura*, uma bebida fermentada do tipo *caxiri*, feita com mandioca.

Ora, como nos mostra Protásio Frikel – missionário franciscano que se tornou etnólogo – o abandono da *sakura* pelos índios do Suriname trouxe consequências extremamente danosas:

> Parece que (*a abstinência*) não teve boas consequências, já que hoje se sabe que o *caxiri* contém, pela fermentação, vitaminas necessárias para o organismo do índio, as quais dificilmente se obtém por outros meios. A carência destas vitaminas durante um período de cinco anos parece haver causado um certo depauperamento físico do *tiriyó*. Se nota em uma série de pessoas um tipo de avitaminose que, em alguns casos, chega a ser uma anemia profunda.[17]

De forma pouco surpreendente, os Tiriyó do Suriname acabaram por se adaptar à situação de contato, deixando de beber a *sakura* na presença dos missionários, mas fazendo abundante uso desta quando de suas visitas festivas aos parentes no Brasil:

> Os Tiriyó do Suriname, eu não sei como eles fazem no Natal porque os pastores de lá não permitem que eles dancem e a sakura é mais ou menos controlada. Agora,

---

15 André Leroi-Gourhan, *Evolução e Técnicas – v. II: O Meio e as Técnicas* (Lisboa, Ed. 70, 1984 [1ª edição: 1943]), 136.

16 Maria D. Fajardo Pereira, "Catolicismo, protestantismo e conversão: o campo de ação missionária entre os Tiriyó," in *Transformando os Deuses: Os múltiplos sentidos da conversão entre os povos indígenas no Brasil*, org. Robin M. Wright (Campinas, Ed. Unicamp, 1999), 425-445.

17 *Apud* Lima, *Pulque, Balché y Pajauaru*, 471.

aqui não, quando eles vêm aqui, eles bebem até arrebentar. Aqui eles esquecem de tudo que os protestantes dizem pra eles lá.[18]

O exemplo dos Tiriyó nos mostra a necessidade de se observar a história das bebidas a partir de uma perspectiva culturalmente ampla, que reconheça os inúmeros problemas ocasionados pela introdução dos destilados entre os povos nativos, mas que também leve em conta outros aspectos, quer sejam estes recreativos, rituais ou nutricionais. Mas o reconhecimento da complexidade da experiência etílica leva, naturalmente, a novos problemas de ordem metodológica: como organizar os dados sobre a miríade de práticas e ritos associados às bebidas entre os povos indígenas?

Esta é uma questão importante para o historiador, já que este deve, necessariamente, cotejar as parcas informações documentais com o registro etnográfico, bem mais abundante. Mas *quem* deve ser comparado? Os povos indígenas não formam um todo homogêneo, mas antes um mosaico de experiências distintas. Deveríamos, por exemplo, fazer comparações simples entre os Tupinambá – produtores de cervejas insalivadas – e os Guató, consumidores de seivas fermentadas, colhidas diretamente das árvores? Certamente que não. Cada material ou técnica utilizada na produção das bebidas está diretamente relacionada às adaptações ecológicas, aos diferentes tipos de organização social e às distintas estruturas espirituais das sociedades indígenas.

O trabalho de Oswaldo Gonçalves de Lima oferece uma chave interessante para a resolução do problema. Munido de uma perspectiva francamente evolucionista, este autor realiza uma exaustiva compilação dos diferentes processos de fabricação das bebidas e descreve os aspectos bioquímicos envolvidos em cada processo, traçando uma linha evolutiva que vai dos bebedores de seivas aos fabricantes de fermentados complexos, como o *paiauru*. Descontada a progressividade desta perspectiva, seu inventário é utilíssimo, e permitirá abordar nosso problema a partir de uma história e de uma antropologia das técnicas.

2. As Formas Etílicas das Sociedades Indígenas

Antigamente o Dono da Água era o sapo.
O menino foi atrás da água, foi pedir ao sapo, Djopiká, o Dono da Água.
– Minha mãe está com sede, vim pedir água!
– Está aqui, pode levar!
No começo, o sapo, Djopiká, não sovinava água. Água,
para o sapo, naquele tempo era muito valiosa,
era como chicha,
não gostava de dar à toa.[19]

---

18 João Piritü, índio Tiriyó, *apud* Pereira, "Catolicismo, protestantismo e conversão," 440.

19 Mito Jabuti, in Betty Mindlin (e narradores indígenas), *Terra Grávida* (Rio de Janeiro: Record/Rosa dos Tempos, 1999), 107-8.

De todos os nutrientes indispensáveis ao organismo, o mais importante é, sem dúvida, a água. Ao tomarmos um gole de uma garrafa de água mineral, ou ao prepararmos nossa comida com a água da torneira, facilmente esquecemos as imensas dificuldades que os homens, no passado e mesmo nos tempos de hoje, tiveram para obter água potável e agradável. Na verdade, ainda hoje a água se constitui em um problema para a humanidade, mesmo quando em abundância: as fontes de água sempre podem estar contaminadas, envenenadas ou impróprias para o consumo. Não é por acaso que os homens, desde muito cedo em sua história, tenham procurado substitutos para a água pura, como os vinhos e cervejas dos europeus ou os chás e águas fervidas dos chineses.[20]

Dentre os substitutos possíveis, as seivas vegetais se destacam, por sua relativa abundância, diversidade e por acompanharem o homem desde a pré-história mais remota.[21] Os povos caçadores-coletores atuais são eméritos conhecedores e aplicadores das qualidades das seivas vegetais como confiáveis mitigadoras da sede, não por serem "meros coletores",[22] mas certamente pelo notável conhecimento das oportunidades oferecidas por seus ambientes. Tais seivas, ricas em açúcares, são facilmente fermentáveis, e por todo o globo os homens aprenderam a retirar das seivas o seu máximo potencial alcoólico, desde os africanos com seus "vinhos" de palmeiras (como o *malafu*, ao qual voltarei mais tarde) até os astecas com seu *octli* (ou *pulque*).

Ao contrário de povos de outros continentes, que geralmente preservam as plantas produtoras de seivas, alguns nativos sul-americanos tendem a aproveitá-las completamente. Tal é o caso dos índios do Orinoco, observados pelo padre José Gumilla em 1741, que derrubavam a palmeira *muriqui* e abriam buracos em seu tronco: "luego que están formadas aquellas concavidades que llaman canoas, empiezan las palmas a manar y a fluir de su interior um licor albugineo, com notable abundância".[23] Também os Timbira do Maranhão, encontrados pelo major Francisco de Paula Ribeiro em 1819, consumiam completamente a "palmeira brava, de cuja árvore aproveitam também o olho, ou palmito (...), por ser de natureza branda, cheio de um suco agradável, e que serve até para fazer vinho".[24]

Nem todos, porém, derrubam as árvores. Os Guató do Pantanal, por exemplo, embora sejam tecnicamente um povo caçador-coletor, fazem um verdadeiro manejo das palmeiras *acuri*, transplantando as árvores em início de desenvolvimento para as áreas de seu interesse.[25] O etnólogo alemão

---

20 Braudel, *As Estruturas do Cotidiano*, 202-5.

21 Lima, *Pulque, Balché y Pajauaru*, 14.

22 "O aproveitamento da seiva vegetal forma parte da hidroeconomia dos animais e dos homens que exercem a atividade de meros coletores". *Ibidem*, 14-5.

23 *Ibidem*, 75.

24 Francisco de Paula Ribeiro, "Memória sobre as Nações Gentias, que presentemente habitam o Continente do Maranhão," *Revista do Instituto Histórico e Geográfico Brasileiro* 3, nº 10 (1841): 188.

25 Jorge E. de Oliveira, *Guató: Argonautas do Pantanal* (Porto Alegre: Edipucrs, 1996), 116.

Max Schmidt, que estudou estes índios em princípios do século XX, deixou-nos uma rica descrição deste processo:

> Cada família possuía o seu próprio depósito de palmeiras. (...) Na base superior do tronco, escava-se, por meio de uma concha ou pedacinho de ferro, um orifício, onde se ajunta a seiva. A bebida leitosa e de bom sabor é servida no tronco por meio de um canudo. Dizem que pela manhã ela é ainda mais embriagadora do que à noite. Isto se explica pelo fato de, durante a noite, o líquido completar a fermentação.[26]

Vale salientar que o método dos Guató, e de outras nações indígenas, era virtualmente idêntico ao utilizado na África ocidental na produção do *malafu*: "vinho de palma, da sorte que se usa na Cafraria, de que se pode fazer muita quantidade, por abundar a terra de semelhantes plantas".[27] Os Tupinambá do Maranhão usavam de técnica semelhante ao fazer bebidas de palmeiras como a *inajá*, considerada pelo capuchinho Claude d'Abbeville, em princípios do século XVII, como:

> a maravilha das árvores e tão admirável quanto misteriosa, pois representa a cruz, a igreja, o homem de bem e outras infinitas criações de Deus. É muito alta, e do seu tronco se tira uma espécie de vinho branco, de boa bebida, próprio para fazer vinagre e aguardente.[28]

Esta palmeira é ainda utilizada por povos indígenas contemporâneos, como os Arara (PA), que fabricam, a partir de sua seiva, a bebida *aremko*. Durante a estação chuvosa os homens constroem andaimes, com os quais atingem o topo das árvores, perfuram o tronco, e aguardam que a seiva seja derramada e fermente. As árvores não são destruídas.[29]

Embora Gonçalves de Lima trate a utilização das seivas vegetais como uma forma "primitiva" de obtenção de fermentados alcoólicos é oportuno lembrar que mesmo povos cultivadores podem preferir fazer suas bebidas a partir de frutos da coleta: é o caso dos Parakanã, que embora possuam a mandioca, somente fazem bebidas das amêndoas do babaçu.[30] Até mesmo uma sociedade tecnologicamente avançada, como a dos Astecas, produzia sua principal bebida, o *octli*, a partir da seiva de um arbusto bromeliáceo, o *maguey*.[31] Além de servir como intoxicante – sujeito a inúmeras interdições

---

26 *Ibidem*, 116-7.

27 Ambrósio Fernandes Brandão, *Diálogos das Grandezas do Brasil* (Recife: Fundação Joaquim Nabuco/Massangana, 1997 [1ª edição: 1618]), 147.

28 Abbeville, *História da Missão dos Padres Capuchinhos*, 170.

29 Teixeira-Pinto, *Ieipari*, 59.

30 Carlos Fausto, *Inimigos Fiéis: história, guerra e xamanismo na Amazônia* (São Paulo: Edusp, 2001), 151-2.

31 Oswaldo G. de Lima, *El maguey y el pulque en los códices mexicanos* (México [D.F.], Fondo de Cultura Económica, 1986.

culturais e legais – o *octli* era importante fonte de vitaminas, substituindo a água durante os meses secos e os estios periódicos.[32]

Seivas de arbustos tiveram larga utilização também entre os sul-americanos. Um exemplo é dado por Simão de Vasconcelos, que narra a técnica – muito parecida àquela dos astecas – utilizada pelos "tapuias" para a obtenção da seiva do caraguatá, arbusto do gênero *Agave*:

> ferido o espigão desta planta depois de bem madura, é cousa muito para ver lançar de dentro de sua cavidade tão grande quantidade de licor que pode encher um grande pote, o de uma somente. Deste licor fazem os índios vinho, vinagre, mel, e açúcar; (…) e do mesmo sumo misturado com água fazem vinho.[33]

Tão presentes quanto as bebidas de seiva são aquelas feitas a partir do mel. Possuidor de notáveis qualidades nutricionais e terapêuticas,[34] o mel – oriundo de várias espécies de abelhas e vespas – é encontrado com abundância no Brasil, servindo como um dos principais alimentos para muitos povos nativos. Em sua descrição dos tapuias, o holandês Elias Herckmans, governador holandês da Paraíba entre 1636 e 1639, aponta para o papel central do mel para aquelas sociedades, em um comentário que bem poderia ser estendido a povos de outras regiões:

> Dizem, ainda, que em suas terras não há gado ou animais que sirvam para alimento, salvo os porcos selvagens, dos quais apanham alguns de vez em quando. Acrescentam que às vezes lhes sucede viajar dois ou três dias sem encontrar água, a não ser a que procede do orvalho da manhã e se junta nos cantos e recantos das penhas. Também se encontra ali um mel tão espesso e branco como leite, eles os tiram das árvores, e dele se servem para se alimentarem.[35]

Mesmo aqueles povos, como os Tupinambá e Guarani, que tinham na mandioca e no milho suas principais fontes de alimento, impressionaram os cronistas com sua proficiência no uso do mel.[36] O missionário Yves d'Evreux, escrevendo sobre os Tupinambá do Maranhão em princípios do século XVII, também louvava as qualidades do mel e da bebida fermentada produzida a partir deste:

---

32 Taylor, *Drinking, Homicide and Rebellion*, 30.

33 Simão de Vasconcelos, *Crônica da Companhia de Jesus* (Petrópolis/Brasília: Vozes/INL, 1977 [1ª edição: 1663], v. I), 148.

34 Buhner, *Sacred and Herbal Healing Beers*, 18-59; Lima, *Pulque, Balché y Pajauaru*, 171-3.

35 Elias Herckmans, "Descrição Geral da Capitania da Paraíba," in *Fontes Para a História do Brasil Holandês (v. I: Administração da Conquista)*, ed. J. A. Gonsalves de Mello (Recife: Cepe, 2004 [1ª edição: 1639]), 108.

36 "Serve (*o mel*) também para a fabricação de um hidromel fortíssimo que se conserva por longo tempo," Johan Nieuhof, *Memorável Viagem Marítima e Terrestre ao Brasil* (Belo Horizonte/São Paulo: Itatiaia/Edusp, 1981 [1ª edição: 1682]), 101.

> Há muitas árvores carregadas de cortiço de mel de abelhas, as quais são mais pequenas e franzinas do que as nossas, porém mais industriosas, pois fabricam mel excelente, líquido e tão claro como água potável pura (...). Com este mel fabrica-se vinho muito forte e quente para o estômago, semelhante na cor e no gosto ao de Canária.[37]

José de Anchieta, por seu turno, maravilhava-se com a extraordinária variedade de abelhas conhecidas pelos índios, e foi um dos primeiros a escrever sobre a faculdade cicatrizante do mel encontrado no Brasil:

> Encontram-se quase vinte espécies diversas de abelhas, das quais umas fabricam o mel nos troncos das árvores, outras em cortiços construídos entre os ramos, outras debaixo da terra, donde sucede que haja grande abundância de cera. Usamos do mel para curar as feridas, que saram facilmente pela proteção divina.[38]

Havia uma grande confiança nas capacidades curativas deste vinho: "há vinho de mel, muito excelente coisa, para os resfriados, opilados, asmáticos e boubáticos".[39] A grande disponibilidade de mel nos sertões brasileiros permitia a um entusiasmado Brandônio confrontar o ceticismo de Alviano, nos *Diálogos das Grandezas do Brasil*, escrito em 1618 pelo cristão-novo Ambrósio Fernandes Brandão:

> *Brandônio*: (...) porque nestes campos achareis rios de mel excelentíssimo e de manteiga maravilhosa, de que se aproveitam seus moradores com pouco trabalho.
> *Alviano*: Não sei como isso possa ser.
> *Brandônio*: Pois crede-me que assim passa: porque pelas muitas árvores de que abundam os campos, nas tocas delas criam o seu favo de mel inumeráveis abelhas, e também na terra por buracos dela em tanta quantidade, que para se haver de colher não é necessário mais que um machado – com o qual a poucos golpes se fura a árvore – e um vaso para recolher o mel que de se lança, que é em tanta quantidade que somente dele, sem mais outro mantimento, se sustentam muitas gentes.[40]

Assim como ocorreu em outros continentes, os ameríndios também trataram de explorar o vigoroso potencial etílico dos méis. Não é de se estranhar, contudo, que povos como os Tupinambá e

---

37 Yves d'Evreux, *Viagem ao norte do Brasil*, 75-6.

38 "Ao Padre Geral, de São Vicente, ao último de maio de 1560," in José de Anchieta, *Cartas, informações, fragmentos históricos e sermões* (Belo Horizonte/São Paulo: Itatiaia/Edusp, 1988), 133. Os Araweté contemporâneos conhecem 45 tipos de mel, enquanto os Parintintin reconhecem pelo menos 31 tipos: Viveiros de Castro, *Araweté*, 158.

39 Simão Estácio da Silveira, "Relação Sumária das cousas do Maranhão," *Anais da Biblioteca Nacional*, 94 (1976 [1ª edição: 1624]), 40.

40 Brandão, *Diálogos das Grandezas*, 146.

demais cultivadores não tivessem na bebida fermentada de mel – o hidromel – seu principal produto alcoólico. As mesmas faculdades que tornam o mel um poderoso antimicrobiano também tornam sua fermentação – que, afinal, não passa do florescimento de microorganismos em determinado meio – mais difícil do que a da mandioca, do milho ou das frutas.[41] Desta forma, encontraremos com maior facilidade os hidroméis entre aqueles povos que não cultivavam ou que não dispunham de quantidades apreciáveis de matérias-primas mais favoráveis à fermentação.[42]

Tal é o caso dos tapuias do sertão, e de boa parte dos povos do Brasil Central e de regiões contíguas, como a área das Missões, sociedades que sobreviviam, em grande medida, da coleta e da caça. É entre estes povos – chamados por Jacques Vellard de "civilização do mel"[43] – que encontraremos os melhores exemplos de utilização dos hidroméis. "Reúnem méis e fazem as bebidas", disse dos tapuias chefiados por Nhanduí o alemão Jakob Rabbi.[44] Outros tapuias, os Mongoió da região de Ilhéus, "pacificados" em 1806, oferecem-nos um vislumbre das técnicas de produção dos hidroméis, técnicas firmemente reprovadas como grosseiras pelos observadores europeus:

> fazem grande provimento de mel. Em nada se observa tão pouca economia, como no seu método de crestar: tiram toda a cera, e ainda as abelhas, que se acham em casa; coam tudo por uma sorte de joeira; a cera, e as abelhas são delidas em certa proporção d'-água, que se deixa fermentar, e fica uma bebida embriagante, que os faz alegres, e também furiosos.[45]

Os jesuítas espanhóis tiveram muitas oportunidades de se defrontar com os bebedores de mel, especialmente os Kaingang, chamados por eles, e pelos Guarani, de "gualachos":[46]

> Aunque entre todos los infieles destas partes se halla el vicio de la borrachera en estos es tan feroz que se puede dudar si en las demas naciones aya cosa semejante, porque

---

41 Lima, *Pulque, Balché y Pajauaru*, 171-3.

42 John M. Cooper, "Estimulantes e narcóticos," in *Suma Etnológica Brasileira* (v. 1), org. Berta Ribeiro (Petrópolis, Vozes/FINEP, 1986), 110.

43 Lima, *Pulque, Balché y Pajauaru*, 124.

44 *Apud* Darcy Ribeiro e Carlos de A. Moreira Neto (org.), *A Fundação do Brasil: Testemunhos 1500-1700* (Petrópolis: Vozes, 1992), 224. A tradicional definição de Rabbi (ou Rabe) como um judeu parece não se sustentar: Ernst van den Boogaart, "Infernal Allies: The Dutch West India Company and the Tarairiu (1631-1654)," in *Índios do Nordeste: temas e problemas (v. 2)*, org. Luís S. de Almeida, Marcos Galindo e Juliana L. Elias (Maceió: Edufal, 2000), 109.

45 Casal, *Corografia Brasílica*, 228.

46 John M. Monteiro, *Negros da Terra: índios e bandeirantes nas origens de São Paulo* (São Paulo: Companhia das Letras, 1994), 70.

haçen un vino de miel de aveja tan fuerte, que luego al punto los priva de sentido y los haçe tan feroçes mas que tigres ymitandolos en sus obras y bramidos.[47]

Estes hidroméis dos Kaingang eram produzidos em quantidade apreciável, o que lhes permitia demonstrar grande hospitalidade para com os visitantes:

> Llego el P.e al primer pueblo de los gualachos vispera de S. Ju.º Bautista y no tenia aquel pueblo mas que una casa, hallólos descuidados beviendo vino que tienem mucho hecho de la miel que recojen por el monte y como los cogió de repente no huyeron, ni se espantaron como suelen. Acaricióles el P.e pero sin hablarles palabra por ser de lengua diferente y no aver interprete ninguno, dióles de lo poco que llebaba y ellos correspondieron dando miel al P.e y a sus Indios vino con abundancia.[48]

Os Kaingang também misturavam o mel à bebida azeda feita com milho fermentado – o *goifá* – criando uma bebida agradável, mas forte, o *quiquy*.[49] Uma bebida semelhante conquistou até mesmo a simpatia do morigerado Anchieta: "usamos, em lugar do vinho, de milho cozido em água, a que se ajunta mel, de que há em abundancia; é assim que sempre bebemos as tisanas ou remédios".[50]

Mesmo leguminosas podiam ser usadas para produzir fermentados alcoólicos. Os Guaicuru do Pantanal – observados por Alvar Nuñes Cabeza de Vaca em um momento (1542) bem anterior à sua transformação nos "índios cavaleiros" do século XVIII – faziam suas bebidas a partir de uma planta que os espanhóis associaram à sua alfarroba:

> São nômades, não parando mais que dois dias num mesmo lugar, logo levantando suas casas de esteiras e mudando para uma ou duas léguas dali. (...) Além do que tiram dos outros, mantêm-se da pesca, caça ao veado e de alfarroba, da qual, quando está madura, pelo mês de novembro ou entrada de dezembro, eles fazem farinha e vinho, que sai tão forte que seguido eles se embebedam com ele.[51]

---

47 "Situacion de la Reduccion de los Angeles enadose ella (?) y los Indios que se han convertido por la predicacion evangelica en los años de 1629 y 1630," in *Manuscritos da Coleção de Angelis (vol 1: Jesuítas e Bandeirantes no Guairá – 1549-1640)*, ed. Jaime Cortesão (Rio de Janeiro: Biblioteca Nacional, 1951), 348.

48 "Carta anua de las missiones del Paraná y Uruguay de la Comp.ª de Jesus, del año de 1633, para el P.e Diego de Boroa de la Comp.ª de Jesús, Provincial desta Provincia," in *Manuscritos da Coleção de Angelis (v II: Jesuítas e Bandeirantes no Tape – 1615-1641)*, ed. Jaime Cortesão (Rio de Janeiro: Biblioteca Nacional, 1969), 51.

49 Nunes Pereira, *Panorama da Alimentação Indígena: Comidas, Bebidas e Tóxicos na Amazônia Brasileira* (Rio de Janeiro: Livraria São José, 1974), 13.

50 "Quadrimestre de maio a setembro de 1554, de Piratininga", in Anchieta, *Cartas*, 54.

51 Alvar Nuñes Cabeza de Vaca, *Naufrágios e Comentários* (Porto Alegre: L&PM, 1999 [1ª edição: 1555]), 182-3.

Ainda no que se refere às bebidas elaboradas a partir dos produtos da coleta, chegamos aos inumeráveis fermentados de sucos de frutas, muitas vezes denominados de *caiçuma*.[52] Diga-se, aliás, que algumas das primeiras menções feitas por europeus às bebidas indígenas referem-se aos vinhos de frutas. Em seu primeiro contato com os índios da América do Sul (durante sua terceira viagem, entre 1498 e 1500), Cristóvão Colombo descreve a forma como sua tripulação foi recebida: "mandaram trazer pão e muitas variedades de fruta e de vinho, branco e tinto, mas que não é feito de uvas, deve ser de diversos tipos de fruta, (...) e parece que aquele que bebesse melhor era considerado com maior apreço".[53]

Em sua exploração do norte da América do Sul (1499-1500), Alonso de Hojeda conheceu os vinhos nativos: "vieron próxima al mar una población de mucha gente pacífica, con la cual comunicaron, recibiendo de ella, entre otros obsequios, una especie de sidra hecha de frutas".[54] Também Américo Vespúcio, em sua primeira viagem ao Brasil (1499-1500), descreve uma bebida de frutas: "descobrimos que nesta terra bebiam um vinho feito das frutas deles e sementes à maneira de cerveja, quer branco quer tinto, sendo o melhor feito de mirobolanos e que era muito bom".[55]

Estes vinhos de frutas sul-americanos são menos embriagantes do que os vinhos de uva europeus, embora possuam conteúdo alcoólico mais elevado do que as cervejas insalivadas de mandioca e milho. São, em geral, provenientes de uma maceração simples das diversas espécies de frutas, preservando muito do sabor original dos sucos, e sendo logo consumidos, devido ao rápido processo de acidificação a que os sucos de frutas fermentados estão sujeitos.[56]

O naturalista alemão Georg Marcgrave que esteve a serviço do Conde Maurício de Nassau durante a dominação holandesa do Nordeste brasileiro no século XVII, descreveu a forma típica de fabricação destes vinhos de frutas: "esmagam o fruto num almofariz de madeira ou então com as mãos; deixam o suco um pouco em repouso; em seguida o filtram. Este vinho,[57] se assim é permitido dizer, fica branco como o leite; depois de alguns dias, vai-se tornando pálido".[58] Em função da característica fugaz destes vinhos, seu consumo era bastante restrito às épocas de amadurecimento das frutas,

---

52 Luis da Câmara Cascudo, *Dicionário do Folclore Brasileiro* (Rio de Janeiro: Ediouro, 1998 [1ª edição: 1954]), 222.

53 Cristóvão Colombo, *Diários da Descoberta da América* (Porto Alegre: L&PM, 1999), 181-2.

54 *Apud* Juan D. Cereceda (org.), *Exploradores e Conquistadores de Indias: Relatos Geográficos* (Madrid: Consejo Superior de Investigaciones Científicas, 1964), 62.

55 Américo Vespúcio, "Segunda Viagem a serviço da Espanha (primeira ao Brasil) – 18/05/1499 a 08/09/1500," in Riccardo Fontana, *O Brasil de Américo Vespúcio* (Brasília: Linha Gráfica/Ed. UNB, 1995), 169. "Mirobolano" é o fruto da Ameixoeira de Jardim, *Prunus cerasifera*.

56 Lima, *Pulque, Balché y Pajauaru*, 257-8.

57 O texto se refere ao vinho de caju.

58 Jorge Marcgrave, *História Natural do Brasil* (São Paulo: Museu Paulista/Imprensa Oficial, 1942 [1ª edição: 1648]), 273.

como atesta Anchieta: "com o vinho das frutas que é muito forte se embebedam muito e perdem o siso, mas deste bebem pouco, e somente o tempo que elas duram".[59]

Existiam quase tantas bebidas quanto frutas disponíveis, como apontou o artista francês Jean-Baptiste Debret, em princípios do século XIX: "muitos frutos, como o ananás, o caju, e outros, ácidos e mais ou menos resinosos, produzem, pela maceração, licores extremamente capitosos que os selvagens bebem com paixão".[60] Poderiam ser feitos de frutas suculentas, como o de mangaba: "são de muito bom gosto, sadias, e tão leves que por mais que comão, parecem que não comem fructa; (...) dellas fazem os índios vinhos".[61] Frutos mais secos, como o cacau, eram também bastante apreciados: "o suco adocicado da polpa envolvendo as amêndoas do cacau dá uma espécie de vinho, que é bebida muito refrescante".[62]

As frutas representavam uma importante fonte de matérias-primas para a fabricação de bebidas alcoólicas, notadamente para aquelas nações que não praticavam a horticultura. Algumas das migrações dos chamados "tapuias" estavam diretamente ligadas à busca destas frutas, como escreveu, no século XVII, o jesuíta Simão de Vasconcelos: "(*partem*) as mulheres, as de mais idade, umas às raízes de ervas, outras às frutas, que possam servir-lhes de pão, e juntamente de vinho".[63]

Mas eram mesmo os Tupinambá os grandes consumidores de vinhos de frutas: "não conhecem a vinha, mas têm certos frutos excelentes em grande abundância com os quais fazem uma bebida deliciosa".[64] Um de seus vinhos preferidos era o de ananás, considerado pelos europeus como a melhor e mais saborosa fruta do país: "é fruto de muito preço e real, sabem e cheiram a melões, mas são melhores e muito mais odoríferos, e têm muito sumo, (...) o vinho que os índios fazem deles é muito forte e se toma a miudo dele".[65] Décadas mais tarde, Georg Marcgrave advertia que o *nanaî* "fabricado com o preciosíssimo fruto denominado *nana*" era "mais forte e mais facilmente embriaga".[66] Não apenas os índios, mas também os mamelucos e portugueses eram adeptos entusiasmados da bebida desta fruta: "de cujo sumo, quando são ma-

---

59 "Informação do Brasil e de suas Capitanias – 1584", in Anchieta, *Cartas*, 338.

60 Jean-Baptiste Debret, *Viagem Pitoresca e Histórica ao Brasil* (São Paulo/Brasília: Martins Fontes/INL, 1975 [1ª edição:1834]), t. I, 21.

61 Fernão Cardim, *Tratados da Terra e Gente do Brasil* (São Paulo/Brasília: Companhia Ed. Nacional/INL, 1978 [1ª edição: 1625]), 39.

62 Spix e Martius, *Viagem pelo Brasil*, v. III, 175.

63 Vasconcelos, *Crônica da Companhia de Jesus*, v. I, 108.

64 Abbeville, *História da Missão dos Padres Capuchinhos*, 162.

65 "Informação da Província do Brasil para nosso Padre – 1585," in Anchieta, *Cartas*, 438; o conteúdo alcoólico do vinho de ananás pode chegar a 7%: Lima, *Pulque, Balché y Pajauaru*, 274.

66 Marcgrave, *História Natural do Brasil*, 274.

duras, os índios fazem vinho, com que se embebedam; para o que os colhem mal maduros, para ser mais azedo, do qual vinho todos os mestiços e muitos portugueses são mui afeiçoados".[67]

O mais afamado e apreciado vinho de frutas do Brasil era, contudo, o de caju: "há também uma fruta, que chamam cajus, que lança muito sumo, e em mosto, é mais doce que o das uvas, e depois de cozido (porquê ferve tanto como o das uvas) fica palhete muito claro, e belo, porém azedo".[68] A semelhança com os vinhos brancos europeus também foi apontada por Claude d'Abbeville, capuchinho francês que participou da experiência colonial tentada por La Ravardiére no Maranhão de princípios do século XVII: "é branco e excelente, forte como os vinhos regionais de França e com essa particularidade: quanto mais velhos melhores".[69]

Os cajueiros se espalhavam em grande número pelas praias do atual Nordeste, antes que a devastação causada pelo homem e a invasão dos cocos estrangeiros modificassem radicalmente aquela paisagem.[70] Eram árvores "muito grandes, e formosas",[71] disse a respeito delas o jesuíta Fernão Cardim, no início do século XVII. A reputação de seus frutos como bons remédios para diversos males já era sublinhada pelo senhor de engenho Gabriel Soares de Souza, em 1587:

> A natureza destes cajus é fria, e são medicinais para doentes de febres, e para que, tem fastio, os quais fazem bom estômago e muitas pessoas lhes tomam o sumo pelas manhãs em jejum, para conservação do estômago, e fazem bom bafo a quem os come pela manhã, e por mais que se coma deles não fazem mal a nenhuma hora do dia, e são de tal digestão que em dois credos se esmoem.[72]

As matas de cajueiros, e suas enormes concentrações de alimentos, na forma de frutos e castanhas, eram ferozmente disputadas pelos diferentes povos indígenas: "ser senhor de um destes cajuais para efeito dele (*do vinho*), é ter o morgado mais pingue".[73] Os Potiguara eram os senhores das melhores áreas – entre Itamaracá e o Rio Grande do Norte – mas tinham que defendê-las de povos aparentados, como os Caeté e os Tabajara, e também dos tapuias do sertão, que na estação do caju (entre novembro e janeiro) desciam às praias, "porquanto pouco ou nenhum caju se encontra muito

---

67 Gabriel Soares de Souza, *Tratado Descritivo do Brasil em 1587* (Recife: Fundação Joaquim Nabuco/Massangana, 2000 [1ª edição: 1587]), 163. "é este vinho entre eles, estimado sobre todos os outros", Vasconcelos, *Crônica da Companhia de Jesus*, v. I, 107.

68 Silveira, "Relação Sumária das cousas do Maranhão," 40.

69 Abbeville, *História da Missão dos Padres Capuchinhos*, 237.

70 Lima, *Pulque, Balché y Pajauaru*, 262-3.

71 Cardim, *Tratados da Terra e Gente do Brasil*, 38.

72 Souza, *Tratado Descritivo do Brasil*, 148.

73 Vasconcelos, *Crônica da Companhia de Jesus*, v. I, 107.

para o interior".[74] "É de sabor adstringente", disse, no século XVII, o alemão Georg Marcgrave, "forte, de sorte que embriaga, se for tomado em demasia".[75]

Sem desprezar o potencial nutritivo dos frutos e das castanhas, é inegável que a principal atração dos cajuais estava no acesso à enorme riqueza etílica representada pelo caju. A possibilidade de contar com grandes quantidades de vinho fazia do período de amadurecimento das frutas uma das épocas mais marcantes do ano, para aqueles povos que, como os Potiguara, detinham o controle de cajuais:

> os índios expremem o suco para fazer uma beberagem, com que completamente se embebedam, e então se abandonam a grosseiros e bárbaros pecados. Essa fruta amadurece somente uma vez por ano, a saber, em dezembro e janeiro, na qual época os índios, por amor ao caju, não tem muito gosto pelo trabalho.[76]

Fazia-se o vinho das diferentes espécies de cajueiro, mas especialmente do tipo vermelho e mais ácido, o *caju-pirã*: "quando estão maduros os índios espremem-lhes o suco, principalmente dos cajus-pirã, para fazerem o vinho a que chamam *caju-cauim*, que é branco e muito saboroso".[77] Gabriel Soares de Souza elogia o sabor do *acayu-y*: "do sumo desta fruta faz o gentio vinho, com que se embebeda, que é de bom cheiro e saboroso".[78] Simão de Vasconcelos, quase um século depois, concordava com esta avaliação positiva: "(*fazem*) deste em tanta quantidade, que podem encher-se muitas pipas, de cor a modo de palhete. Deste vi em uma frasqueira, e se não fora certificado do que era, afirmara que era vinho de Portugal".[79]

Alguns autores, como Rodolfo Garcia[80] e Ferdinand Denis,[81] entre outros, acreditam que a palavra *cauim* seja oriunda do nome dado ao vinho de caju (*acayu-y*, ou "água de caju"). Esta é, contudo, uma questão polêmica: Ermano Stradelli acredita que a etimologia correta seja *ca'o-y* ("água de bêbado").[82] Ambas as hipóteses apontam para a principal função dos cajueiros: produzir a embriaguez.

---

74 Herckmans, "Descrição Geral da Capitania da Paraíba," 100.

75 Marcgrave, *História Natural do Brasil*, 273.

76 Herckmans, "Descrição Geral da Capitania da Paraíba," 91.

77 Abbeville, *História da Missão dos Padres Capuchinhos*, 168.

78 Souza, *Tratado Descritivo do Brasil*, 148.

79 Vasconcelos, *Crônica da Companhia de Jesus*, v. I, 106-7.

80 Em nota a Cardim, *Tratados da Terra e Gente do Brasil*, 75.

81 Em nota a Evreux, *Viagem ao norte do Brasil*, 413.

82 Câmara Cascudo, *Dicionário do Folclore Brasileiro*, 258.

Existem alguns indícios – muito tênues, na verdade – de que os índios tenham ensaiado produzir vinhos mais fortes a partir dos frutos, concentrando seus sucos com fervuras e evaporação. Frei Jaboatão, escrevendo em Pernambuco no século XVIII, afirmava que os índios "sabiam fabricar dos cajus da terra e de outras diferentes frutas seus vinhos e bebidas, compostos com diferentes ingredientes da mesma terra, espremendo-lhes e fechando seus licores em jarras e postos a ferver, uns ao fogo e outros ao tempo".[83]

O jesuíta Simão de Vasconcelos, escrevendo no século anterior, confirmava a prática: "fazemno da maneira seguinte. Espremem o caju em vasos, e nestes o deixam estar tanto tempo, que ferva, escume, e fermente, até ficar com substância de vinho, mais ou menos azedo, segundo a quantidade do tempo".[84] Em São Vicente fazia-se vinho forte de jabuticaba: "desta fruta fazem os índios vinho, e o cozem como vinho d'uvas".[85] Com tão poucas referências a estes processos de fortalecimento dos vinhos de frutas, é lícito imaginar que a técnica não tenha sido desenvolvida de forma independente pelos índios, sendo antes uma prática inspirada pelos europeus.

3. A Saliva Criadora: O Cauim e Outras Cervejas Indígenas

Os espíritos costumam descer,
quando o doutor chama
Cantam, comem a galinha que mataram para eles, tomam chicha.
Tomam potes grandes de chicha.
A gente não vê quando tomam, só os pajés veem.[86]

Fizemos na seção anterior uma descrição, muito sumária, das bebidas produzidas a partir dos frutos da coleta. São estas bebidas facilmente obtidas por meio de um processo de fermentação que atua diretamente sobre os açúcares presentes nas seivas, méis e sucos de frutas. Com os cultivares, porém, alcançamos um tipo mais complexo de elaboração alcoólica, visto que o amido presente nos principais produtos da agricultura nativa – a mandioca e o milho – deve ser convertido em açúcares para que possa ser fermentado.[87]

---

83   *Apud* Lima, *Pulque, Balché y Pajauaru*, 266.

84   Vasconcelos, *Crônica da Companhia de Jesus*, v. I, 107.

85   Cardim, *Tratados da Terra e Gente do Brasil*, 40.

86   Mito Arikapu, in Mindlin, *Terra Grávida*, 231.

87   Cooper, "Estimulantes e narcóticos," 110.

Partindo dos métodos usados para realizar esta conversão, podemos traçar uma tipologia das cervejas. Simplificando bastante a classificação proposta por Gonçalves de Lima,[88] é possível apontar a existência de três tipos básicos de cervejas "primitivas":

> *a) Cervejas insalivadas*: as enzimas presentes na saliva cumprem o papel de indutor da fermentação. A grande maioria das bebidas nativas no Brasil, como o *cauim*, a *chicha* e o *caxiri*, pertencem a esta categoria;
> *b) Cervejas maltadas*: a fermentação ocorre a partir da adição de grãos germinados – que possuem enzimas que "quebram" o amido – ao material original. São a base das cervejas europeias, e – dependendo da interpretação dos relatos – estão pouco representadas entre os índios no Brasil;
> *c) Cervejas "claras"*: a quebra do amido é provocada pela ação de fungos adicionados durante o preparo, como ocorre com o *sakê* japonês. Os fungos são usados pelos índios no fabrico de bebidas como o *paiauru*.

Comecemos pelas cervejas insalivadas, as mais comuns. As primeiras menções europeias às bebidas dos nativos do Brasil parecem fazer referência a este tipo de cerveja: o auto notarial de Valentim Fernandes,[89] datado de 20 de maio de 1503, afirma que a frota de Cabral encontrou, na costa brasileira, homens que "extraem vinho do milho".[90] Por sua vez, a Relação da viagem do Capitão de Gonneville às Novas Terras das Índias informa que Binot Paulmier de Gonneville, ao tocar em costas brasileiras em 1504, encontrou índios que faziam "seu pão e sua bebida com certas raízes", referindo-se, possivelmente, ao cauim de mandioca.[91]

São bebidas em que o aspecto nutricional, de *bebida-alimento*, transparece com a maior nitidez. Existe uma série de preparados líquidos e pastosos, não alcoólicos, elaborados a partir do milho e da mandioca, que claramente precedem, bioquímica e evolutivamente, os fermentados etílicos. São caldos ou mingaus, como o *chibé* e a *tiquara*, descritos por Georg Marcgrave, em sua monumental *Historia Naturalis Brasiliae*, de 1648, como "uma bebida alvacenta como leite desnatado; é de agradável sabor, um pouco ácida; é servida morna".[92]

Estas tiquaras tinham grande importância na vida quotidiana, como afirma o jesuíta João Daniel, que missionou na Amazônia em meados do século XVIII, e que escreveu seu *Tesouro Descoberto no Rio das Amazonas* em alguma data entre 1757 e 1776:

---

88 Lima, *Pulque, Balché y Pajauaru*, 293-4.

89 Morávio radicado português, tabelião público e corretor dos mercadores alemães: José M. Garcia, O Descobrimento do Brasil nos Textos de 1500 a 1571 (Lisboa: Fundação Calouste Gulbenkian, 2000), 44.

90 *Ibidem*, 45.

91 Leyla Perrone-Moisés, *Vinte Luas: Viagem de Paulmier de Gonneville ao Brasil: 1503-1505* (São Paulo: Companhia das Letras, 1992), 26.

92 Marcgrave, *História Natural do Brasil*, 67-8.

(*quando falta o alimento*), ou quando estão doentes, usam do seu ordinário mingao de farinha cozida em ágoa que fica como papas ralas, que possam beber; por sobremesa, como também quando se acham com calor, ou vão de viagem, usam do seu tiquara, que é ágoa, em que molham a pouca de farinha, que juntamente os sustenta, e refresca.[93]

O missionário aponta um fato importante, ao notar o uso da *tiquara* como um "refresco": "é o ordinário refresco nos calores, especialmente nos índios quando andam no trabalho, ou na remagem das canoas, posto que os mesmos brancos não desgostam dela".[94] Sabe-se que muitas culturas indígenas abominam o consumo da água pura, não apenas por conta dos perigos que as águas podem oferecer, mas também pela ideia de que consumir o líquido puro – assim como a carne crua – é um ato indigno para um ser humano, sendo antes "coisa de bicho", de seres que se alimentam sem a intermediação ou adição de instrumentos da cultura, como a cerâmica, a farinha ou o fogo.[95] Para os Wari' (RO), por exemplo, a *chicha* doce, não-fermentada, é a bebida cotidiana, e comumente usada para matar a sede.[96]

Caldos do tipo *chibé* ou *tiquara*, se deixados a descansar por alguns dias, fermentam, formando a *puba* (de *pur*, "apodrecer"), base de uma série de utilizações da farinha de mandioca, como os vários tipos de *beijus*.[97] Esta fermentação, contudo, pode ser acelerada pela insalivação, produzindo-se toda uma variedade de fermentados não alcoólicos doces, como o *masato* amazônico, que serve como indutor alcoólico para algumas bebidas.[98] Este tipo de alimento deve ter surgido a partir do hábito de oferecer alimentos mastigados às crianças: "a alimentação das crianças consiste em certas farinhas mastigadas e carnes tenras juntamente com o leite materno".[99] As mães, dizia o capuchinho Yves d'Evreux sobre as Tupinambá da França Equinocial, mastigavam e amassavam o milho "com saliva em forma de caldo" alimentando as crianças como fazem os pássaros, "passando de boca para boca".[100]

Sem entrar em maiores detalhes acerca da infinidade de métodos de tratamento dos produtos do cultivo, parece lógico imaginar que tais práticas estejam na origem das várias cervejas insalivadas,

---

93 João Daniel, "Tesouro Descoberto no Rio Amazonas," *Anais da Biblioteca Nacional* 95, v. I, (1976): 205.

94 *Ibidem*, 306; cf. Pereira, *Panorama da Alimentação Indígena*, 293.

95 E. Viveiros de Castro, comunicação pessoal; cf. Lima (*Pulque, Balché y Pajauaru*, 224-5), para confirmação deste fato entre os índios da Amazônia e entre os tapuias do Nordeste.

96 Aparecida Vilaça, *Comendo Como Gente: formas do canibalismo Wari'* (Rio de Janeiro: Ed. UFRJ/Anpocs, 1992), 171; cf. sobre a aversão de muitos povos nativos a beber água pura, Aasved, "Alcohol, drinking and intoxication in preindustrial society," 400-2.

97 Câmara Cascudo, *Dicionário do Folclore Brasileiro*, 740-1; Pereira, *Panorama da Alimentação Indígena*, 171.

98 Lima, *Pulque, Balché y Pajauaru*, 0: 228.

99 Jean de Léry, *Viagem à Terra do Brasil* (São Paulo: Martins, 1960 [1ª edição: 1578]): 204.

100 Evreux, *Viagem ao norte do Brasil*, 128.

produto marcado por sua identificação com as mulheres, principais agentes da horticultura nativa. Esta identificação estava bem clara para viajantes como Hans Staden, que conviveu com os Tupinambá de Ubatuba em meados do século XVI:

> As mulheres fazem as bebidas. Tomam raízes de mandioca e cozinham grandes paneladas cheias. Uma vez cozida, retiram a mandioca da panela, passam-na em outras, ou em vasilhas, e deixam-na esfriar um pouco. Então se assentam as meninas perto, mascam-na, colocando-a numa vasilha especial. Quando todas as raízes cozidas estão mastigadas, põem de novo a massa na panela, deitam-lhe água, misturam ambas, e aquecem de novo. Têm para tal vasilhas adequadas, que enterram a meio no chão, e que empregam como aqui os toneis para vinho e cerveja. Despejam dentro a massa e fecham bem as vasilhas. Isto fermenta por si e fica forte. Deixam-na assim repousar dois dias. Bebem-na então e com ela se embriagam. É grossa e tem bom gosto.[101]

"As mulheres fabricam as bebidas..."[102]

O capuchinho Claude d'Abbeville nos oferece uma descrição das práticas dos Tupinambá do Maranhão seiscentista na qual, embora os passos principais sejam idênticos ao relato de Staden, existe o acréscimo de um derivado do milho:

---

101 Staden, *Duas Viagens ao Brasil*, 165-6.

102 *Ibidem*, 166, Anônimo, "Mulheres trabalhando na fabricação de bebidas".

> Fora do tempo do caju, fazem outra bebida muito forte que chamam *cauim-etê*. Apanham as mulheres raízes de macacheira e as põem a ferver dentro d'-água em enormes vasilhames de barro. Já bastante cozidas e moles, tiram-nas do fogo e deixam-nas esfriar um pouco; juntam-se em seguida as mulheres em torno dos recipientes, tomam as raízes e as mastigam para cuspi-las depois dentro de outros vasilhames de barro, com certa quantidade de água proporcional à quantidade de bebida que desejam fazer. Misturam-nas então com levedura de farinha de milho miúdo ou comum e põem tudo a ferver mexendo sem parar até completo cozimento. Tiram então essa espécie de sopa espessa do fogo e enchem os vasos de colo estreito. Deixam a bebida assentar para tirar a borra, cobrem os vasilhames e guardam-nos até que reúnam todos para cauinar.[103]

Este relato nos leva a pensar que os Tupinambá possam ter desenvolvido uma cerveja do tipo maltado, dependendo de como se interprete a expressão "levedura de farinha de milho". Seria um milho germinado e reduzido à farinha? Gonçalves de Lima não reconhece esta possibilidade, na medida em que, ao tratar das bebidas dos jê Camacã – que efetivamente praticavam o malteamento – afirma, em seu típico vocabulário evolucionista: "este fato os põem tecnologicamente em uma etapa superior à dos tupis, que só utilizavam a saliva como sacarificante".[104]

Independentemente destas minúcias técnicas, o fato é que as cervejas do tipo *cauim* estavam amplamente espalhadas pelos vários povos que designamos pelo termo comum Tupinambá, e constituíam um dos traços marcantes de sua cultura, ao lado do canibalismo ritual. São bebidas de reduzido teor alcoólico, em que a embriaguez se origina muito mais de fatores culturais do que propriamente da potência etílica.[105] José de Anchieta nos alerta para isso, ao descrever o *cauim*:

> São muito dados ao vinho, o qual fazem das raízes da mandioca que comem, e de milho e outras frutas. Este vinho fazem as mulheres, e depois de cozidas as raízes ou o milho, o mastigam porque com isso dizem que lhe dão mais gosto e o fazem ferver mais. Deste enchem muitos e grandes potes, que somente servem disso e depois de ferver dois dias o bebem quase quente, porque assim não lhes faz tanto mal nem os embebeda tanto, ainda que muitos deles, principalmente os velhos, por muito que bebam, de maravilha perdem o siso, ficam somente quentes e alegres.[106]

Como mostra Gonçalves de Lima, a técnica da insalivação, usada pelos Tupinambá, e por vários outros povos indígenas no Brasil e em outras regiões do continente americano, só esporádica e fortuitamente produzia bebidas com teor alcoólico mais elevado. De fato, o *cauim* apresenta, mesmo após a

---

103 Abbeville, *História da Missão dos Padres Capuchinhos*, 238.

104 Lima, *Pulque, Balché y Pajauaru*, 335.

105 Cooper, "Estimulantes e narcóticos," 111.

106 "Informação do Brasil e de suas Capitanias – 1584," in Anchieta, *Cartas*, 338.

fermentação, quantidades importantes de fragmentos de amido,[107] o que nos mostra, mais uma vez, a importância alimentar das cervejas insalivadas, fato percebido com agudeza tanto por Luís da Grã ("a la verdad este su vino assi gruesso es comer y bever, y muchas vezes no comen outra cosa"),[108] quanto por José de Anchieta ("este vinho comumente o fazem grosso e basto, porque juntamente lhes serve de mantimento e quando bebem nenhuma outra cousa comem").[109]

"A bebida-alimento: o cauim dos Yudjá (MT/PA)".[110]

Esta última informação deve ser explorada, visto que a expressão "quando bebem não comem" aparece *ad nauseam* nos relatos acerca das bebedeiras dos Tupinambá. É claro que a insistência nesta afirmação relaciona-se com a estranheza de europeus latinos – oriundos de sociedades em que o beber vinho estava fortemente relacionado ao consumo dos alimentos[111] – com a separação radical, feita pelos

---

107 Lima, *Pulque, Balché y Pajauaru*, 219-25.

108 "Carta do P. Luís da Grã ao P. Inácio de Loyola, Roma (Piratininga, 8/6/1556)," in Leite, *Cartas*, v. II, 294.

109 "Informação do Brasil e de suas Capitanias – 1584," in Anchieta, *Cartas*, 338.

110 Foto de Tânia Stolze Lima. Aldeia de Tubatuba, 2001, http://pib.socioambiental.org/pt/povo/yudja/648 (acessado em 18/02/2009).

111 Engs, "Do Traditional Western European Practices," 228. O medico de D. João v, Francisco da Fonseca Henríquez, escrevendo em 1721, não tinha dúvidas quanto ao momento certo de consumir bebidas: "no que toca ao tempo e ordem com que se há de beber, dizemos que o tempo certo de beber é quando se come." *Âncora Medicinal para conservar a vida com saúde* (Cotia: Ateliê, 2004 [1ª edição: 1721]), 223.

nativos, entre o comer e o beber.[112] Contudo, para além dos aspectos metafísicos envolvidos nesta separação, os quais serão discutidos mais adiante, não se pode deixar de considerar os aspectos nutricionais.

De que outra forma se poderia compreender bebedeiras que se arrastavam por horas, ou mesmo dias, sem que se consumisse qualquer alimento, e sem debilitar os participantes, sempre prontos a participar de guerras e elaborados rituais antropofágicos imediatamente após estas cauinagens? Alguns dos relatos mostram que uma bebedeira destas poderia se constituir em verdadeiro *tour de force*: "um hábito deveras estranho que têm é o de nunca beberem quando estão comendo, e vice-versa: quando se põem a beber, não comem coisa alguma – e olhe que suas bebedeiras podem durar até mesmo um dia inteiro!".[113]

Embora os vários tipos de mandioca representassem a matéria-prima por excelência do *cauim* Tupinambá, este era muitas vezes feito a partir do milho (*avati* ou *abati*), produzindo-se uma beberagem bastante substanciosa, como informa o francês André Thevet, a respeito dos Tamoio da França Antártica, em meados do século XVI:

> Há o avati preto e branco. A maior parte da colheita é empregada no fabrico desta bebida, para o quê ferve-se o avati juntamente com outras raízes, obtendo-se um licor de coloração semelhante à do vinho clarete. Esta beberagem é muito apreciada pelos selvagens, que com ela se embriagam, tomando-a como nós outros bebemos vinhos, conquanto seja o cauim espesso como mosto de vinho.[114]

O *cauim* de milho tinha, naquelas regiões em que esta planta era cultivada, uma função essencial, na medida em que guerras e rituais antropofágicos tinham que esperar a época de sua colheita e preparação:

> Tínhamos que nos acautelar especialmente contra os tupinambás duas vezes por ano, épocas em que, com violência, penetram na região dos tupiniquins. Uma destas épocas é em novembro, quando amadurece o milho, que chamam abati, e com o qual preparam uma bebida chamada cauim. Empregam também aí a raiz de mandioca, de que misturam um pouco. Logo que voltam de sua excursão guerreira com abati maduro, preparam a bebida e devoram nesta ocasião os seus inimigos, se con-

---

112 "Durante o cauim, ninguém come nada – a clássica disjunção cauim/comida que já era notada para os Tupinambá," Viveiros de Castro, *Araweté*, 339.

113 André Thevet, *As Singularidades da França Antártica* (Belo Horizonte/São Paulo: Itatiaia/Edusp, 1978 [1ª edição: 1556]), 105-6; "enquanto comem não bebem vinho, nem água, o que fazem depois de comer" (Souza, *Tratado Descritivo do Brasil*, 270). Nem todos concordam integralmente com isso: Yves d'Evreux diz que se eles "tem sêde quando comem, bebem pouco apenas para apagar a sede" (*Viagem ao norte do Brasil*, 153), enquanto Simão de Vasconcelos (*Crônica da Companhia de Jesus*, v. I, 106) afirma que eles, enquanto comem, "raramente bebem".

114 Thevet, *As Singularidades da França Antártica*, 89.

seguiram aprisionar alguns. Já um ano inteiro antes esperam com alegria o tempo do abati.[115]

Nota-se pelo relato do artilheiro alemão que as duas plantas podiam ser misturadas, produzindo-se uma bebida que, no Maranhão, era chamada de *caracu*:

> fabricam ainda outro tipo de vinho doce a que chamam caracu. É preparado com raízes de mandioca e mastigado como o precedente; juntada a farinha de milho e a água necessárias, fazem ferver tudo dentro de panelas de barro. Quando no ponto, essa bebida se torna um caldo espesso, parecido com sopa de leite ou de arroz. Fazem então assar algumas espigas de milho, mastigam os grãos e cospem-nos no líquido o que o torna mais claro e fluido, permanecendo ainda assaz espesso, porquanto não o coam de modo nenhum.[116]

Não devemos cair na tentação, contudo, de imaginar que apenas sociedades predominantemente cultivadoras, como os Tupinambá, possuíssem bebidas elaboradas a partir da mandioca e do milho. Os nativos do Brasil Central, entre eles os chamados "tapuias", também produziam seus cauins. Embora alguns destes povos, em especial os da família Jê, não possuam qualquer bebida alcoólica nativa (caso dos Suyá),[117] isto não se configura em regra universal, como vimos para os Kaingang.

Em princípios do século XVII, em meio à luta dos franceses para estabelecer uma colônia no Maranhão, o capuchinho Yves d'Evreux observou que os Tremembé "mais vagabundos do que estáveis em suas moradias" carregavam em suas andanças apenas "arcos, flechas, machados, um pouco de cauí, algumas cabaças para guardar água, e umas panelas para cozinhar a comida",[118] o que é, sem dúvida, indicação mais do que suficiente da importância conferida às bebidas por estes nômades, que transportavam apenas o absolutamente indispensável.

Segundo o erudito português José Freire de Monterroyo Mascarenhas, que publicou, em 1716, várias informações de missionários acerca dos índios dos sertões brasileiros, os tapuias Ori (ou Orizes, ou ainda Procazes) passavam as cerimônias de casamento "bebendo com destemperança um licor com os mesmos efeitos do vinho, composto do sumo de várias frutas, e do suco de algumas raízes, que a experiência lhes mostrou próprias para esta fábrica".[119]

---

115 Staden, *Duas Viagens ao Brasil*, 77.

116 Abbeville, *História da Missão dos Padres Capuchinhos*, 238.

117 Lima, *Pulque, Balché y Pajauaru*, 333.

118 Evreux, *Viagem ao norte do Brasil*, 179.

119 José Freire de Monterroyo Mascarenhas, *Os Orizes Conquistados ou Noticia da Conversam dos indômitos Orizes Procazes* (1716), in Ribeiro e Moreira Neto, *A Fundação do Brasil*, 225.

Visitando os Botocudos na década de 1830, o pintor francês Jean-Baptiste Debret nos deixou uma precisa descrição da fabricação de um cauim de milho, além de fornecer uma explicação "nativa" para a preferência por aquela bebida específica:

> A fabricação dessa espécie de aguardente é tão incrível quão repugnante: as mulheres reunidas dedicam várias horas consecutivas à mastigação dos grãos de milho, cuspidos, depois de triturados, dentro de um vasilhame em torno do qual elas se colocam. Essa estranha pasta fermenta em seguida em água quente durante doze a dezesseis horas; após essa primeira preparação, é ela despejada em um grande recipiente de madeira no qual é deixada ainda a fermentar, de mistura com uma maior quantidade de água igualmente quente. Durante essas duas importantes operações tem-se o cuidado de agitá-la com uma grande vareta; a combinação química está terminada. Esse licor, excessivamente espirituoso, manipulado sem cessar sobre o fogo, deve ser bebido ainda quente. A batata doce e a mandioca podem produzir o mesmo resultado, mas as mulheres preferem o grão de milho, mais agradável para elas na primeira parte dessa "saborosa preparação".[120]

Anteriormente, os naturalistas alemães Spix e Martius já haviam presenciado um preparo ("tão pouco convidativo", segundo eles) semelhante ao testemunhado por Debret, desta feita entre os Coroados:

> Umas (*mulheres*) socavam milho no pilão, outras deitavam a farinha de milho numa vasilha de barro (...) onde é cozida a farinha em grande quantidade de água. Ao nosso aparecimento, elas fugiram, mas voltaram logo para as suas tarefas quando mostramos caras risonhas. Uma índia velha e algumas outras mais moças retiraram do pote, com as mãos, a farinha graúda e cozida, mastigaram-na e puseram-na outra vez na panela. Com esse preparo, consegue-se que o cozimento, no espaço de vinte e quatro horas, entre em fermentação alcoólica e se torne embriagante.[121]

Na medida em que as frentes de expansão colonizadora penetravam mais e mais no território que se tornaria o Brasil, em especial na Amazônia, descobriam-se novos métodos de elaboração quimicamente mais sofisticados do que a insalivação. Muito embora exista na Amazônia uma plêiade de cervejas do tipo *cauim* (geralmente chamadas de *chicha* ou *caxiri*), o fato é que naquela região encontraremos métodos que aprofundam a manipulação humana dos microorganismos responsáveis pela fermentação, e que produzem bebidas de conteúdo alcoólico mais elevado.

As menções mais antigas aos índios da Amazônia são pouco informativas no que diz respeito aos métodos usados para a fabricação das bebidas fermentadas, mas nos trazem algumas pistas. Francisco Vásquez, integrante da malfadada expedição de Pedro de Ursua e Lope de Aguirre à busca do Eldorado (1560-1), descreveu assim as bebidas de um grupo indígena do Alto Amazonas:

---

120 Debret, *Viagem Pitoresca*, v. I, 21.

121 Spix e Martius, *Viagem pelo Brasil*, v. I, 199.

> Há um tipo de vinho que os índios bebem, preparado com muitas coisas. Põem os índios a curtir em tinas grandes, algumas de 20 arrobas ou mais, uma espécie de papa espessa que ferve nessas tinas à maneira de vinho da Espanha até que está feito; então o tiram e coam acrescentando-lhe um pouco de água e o bebem. É tão forte que embriaga se não o temperam com bastante água.[122]

Nem uma palavra sobre a ocorrência da insalivação. O mesmo Vásquez, contudo, nos fala do *masato* dos Cocama: "a comida desses índios é algum milho e muita mandioca doce e batatas; têm *macato*, que é mandioca ralada a apodrecer em buracos debaixo da terra, e dele fazem pão e uma certa bebida".[123] Ora, o *masato* é feito com parte da massa que sofre a insalivação, a qual é envolta em folhas (à maneira de pamonhas) e colocada próxima ao teto ou em cima mesmo da cobertura das casas. A massa fermenta, por ação de bactérias e fungos, e pode ser usada posteriormente para a elaboração de bebidas. Também serve para ser levado em viagens ou simplesmente diluído em água, como um mingau mais ou menos espesso.[124]

Este tipo de manipulação dos microorganismos, especialmente dos fungos, fica bem esclarecido ao lermos o relato do jesuíta João Daniel. Em sua detalhada narrativa, o missionário descreve o processo de fabricação do *mocororó*:

> Põe estes bolos (*de mandioca*) na quantidade que querem sobre a palma, ou palha das suas palhoças, como a fermentar, melhor diremos a apodrecer, já ao sol, e chuva, e já de dia, e de noite até crearem bolor, e cabeleira, apodrecerem, e bem se azedarem. Em chegando ao ponto de azedo (...) se ajuntam as velhas, e a bocados os vão mastigando até os desfazerem em papas, e os vão deitando nas talhas até sua medida, e depois desta asquerosa diligência lhes lançam água (não sei se mais algum ingrediente) e está feita a vinhaça, e a podem logo beber.[125]

Esta descrição nos revela uma forma de bebida que representa uma transição entre as cervejas insalivadas e as cervejas fermentadas unicamente pela ação dos fungos. São estas bebidas as do tipo *paiauru*, definidas por Câmara Cascudo como "bebida fermentada feita de beiju queimado".[126] Estes beijus tostados recebem o nome de *beiju-açú* (também chamados de *catimpuera*), os quais, deixados a

---

122 "Relação verdadeira de tudo o que sucedeu na Jornada de Omagua e Dorado que o Governador Pedro de Orsua foi descobrir ... Por um Rio que chamam das Amazonas," in Antônio Porro, *As Crônicas do Rio Amazonas: tradução, introdução e notas etno-históricas sobre as antigas populações indígenas da Amazônia* (Petrópolis: Vozes, 1992), 91.

123 *Ibidem*, 87.

124 Lima, *Pulque, Balché y Pajauaru*, 228.

125 Daniel, "Tesouro Descoberto no Rio Amazonas," v. I, 212.

126 Câmara Cascudo, *Dicionário do Folclore Brasileiro*, 659.

mofar, servem de base para as "estimulantes bebidas reservadas às funçanatas".[127] São bebidas pouco comentadas pelos viajantes e cronistas do período abordado neste livro, e nem sempre foram bem descritas.[128] Spix e Martius, por exemplo, as definem desta forma sucinta e pouco informativa: "mais complicado é o preparo do *pajuaru*, e dos beijus da farinha de mandioca, ou desta última quando cozida em papa. Deita-se água sobre essa massa e deixa-se ficar para a fermentação alcoólica".[129]

Em 1649, Joan Nieuhof, escrevendo sobre os índios do Brasil holandês, registrou que aqui se fabricava "uma espécie de cerveja forte" feita com os "bolos preparados com esta farinha (*de mandioca*), postos numa vazilha a fermentar com água".[130] No século seguinte, Alexandre Rodrigues Ferreira, no diário de sua viagem pelo Rio Negro (1786), descreve melhor o uso da massa mofada da mandioca, ao falar das bebidas indígenas embriagantes que deveriam ser proibidas:

> Tirado do forno o beiju guaçú, quando quente, e ensopados uns poucos d'elles em água, os acamam no chão entre duas camadas de folha de amabauba, onde os deixam ficar por 4 até 5 dias até abolorecerem. Em elles tendo adquirido um sabor doce, os coam e recolhem para dentro de grandes talhas, onde os deixam azedar, si o querem forte, ou o bebm logo, si o querem doce. Para accelerarem a fermentação, costumam alguns índios misturar-lhe algumas porções de beiju mastigado pelas velhas, cuja saliva promove a fermentação aos termos do seu.[131]

Depreende-se deste texto que nem todos os índios acrescentavam massa insalivada à bebida, alguns deles preferindo unicamente a ação sacarificante dos fungos. Estes beijus tostados também são usados na fabricação da aguardente amazônica, feita com mandioca, a *tiquira*.[132]

Neste capítulo fizemos o esboço, muito sumário, das técnicas indígenas de fabricação de bebidas alcoólicas. Foi demonstrado que as bebidas alcoólicas relacionavam-se profundamente com toda a infraestrutura alimentar dos povos nativos, apresentando-se, muitas vezes, como verdadeiras bebidas-alimento. É hora, portanto, de abordar as formas pelas quais estas bebidas se inseriam nos sistemas culturais indígenas, sua função como facilitador dos transes xamanísticos, seu papel nas relações de gênero e seu uso como "lubrificante" social e regulador das expressões de violência e inimizade.

---

127 Pereira, *Panorama da Alimentação Indígena*, 172.

128 Para uma boa descrição, cf. Lima, *Pulque, Balché y Pajauaru*, 448-66.

129 Spix e Martius, *Viagem pelo Brasil*, v. III, 198. Acerca da proficiência dos povos amazônicos no uso dos fungos, para variadíssimas funções, cf. Egleé L. Zent, Stanford Zent e Teresa Iturriaga, "Knowledge and use of fungi by a mycophilic society of the Venezuelan Amazon," *Economic Botany* 58, nº 2 (2004): 214–26.

130 Nieuhof, *Memorável Viagem*, 324.

131 Alexandre Rodrigues Ferreira, *Viagem Filosófica ao Rio Negro* (Belém: Museu Paraense Emílio Goeldi, 1983 [1ª edição: 1787]), 700.

132 Lima, *Pulque, Balché y Pajauaru*, 452.

CAPÍTULO III
HOMENS E MULHERES, AMIGOS E INIMIGOS: AS BEBIDAS COMO UM SISTEMA CULTURAL

1. A Fermentação e a Origem da Cultura

Os urubus foram deitar, pensando em fazer chicha.
O milho era deles, o feijão, a taioba, a fava.
Faziam chicha de todos esses produtos.
Macaxeira e cará não tinham. Só tinham os grãos.
Os urubus estavam fazendo muita chicha, porque queriam matar Nonombziá. Iam tomar chicha e aspirar rapé na festa, comer a carne de Nonombziá. Mas Nonombziá já sabia, embora ninguém falasse com ele, tinha conseguido descobrir com uma mulher urubu.[1]

As seções precedentes apresentam uma abordagem que privilegia francamente os aspectos infraestruturais das bebidas, e existe uma sólida razão para isso. A documentação disponível – notadamente os relatos de cronistas e viajantes e as cartas jesuíticas – é bastante rica quando trata dos materiais e métodos de fabricação das bebidas, permitindo até mesmo que se faça uma análise etnológica comparativa.

Não obstante, isto não ocorre quando nos deparamos com os aspectos simbólicos dos regimes etílicos indígenas. Se, por um lado, os documentos são extremamente detalhados quando tratam da

---

1   Mito Jabuti do roubo do feijão e do milho por Nonombziá, in Mindlin, *Terra Grávida*, 113-4.

materialidade das práticas culturais, são também decididamente parcos quando se referem aos sentidos destas práticas. Tais limitações não representam, contudo, um obstáculo intransponível na tarefa de tentar desvendar alguns daqueles sentidos que as bebidas possuíam para os povos nativos que estou estudando. Para isso, a comparação etnográfica com os povos nativos contemporâneos é vital, guardados os cuidados necessários a este tipo de metodologia.

É importante fazer este preâmbulo, na medida em que, ao privilegiar os aspectos infraestruturais, deliberadamente aceitei alguns riscos. O maior deles é o de se considerar que, agindo desta maneira, esgotei o tema em suas dimensões mais importantes. Dizendo de outra forma: poder-se-ia imaginar que, para os índios, os modos de produção e preparação das bebidas fermentadas ocupem um lugar social equivalente àquele que concedemos à economia dos alimentos e bebidas em nossa própria cultura, um lugar abertamente secundário quando comparado ao valor que concedemos à religião, à política ou à filosofia.

Ora, nada mais distante da realidade do que isso. Os valores culinários – aí incluídos as bebidas alcoólicas – possibilitam aos nativos a formulação de uma lógica filosófica e social tão complexa quanto a nossa, uma metafísica das qualidades sensíveis que compõe toda uma visão de mundo extremamente elaborada. Como foi dito a respeito do canibalismo funerário dos Wari': "esta é uma área da experiência humana capaz de fornecer um conjunto de esquemas conceituais fundamentais, de operadores lógicos de discriminação e organização da realidade natural e social. O caminho que vai da panela ao conceito pode ser bem curto".[2]

Certamente seria um equívoco imaginar que apenas aquelas culturas consideradas primitivas expressem suas visões de mundo através da culinária. Embora este ponto de vista tenha servido de base para muitos estudos antropológicos,[3] o fato é que, mesmo nas sociedades industrializadas, comidas e bebidas carregam consigo uma forte carga cultural, transformando-as em um verdadeiro discurso social: afinal, não é por acaso que consideramos a carne assada – como o churrasco – apropriada para o consumo em ocasiões festivas, em que tomam parte pessoas alheias ao círculo mais íntimo de parentesco, enquanto o cozido é considerado mais apropriado ao consumo doméstico.

Distinções deste tipo nada têm de naturais ou utilitárias, sendo antes exemplos de escolhas culturalmente determinadas.[4] Contudo, e sem encarar isto como uma confirmação de primitivismo, é inegável que a culinária possui, nas culturas indígenas, um "rendimento" sociológico e filosófico muito superior ao que ocorre nas sociedades industriais. Relações cruciais para a existência da sociedade podem ser discutidas e elaboradas – cerimonial e simbolicamente – através do que se come, e também do que se bebe.

---

2 Viveiros de Castro, "Apresentação", in Vilaça, *Comendo Como Gente*, XIII.

3 Sidney W. Mintz, "Comida e Antropologia: Uma breve revisão," *Revista Brasileira de Ciências Sociais* 16, nº 47 (2001): 36.

4 Para um comentário acerca do valor cultural dos alimentos nas sociedades ocidentais, cf. Marshall Sahlins, *Cultura e Razão Prática* (Rio de Janeiro: Zahar, 1979), 185-99.

Estas elaborações simbólicas, por certo, não estão construídas sobre bases cosmológicas semelhantes às ocidentais. Ao contrário da tradição judaico-cristã, em que uma natureza reificada se opõe à humanidade consciente (a qual recebeu da divindade o direito de usufruir daquela natureza), os povos nativos veem os seres do mundo natural como possuidores de características que considerariamos humanas: os animais pensam em si próprios como "humanos", ou, melhor dizendo, como possuidores de uma *perspectiva* própria, casando-se, fazendo a guerra, produzindo o cauim, e observando os homens (reais) como animais, como presas ou como inimigos.

Dentro deste modo de ver o mundo – que os antropólogos recentemente passaram a denominar como *perspectivismo*, e que não se confunde em absoluto com qualquer espécie de animismo[5] – as plantas representam um problema metafísico importante. Embora não possuam, para a maioria das filosofias ameríndias, uma "consciência" (ou "perspectiva") equiparável à dos animais, as plantas podem apresentar um potencial de ação (através dos venenos, por exemplo) que as aproximam de uma posição de "sujeitos".

Para os Wari' (RO), por exemplo, algumas plantas podem possuir aquilo que se chama *jam*, uma espécie de "duplo" ou "sombra" do ser real, e que pode provocar doenças nos seres humanos. Esta é uma questão polêmica para os próprios xamãs Wari' (os únicos que podem perceber a existência de um *jam*), que discutem a possibilidade de um vegetal possuir esta característica. Alguns acham que as doenças são provocadas não pelas plantas, que não possuiriam um *jam*, mas sim pelos animais que se alimentam delas. O mais interessante, me parece, é que apenas os xamãs são capazes de perceber que, para estes animais, as plantas não são apenas um alimento, *mas também a sua chicha*.[6]

Desta forma, independentemente da polêmica "selvagem" acerca do *jam* das plantas, as bebidas fermentadas surgem como uma metáfora fundamental da relação entre os seres que possuem uma ação consciente, sejam estes homens ou animais, e a natureza. Para estes seres, a relação com a natureza é sempre transformadora, seja esta transformação "real" ou não: assim, aquilo que vemos como uma onça comendo carne crua ou bebendo da água de um rio é, para os xamãs *e para as próprias onças*, um indivíduo consciente comendo carne moqueada e consumindo chicha. As bebidas fermentadas constituem-se, portanto, em um meio privilegiado de relação transformadora com a natureza vegetal, e isto para qualquer sujeito possuidor de uma perspectiva.

Para os Arara (PA), esta função transformadora das bebidas fermentadas atinge um grau de complexidade realmente extraordinário, e uma breve discussão acerca de sua filosofia etílica pode ser um bom guia para a compreensão do papel desempenhado pela fermentação na visão de mundo dos povos nativos. Para estes índios – "pacificados" definitivamente pela Funai apenas em 1987 – o universo é sustentado por um constante fluxo de substâncias vitais, chamadas coletivamente de/*kuru*

---

[5] Tânia Stolze Lima, "O dois e seu múltiplo: reflexões sobre o perspectivismo em uma cosmologia tupi," *Mana* 2, nº 2 (1996): 21-47; e Eduardo B. Viveiros de Castro, "Perspectivismo e multinaturalismo na América indígena," in *A inconstância da alma selvagem – e outros ensaios de antropologia* (São Paulo: Cosac & Naify, 2002), 347-99.

[6] Vilaça, *Comendo Como Gente*, 59.

/. "Presentes em todos os seres vivos do plano terrestre", informa o etnólogo que estudou os Arara, Márnio Teixeira-Pinto, "as substâncias/*kuru*/circulam no mundo de forma precisa: se os animais as têm é porque as tiraram de outros animais ou dos vegetais, que tiraram da terra que, por sua vez, tirou dos animais mortos que jazem diretamente no solo".[7]

É um jogo de soma-zero, em que os seres do mundo exercem uma predação generalizada, uns em relação aos outros, todos buscando sua cota da quantidade finita de/*kuru*/existente no cosmos. Ora, a forma privilegiada de acesso a estas substâncias vitais, por parte dos homens, se dá através do consumo das bebidas fermentadas: "os vegetais que usam na sua produção alimentam-se das substâncias que os animais perderam para a terra".[8] As diferentes maneiras de fabricar, consumir e repartir as bebidas fermentadas definem o lugar social e mesmo cosmológico ocupado pelos indivíduos que as consomem. Esta noção de uma "substância vital" é, aliás, bastante comum entre outros povos indígenas, como os tupi Asurini (PA), que veem nos fermentados o canal principal de transmissão do seu princípio vital, a *ynga*.[9]

Embora não seja possível penetrar a fundo nas complexas minúcias da filosofia etílica Arara, é importante notar como o paradigma/*kuru*/é usado na classificação e nos diferentes graus de valorização concedidos às bebidas produzidas naquela sociedade. Os Arara possuem dois tipos de bebidas fermentadas: um vinho produzido a partir da seiva da palmeira *inajá*, o *aremko*, e uma cerveja, o *piktu*, elaborada com uma variedade de materiais, como a mandioca, o milho ou a banana. Em um nível técnico, a diferença básica entre as duas bebidas está no uso, quando da elaboração do *piktu*, da saliva como agente sacarificante, o que não ocorre com a seiva da *inajá*, fermentada naturalmente.

Estas distinções, de origem e de técnica de fabricação, estão na base de uma diferenciação simbólica central para a compreensão do papel das bebidas entre os Arara. A produção do *aremko* exige um grande esforço coletivo, especialmente dos homens, que constroem grandes andaimes com os quais atingem o alto das palmeiras, e grandes traves com as quais transitam de uma árvore a outra, e de onde retiram a seiva fermentada com uso de finos pedaços de bambu. O *aremko* é usado muito mais como um aperitivo ou refrigerante, em virtude da pequena quantidade que é produzida, e é uma bebida marcada por um caráter masculino.

O *piktu*, por seu turno, é produzido pela já conhecida técnica dos bochechos (*ibabuk*, na língua Arara). A massa produzida a partir dos diferentes materiais utilizados na fabricação das bebidas é bochechada por um grande número de pessoas – mulheres, preferencialmente, mas também por homens – que a deitam em muitos recipientes, nos quais descansa por cerca de três dias. Durante este período, acrescenta-se água até se atingir a consistência e o grau de fermentação desejados. Tal como outras cervejas nativas, o *piktu* é uma bebida marcada pelo signo feminino.

---

7   Teixeira-Pinto, *Ieipari*, 160.

8   *Ibidem* Nada a ver, portanto, com a rósea visão *new age* de autores como Stephen Buhner, que vê na fermentação uma "dádiva dos deuses" para a humanidade: Buhner, *Sacred and Herbal Healing Beers*, 80.

9   Regina P. Müller, *Os Asuriní do Xingu: História e Arte* (Campinas: Ed. Unicamp, 1993), 22.

Mas a principal distinção simbólica está relacionada à quantidade de /*kuru*/ que pode ser obtida através destas bebidas. Neste sentido, o *piktu* é claramente preferido ao *aremko*. Sendo obtido de árvores altas e distantes do chão, o *aremko* dispõe de muito pouco /*kuru* /, ao contrário do *piktu*, produzido a partir de plantas mais próximas ao solo. Aliás, o *piktu* de mandioca é considerado superior ao de milho, por exemplo, já que sua matéria-prima está em contato direto com a terra depositária do/ *kuru* /. Dizem os Arara que, no princípio dos tempos, a vida era bem mais difícil, por não conhecerem as técnicas de fabricação do *piktu* e estarem limitados ao consumo do *aremko*.[10]

Faz-se necessário o máximo cuidado ao se tentar extrair uma conclusão generalizante a partir do material etnográfico Arara, e não apenas por conta das obrigatórias ressalvas que devem ser feitas quando se comparam povos nativos contemporâneos e os índios do passado. Mesmo entre os contemporâneos podemos encontrar diferenças marcantes na apreensão cultural das bebidas fermentadas.[11] Mas é importante perceber que os Arara constroem uma gradação de valor para as bebidas que está diretamente ligada à maior ou menor complexidade dos processos de fermentação, e a consequente possibilidade de obtenção das substâncias /*kuru* /.

Um outro exemplo etnográfico importante a respeito dos valores metafísicos envolvidos na fermentação nos é dado pelos Piro, povo da Amazônia peruana. Na cultura Piro os padrões de decoração, de corpos e objetos, ocupam um lugar central, e organizam conceitualmente as relações dos Piro com a natureza e com os outros, inimigos e afins. Estes padrões, os *yonchi*, são desenhos – que qualificaríamos de "geométricos", embora os Piro não possuam este conceito – feitos pelas mulheres nos vasos cerâmicos, no vestuário e nas próprias pessoas.[12]

A noção Piro de "beleza" (*giglenchi*), expressa a partir da competência técnica e estilística na realização destes padrões, é um operador conceitual fundamental: desta forma, os povos vizinhos são classificados em escalas valorativas de acordo com sua proficiência artística. Os Piro se consideram mais próximos em "substância" de povos como os Conibo e Shipibo, cujos padrões são qualificados como superiores aos seus próprios, do que aos seus vizinhos imediatos, Campa e Machiguenga (com os quais se casam preferencialmente), que não têm padrões ou, quando os têm, são considerados "feios".[13]

Os *yonchi* também operam na vida quotidiana, organizando, por exemplo, os objetos de uso prático: as tigelas de cerâmica podem ou não possuir os *yonchi*, de acordo com o valor concedido à atividade relacionada a cada tipo de tigela. As tigelas usadas para a fermentação da cerveja, assim como aquelas reservadas ao consumo das bebidas, devem, necessariamente, possuir os padrões, enquanto as panelas de cozinhar jamais os recebem.[14]

---

10   Teixeira-Pinto, *Ieipari*, 58-9.

11   Recorde-se, por exemplo, o caso Parakanã, em que o cauim é produzido a partir de amêndoas coletadas, jamais da mandioca.

12   Peter Gow, "A geometria do corpo," in *A Outra Margem do Ocidente*, org. Adauto Novaes (São Paulo: Companhia das Letras, 1999), 302.

13   *Ibidem*, 304-5.

14   *Ibidem*, 303.

O correlato negativo dos *yonchi* é representado pelas manchas desorganizadas, fortuitas e sem padrões, chamadas coletivamente de *kasoliru*, ou "manchadas". São consideradas feias, repugnantes e associadas à podridão, sendo representadas pelas manchas de um cadáver em putrefação, das roupas manchadas de mofo, ou daquelas provocadas por doenças de pele. Contudo, e este é um ponto crucial, o termo *kasoliru* é extremamente valorizado, e dito com grande prazer, quando se refere às manchas produzidas pela espuma da fermentação da cerveja: para os Piro, a "podridão" induzida pela fermentação ocupa um *status* categórico diametralmente oposto a outras formas de apodrecimento.[15]

Este valor de base concedido à fermentação configura um tipo de relação simbólica com a natureza claramente distinta daquela que encontraremos, por exemplo, nas mitologias indo-europeias e do Oriente Próximo, em que a fertilidade da terra e as técnicas de cultivo servem como metáforas da divindade (lembremos de Adonis, Cíbele ou Osíris). Para os Arara, Piro e outros povos indígenas, é a fermentação (e a caça) que são privilegiadas como chaves para sua relação com o mundo natural, relação esta que sempre se apresenta como uma *predação*.[16]

É interessante comparar esta visão de mundo com a forma pela qual os antigos hebreus – cultura fundamental para a compreensão da própria civilização ocidental que se chocou com os povos nativos a partir dos descobrimentos – trataram a fermentação, o que permite perceber o enorme hiato existente entre o Velho e o Novo mundos no que tange ao lugar social das bebidas fermentadas. Não obstante o fato de que os hebreus fossem uma sociedade mediterrânica, que produzia e consumia o vinho como parte integrante de sua vida cotidiana, eles também delimitavam claramente o seu uso, proibindo-o a todos aqueles que exercessem uma função sagrada.

Como determina o Levítico (10, 9-10): "vinho nem bebida forte tu e teus filhos não bebereis, quando entrardes na tenda da congregação, para que não morrais; estatuto perpétuo será isso entre a vossas gerações; para fazerdes diferença entre o santo e o profano e entre o imundo e o limpo". A proibição e separação radicais estabelecidas entre a esfera sagrada e o consumo do vinho, que prenunciam o olhar crítico dos jesuítas em relação ao amor dos índios pelas bebidas alcoólicas, estão diretamente ligadas à identificação da fermentação com a impureza. Enquanto processo de *apodrecimento*,[17] a fermentação conspurca alguns dos princípios fundamentais da cultura religiosa hebraica. O próprio Levítico (2, 11) deixa isto claro, ao explicar as razões da proibição do vinho e de outros alimentos fermentados, como o pão: "nenhuma oferta de manjares, que fizerdes ao Senhor, se fará com fermento: porque de nenhum fermento, e de mel nenhum, queimareis por oferta ao Senhor".

---

15 As manchas do mel também são valorizadas: *ibidem*, 305.

16 Como afirmou, a este respeito, Eduardo Viveiros de Castro, "as sociedades amazônicas, tecnologicamente 'neolíticas', são ideologicamente 'paleolíticas': seu paradigma da produção e da reprodução não é o casamento fecundo com a terra-mãe, mas a predação canibal, cinegética e guerreira, entre inimigos-afins": Eduardo B. Viveiros de Castro, "Alguns Aspectos da Afinidade no Dravidianato Amazônico," in *Amazônia: Etnologia e História Indígena*, org. Eduardo B. Viveiros de Castro e Manuela Carneiro da Cunha (São Paulo: NHII-USP/Fapesp, 1993), 185.

17 É oportuno lembrar que o vocábulo tupi *pur* significa "apodrecer" e está na base da palavra *puba*, ou farinha fermentada.

Ao tratar das práticas culinárias hebraicas, Jean Soler esclareceu as sólidas razões religiosas que estão por trás desta aversão litúrgica à fermentação:

> Para ser comestível pelo homem, um animal deve respeitar o lugar que lhe foi fixado no plano da Criação, e o homem, para se alimentar, não deve fazer nada que possa perturbar essa ordem. (...) Esse respeito com a Criação também tem como consequência o princípio que estabelece que um alimento vegetal é tanto mais puro quanto mais próximo ele é do seu estado original. Os alimentos derivados, que passaram por uma elaboração modificando seu sabor natural, ainda que sejam comestíveis, não podem fazer parte dos sacrifícios. (...) Nas oblações (sacrifícios de produtos vegetais pelo fogo), oferece-se farinha ou pão sem levedura, mas nunca o pão fermentado.[18]

Seria um erro olvidar o fato de que os regimes etílicos europeus do período moderno são oriundos de diversas fontes e influências. Gregos, latinos, celtas e nórdicos possuíam suas próprias tradições etílicas que, muitas vezes, chocavam-se frontalmente com a tradição judaica, como se depreende, aliás, do uso do vinho no ritual cristão. Mas também é necessário reconhecer que os escritos do Velho Testamento são cruciais para a compreensão das mentalidades envolvidas na empresa colonizadora, especialmente a dos jesuítas e de outros missionários, como veremos nos próximos capítulos.

Não se pode deixar de utilizar este momento para reafirmar o caráter de positividade que as filosofias ameríndias conferem à fermentação. É claro que o valor simbólico conferido às artes da fermentação é algo que se espalha por muitas sociedades em todo o mundo. A propriedade de transformar alimentos em substâncias que transformam a consciência humana faz da fermentação uma operação quase mágica, o que aumenta sobremaneira seu rendimento ritual e metafísico.[19]

Contudo, cada cultura, ou complexo cultural, opera o simbolismo da fermentação de maneira própria. Como sabemos, desde as *Mythologiques* de Lévi-Strauss, as filosofias nativas classificam os modos de preparação dos alimentos em um gradiente construído sobre a maior ou menor elaboração cultural desta preparação. Abomina-se, desta forma, o consumo de alimentos crus (ou mesmo da água pura) por ser esta prática própria dos animais e dos seres não humanos.

Em contraste, aquelas formas mais elaboradas de preparação culinária – no caso da carne, o moqueado e, principalmente, o cozido – são consideradas as mais próprias ao consumo humano. Mesmo no interior desta classificação existe uma distinção importante: assim, o moqueado – em que a carne é apenas suspensa acima do fogo – é considerado uma prática culturalmente "inferior", quando comparado ao cozido, em que o alimento é separado do fogo por um produto eminentemente

---

18 Jean Soler, "As razões da Bíblia: regras alimentares hebraicas," in Flandrin e Montanari, *História da Alimentação*, 87.

19 Michael Dietler, "Theorizing the feast: rituals of consumption, commensal politics, and power in african contexts," in *Feasts: archaeological and ethnographic perspectives on food, politics, and power*, ed. Michael Dietler and Brian Hayden (Washington/Londres: Smithsonian Institution Press, 2001), 72-3.

cultural: a cerâmica. Não é por acaso que, nas sociedades tupis, a carne moqueada é, idealmente, consumida por homens e oferecida aos estranhos (afins e aliados), enquanto o cozido é a forma de consumo doméstica e feminina por excelência. Recorde-se, a propósito, que nos festins canibais cabia às mulheres, velhos e crianças o consumo da carne cozida, enquanto que as partes assadas eram ingeridas pelos *avás*, os guerreiros adultos.[20]

Ora, as diferentes formas de apodrecimento ocupam aqui um lugar dos mais interessantes. O apodrecimento e seu correlato, a fermentação, constituem-se em formas de elaboração dos alimentos, caracterizando assim uma prática que se distancia do consumo dos alimentos crus. Deixar apodrecer, ou favorecer este apodrecimento através da fermentação, é uma atividade inacessível à maioria dos animais, com algumas importantes exceções. Talvez a mais importante delas – pelo menos no que se refere ao meu tema – seja a dos animais carniceiros, como os urubus que, não por acaso, ocupam muitas vezes uma posição privilegiada nos mitos de origem da cultura, como doadores de bens culturais como o fogo e o cultivo da mandioca.

É importante desenvolver este ponto. Para os gregos, o fogo era uma propriedade de Zeus, que não permitia o acesso dos homens a este fundamento da cultura, e foi apenas através da coragem e iniciativa (severamente punidas) de um homem, Prometeu, que os humanos puderam escapar à selvageria e ao consumo dos alimentos crus. Ora, para muitas culturas indígenas, como a dos Asurini (PA), são os urubus que ocupam a posição de dono original do fogo.

Diferentemente do mito grego, contudo, os homens tiveram que passar através do casamento e de uma personagem feminina para ter acesso à cultura. Um homem, um *avá*, casou-se com a irmã do urubu, a garça branca (*uirasinga*), que preparava, com o fogo, o mingau fermentado. Foi através deste casamento que aquele homem conheceu e transmitiu o conhecimento do fogo, evento mítico que é permanentemente recordado no ritual xamanístico *maraká*, em que uma mulher (a *uirasimbé*), representando a garça primordial, ocupa um lugar tão importante quanto o próprio xamã.[21]

Nada representa melhor esta fermentação transformadora, e a distinção entre a humanidade e a natureza/sobrenatureza, do que as bebidas alcoólicas. Estas, tal como a farinha ou a carne cozida, ocupam o papel de alimentos culturais por excelência, absolutamente fundamentais para a construção da identidade humana. Quando um Wari', por exemplo, mata um inimigo, torna-se um ser extremamente perigoso, "animalizado" e agressivo, e cheio do sangue do inimigo.

Ao chegar à aldeia, o matador é imediatamente pintado de urucum – e, posteriormente, untado com sangue de caititu – e colocado em uma rígida reclusão, envolta em um sem número de interdições alimentares, de forma bastante semelhante ao que acontecia com os Tupinambá que matavam os inimigos no rito antropofágico. Neste período, a chicha doce de milho, produzida e servida pelas

---

20 Staden, *Duas Viagens ao Brasil*, 183-4; cf. João A Fernandes, *De Cunhã a Mameluca: A Mulher Tupinambá e o Nascimento do Brasil* (João Pessoa: Ed. UFPB, 2003), 97.

21 Müller, *Os Asurini do Xingu*, 183.

mulheres, é seu principal alimento: bebem sem parar, de dia e de noite, dizendo *"Omka pi' am ürüt pain xim. Tok ürüt pain ximiai xim"*.[22] Como nos diz, a este respeito, Aparecida Vilaça:

> A chicha é fundamental para que o matador engorde: se não beber, não engordará, mesmo tendo dentro de si o sangue do inimigo morto. Alimento cultural por excelência (os jamikarawa, enquanto humanos, são bebedores de chicha[23]), a chicha parece promover a "culturalização" interna desse sangue incorporado, da mesma forma que o urucum e, posteriormente o sangue do caititu, o "culturalizam" enquanto exsudação cutânea. A ingestão de chicha permite a elaboração desse sangue de modo que ele possa ser plenamente incorporado, tornado o próprio corpo do matador, que engorda.[24]

Os exemplos Wari', Asurini ou Arara mostram, à exaustão, que não se deve ver as bebidas alcoólicas unicamente a partir de um aspecto alimentar ou recreativo. Fica bem evidente, me parece, que ao embriagar-se nas cauinagens, índios como os Tupinambá não estavam simplesmente buscando o lúdico ou a embriaguez, mas sim construindo e reconstruindo cotidianamente sua humanidade, a qual somente era possível através de uma permanente atividade de transformação e humanização dos objetos da natureza. Ao contrário dos sacerdotes hebraicos, em sua vigília eterna contra a "impureza", os índios no Brasil buscavam – e buscam – na fermentação exatamente a "pureza" de sua condição humana.

2. As Bebidas como Signos da Diferença

> *Nonombziá virou mulher velha,*
> *mulher velha virou o corpo de Nonombziá.*
> *Assim disfarçado, ouviu outra mulher dizendo*
> *que iam ficar alegres, misturar, fazer chicha*
> *para tomar com a carne dele.*
> *Uma mulher estava trabalhando para fazer massaco,*
> *milho torrado, pisado no pilão de pedra, tuk, tuk.*
> *Explicou a Nonombziá que as mulheres casadas iam*
> *comer a carne de Nonombziá misturada com massaco,*
> *tomar chicha também.*[25]

---

22 "Nós não dormimos à noite. Nós bebemos no meio da noite".

23 *Jamikarawa* são animais perigosos e agressivos, como as onças, que podem matar os humanos. Os xamãs possuem a capacidade de observar estes animais enquanto "humanos", isto é, como sujeitos possuidores de uma perspectiva.

24 Vilaça, *Comendo Como Gente*, 110.

25 Mito Jabuti do roubo do feijão e do milho por Nonombziá, in Mindlin, *Terra Grávida*, 114.

Apesar da importância de se observar as beberagens nativas a partir de seu lugar na infraestrutura nutricional e de sua posição metafísica nas culturas indígenas, não se pode esquecer que as bebidas exercem um papel crucial nos sistemas sociais, seja como marcadores das diferenças de *status* e de gênero, seja como instrumentos de mediação entre posições hierarquicamente distintas.[26] Deve-se notar que a produção, distribuição e consumo das cervejas e outras bebidas nativas são indissociáveis da estrutura social em que são elaboradas, e estão umbilicalmente ligadas aos sistemas hierárquicos presentes em cada sociedade. No caso da maioria das sociedades indígenas no Brasil, estes sistemas hierárquicos podem ser considerados como politicamente igualitários, na medida em que suas principais clivagens se dão em torno de divisões por gênero e idade.

Contudo, nem todas as sociedades indígenas apresentam esta característica igualitária. Os registros arqueológicos, etnográficos e históricos nos mostram uma série de sociedades ameríndias que construíram sistemas hierárquicos mais complexos e estratificados, mas que não deixaram de ter nas bebidas fermentadas um elemento fundamental de suas estruturas sociais. Alguns exemplos desta imbricação entre as bebidas e os diferentes contextos sociais nos são oferecidos pelas chamadas "altas culturas" sul-americanas. Na região dos Andes e na costa do Pacífico desenvolveram-se civilizações que valorizavam em alta medida as bebidas alcoólicas, no caso a cerveja (*chicha*) de milho. Estas *chichas* (maltadas, e não insalivadas) cumpriam vários papéis nos sistemas alimentares, hierárquicos e de reciprocidade, papéis que variavam enormemente, de acordo com a identidade e posição social de seus produtores e consumidores.

A arqueologia e os dados etno-históricos mostram que existiam pelo menos três tipos diferentes de contexto social envolvendo a produção e o consumo da *chicha*.[27] Temos um tipo de produção doméstica, feminina, não especializada, e relacionada às atividades quotidianas, de forma semelhante à que encontramos entre os nativos no Brasil, e base para o enorme consumo popular da cerveja de milho.[28] Um segundo tipo, presente na costa peruana, envolve uma produção altamente especializada – e, de forma algo surpreendente, masculina[29] – em localidades isoladas das áreas cultiváveis. Estes *chicheros* exclusivos trocavam sua produção por alimentos, têxteis e outros produtos necessários à sobrevivência.

O exemplo mais interessante, contudo, nos é dado pelos Estados andinos. Neste caso, a *chicha* ocupa um lugar fundamental, seja no âmbito ritual, econômico ou político. Os Estados

---

26 Dietler, "Alcohol," 237-8.

27 Jerry D. Moore, "Pre-Hispanic Beer in Coastal Peru: Technology and Social Context of Prehistoric Production," *American Anthropologist* 91 (1989): 688-9.

28 Arnold J. Bauer, "La cultura material," in *Para uma historia de América (I. Las estructuras)*, org. Marcello Carmagnani, Alicia H. Chávez e Ruggiero Romano (México [D. F.]: Fondo de Cultura Económica, 1999), 416-21

29 Pode-se estabelecer o gênero dos produtores a partir dos relatos históricos e do contexto arqueológico. Desta forma, restos materiais da produção da *chicha* (como os jarros para a fermentação) podem estar associados a restos de atividades sabidamente masculinas (como a pesca, no caso da costa peruana), ou femininas, como é o caso da tecelagem: Moore, "Pre-Hispanic Beer," 689.

pré-incaicos Huari e Tihauanaco compartilhavam rituais de embriaguez coletiva que ajudavam a cimentar as relações entre superiores e inferiores hierárquicos, rituais em que grandes quantidades de *chicha* eram consumidas, em primorosos vasos especialmente confeccionados para este fim.[30] Esta característica de "lubrificante social" foi amplamente utilizada pelos Estados andinos, em especial o dos Incas: seus soberanos utilizavam a *chicha* como pagamento das atividades laborais compulsórias (corveia) de camponeses e povos tributários, e para estreitar laços políticos com chefes locais, cuja fidelidade era reafirmada em brindes mútuos de *chicha*.

O uso da *chicha* pelo Estado Inca se baseava no terceiro tipo de produção: a fabricação da cerveja pelas artesãs especializadas, chamadas de "mulheres escolhidas" (*mamakuna* ou *accla*), escolhidas entre as populações tributárias, e cujo trabalho permitia aos soberanos incas exercitar seus muitos deveres de hospitalidade e reciprocidade, os quais, dada a extraordinária dimensão geográfica e humana do império, alcançavam níveis que somente poderiam ser satisfeitos a partir de uma produção em larga escala.[31]

Estes exemplos nos mostram como processos de fabricação semelhantes podem assumir características sociológicas muito distintas, de acordo com os agentes e contextos envolvidos. No caso das sociedades indígenas no Brasil, também encontraremos uma íntima relação entre o consumo das bebidas e suas estruturas sociais, menos estratificadas do que as sociedades comentadas acima. Por certo, nem todas as sociedades nativas no Brasil eram igualitárias, e aquelas que apresentavam divisões de castas ou estamentais também se valiam das bebidas enquanto símbolos hierárquicos. Este é o caso dos Baré, índios que habitavam regiões próximas ao Alto Xingu, em princípios do século XVIII. Segundo Alfred Métraux: "os caciques Bauré,[32] chamados *arama*, formavam uma casta aristocrática (...) e só um filho seu de mãe nobre tinha o direito de sucedê-lo. Os caciques não trabalhavam, e recebiam alimento e bebida de seus súditos".[33]

É de se imaginar que aquelas culturas altamente complexas que se desenvolveram na Amazônia, como a do Tapajós e a Marajoara, também reservassem um lugar importante para as bebidas alcoólicas em seus sistemas hierárquicos, mas a comprovação desta hipótese específica dependeria de pesquisas arqueológicas. No caso daquelas sociedades conhecidas a partir da documentação histórica e da pesquisa etnológica, destaca-se o exemplo dos Guaicuru, caçadores-coletores que desenvolveram, a partir dos séculos XVI e XVII, uma sociedade fortemente hierarquizada e expansionista com base na domesticação dos cavalos extraviados dos espanhóis, e na utilização

---

30 De acordo com o que foi descoberto no sítio de Cerro Baúl, na fronteira entre o Peru e a Bolívia: Patrick R. Williams, "An Intoxicating Ritual: A Sacrament of Drunkenness Built Loyalty in the Andes," *Discovering Archaeology* 2, nº 2 (2000): 72.

31 Bauer, "La cultura material," 429-33; Moore, "Pre-Hispanic Beer," 685-88.

32 Equívoco de Métraux: "Bauré" é um povo de língua aruak da Bolívia. Os Baré do Amazonas também são aruak, mas hoje já não falam sua língua original, mas o *nheengatú* ensinado pelos missionários.

33 *Apud* Michael Heckenberger, "O enigma das grandes cidades: corpo privado e Estado na Amazônia," in Novaes, *A Outra Margem do Ocidente*, 145.

destes como arma de guerra contra povos nativos vizinhos, como os Terena, Chamacoco e Guaná. Em suas cerimônias, o hidromel era fartamente consumido, em bebedeiras rituais nas quais se reafirmavam hierarquias e laços de dependência:

> o nascimento das crianças de alta estirpe constituía uma oportunidade para a realização de festas que se repetiam em todas as fases do seu crescimento: o desmame, os primeiros passos, a participação nos jogos, etc. Os arautos proclamavam os títulos da família e profetizavam ao recém-nascido um futuro glorioso; designava-se outro bebê, nascido no mesmo momento, para se tornar o seu irmão de armas; organizavam-se bebereteres, no decurso dos quais o hidromel era servido em vasos formados por chifres ou crânios; as mulheres, utilizando o equipamento dos guerreiros, enfrentavam-se em combates simulados. Os nobres, sentados de acordo com a sua estirpe, eram servidos pelos escravos, que não tinham o direito de beber, a fim de ficarem capazes de ajudar os seus donos a vomitar, em caso de necessidade, e de tomarem conta deles, até adormecerem, na expectativa das visões deliciosas que a embriaguez lhes traria.[34]

Não obstante exemplos deste tipo, o fato é que a maioria das sociedades indígenas encontradas pelos europeus e seus descendentes no Brasil se organizava em torno de distinções mais simples e igualitárias, das quais as diferenças de gênero eram, sem dúvida, as mais significativas. Neste sentido, chama a atenção o caráter marcadamente feminino das bebidas fermentadas. Na maioria das sociedades indígenas, estas são produzidas exclusivamente pelas mulheres, que fornecem o trabalho agrícola ou de coleta necessário, fabricam e decoram os recipientes apropriados ao preparo das bebidas e, em última análise, influenciam decisivamente sobre sua utilização. A exploração desta característica feminina representa uma interessante porta de entrada para a compreensão do papel ocupado pelos fermentados alcoólicos nos sistemas culturais nativos.

O tema das relações de gênero nas sociedades "primitivas" é um campo marcado por disputas epistemológicas e preconceitos científicos, mas existe uma concordância geral em que a antropologia, durante boa parte de sua história, relegou a um segundo plano o papel social das mulheres.[35] Os antropólogos ocidentais, homens em sua maioria, muitas vezes sucumbiram a um duplo "viés masculino" em seus trabalhos, unindo seus próprios preconceitos àqueles de seus informantes nativos, também majoritariamente homens. Desta forma, as figuras paradigmáticas do caçador, do guerreiro e do xamã constituíram-se nos símbolos daquelas atividades e esferas sociais mais valorizadas, e consequentemente mais estudadas, naquelas sociedades.

Contudo, a etnologia contemporânea, e mesmo a documentação histórica, revelam claramente que, àquelas imagens representativas da dominação masculina, poderíamos perfeitamente acrescentar as figuras da ceramista, da produtora de bebidas e das "velhas canibais", mulheres de grande prestígio

---

34 Claude Lévi-Strauss, *Tristes Trópicos* (Lisboa: Ed. 70, 1986), 176.

35 Cristiane Lasmar, "Mulheres Indígenas: Representações," *Estudos Feministas* 7, n.os 1 e 2 (1999): 143-56; João A. Fernandes, *De Cunhã a Mameluca*, 30-41.

que comandavam o festim antropofágico, rito central para os povos que receberam em primeiro lugar o impacto da invasão europeia.[36]

Mulher Araweté preparando o cauim[37]

---

[36] Algumas interpretações historiográficas tratam a figura da mulher canibal, e o próprio canibalismo dos Tupinambá, como um produto direto do imaginário europeu, colocando em dúvida o valor etnográfico dos relatos do período colonial. Poderia citar, como exemplo desta posição, Ulrich Fleischmann, Matthias R. Assunção e Zinka Ziebell-Wendt, "Os Tupinambá: Realidade e Ficção nos Relatos Quinhentistas," *Revista Brasileira de História* 21 (1990-1): 125-45; Ronald Raminelli, "Imagens da Colonização: a representação do índio de Caminha a Vieira" (Tese de Doutoramento, Universidade de São Paulo, 1994), 257-8 e "Eva Tupinambá," in *História das Mulheres no Brasil*, org. Mary Del Priore (São Paulo: Contexto, 1997), 11-44. Cf. Douglas W. Forsyth, "The Beginnings of Brazilian Anthropology: Jesuits and Tupinamba Cannibalism," *Journal of Anthropological Research* 39 (1983): 147-178, para uma consistente defesa do caráter etnográfico daqueles relatos, e João A. Fernandes, *De Cunhã a Mameluca*, 142-67) para uma abundante demonstração documental acerca do papel central das mulheres no ritual antropofágico. Contudo, ainda se nega a antropofagia dos Tupinambá, à maneira de William Arens, com base apenas em uma crítica ao relato de Hans Staden, desconsiderando, por exemplo, os relatos jesuíticos *anteriores* ao do artilheiro alemão: cf. H. E. Martel, "Hans Staden's captive soul: Identity, imperialism, and rumors of cannibalism in sixteenth-century Brazil," *Journal of World History* 17 (2006): 651-669.

[37] Foto de Eduardo Viveiros de Castro (1982), http://img.socioambiental.org/v/publico/arawete/arawete_48.jpg.html (acessado em 25/02/2009).

Dentro deste complexo cultural (*cerâmica/bebidas/canibalismo*), a produção dos diversos tipos de cauins ocupava um lugar de destaque, e representava um importante meio para a obtenção de posições de prestígio por parte das mulheres, como ainda hoje ocorre entre os índios sul-americanos. Deve-se notar, aliás, que as duas práticas tecnológicas mais "avançadas" – segundo um ponto de vista ocidental – disponíveis à maioria das sociedades indígenas no Brasil eram apanágios femininos: a fabricação das cerâmicas e a manipulação dos microorganismos responsáveis pela fermentação.

Os primeiros cronistas observaram que a fabricação das cerâmicas era uma atividade altamente valorizada entre as mulheres Tupinambá, e deixaram-nos relatos vivos a respeito de suas técnicas de manufatura, que são bem conhecidas através do registro arqueológico.[38] Hans Staden deixou-nos uma descrição do processo:

> As mulheres fabricam as vasilhas de que carecem do seguinte modo: tomam barro, amassam-no e fazem então as vasilhas que querem ter. Depois as deixam secar durante algum tempo. Sabem também pintá-las com gosto. Quando querem queimar as vasilhas, debruçam-nas sobre pedras, põem aí bastante cortiça seca, que ateiam. Assim se queimam as vasilhas, de modo que incandecem como ferro em brasa.[39]

"Sabem também pintá-las com gosto..."; de fato a decoração da cerâmica era uma forma artística crucial para os Tupinambá, e constituía-se em base para exibições de virtuosismo técnico por parte das mulheres:

> Estas mulheres, a partir de certas tinturas acinzentadas próprias para tal, fazem com pincéis um sem número de pequenos e graciosos enfeites, como *guilochis, las d'amours* e outras coisas delicadas no interior destas vasilhas de barro, principalmente naquelas onde se guarda a farinha e as carnes. Assim é tudo servido com muito asseio; diria mesmo que de forma mais decente do que aqueles que para isto não possuem senão vasilhas de madeira.[40]

---

38 A cerâmica Tupinambá faz parte do que os arqueólogos chamam *Tradição Tupiguarani*, e era fabricada através da técnica do acordelamento (também chamada de *roletado* ou *anelado*), a qual consiste na preparação de cilindros de argila, os *roletes*, que são colocados um em cima do outro; uma pressão dos dedos realiza depois a junção entre cada linha, partindo-se então para o cozimento: cf. André Prous, *Arqueologia Brasileira* (Brasília: Edunb, 1992), 91.

39 Staden, *Duas Viagens ao Brasil*, 165.

40 Jean de Léry, *Histoire d'un voyage fait en la terre du Brésil* (Genebra: Droz, 1975 [edição fac-similar do original de 1578]), 277. Embora esteja trabalhando com a única (infelizmente) tradução da obra de Léry disponível em português, de Sérgio Milliet (edição de 1960, São Paulo, Livraria Martins) fui forçado a usar, neste trecho, o texto original, em virtude dos problemas de tradução. Milliet traduz a expressão *las d'amours* por "lavores eróticos" (p. 210), o que é totalmente equivocado: *las d'amours* significa, no francês quinhentista, os desenhos geométricos do tipo "gregas", encontrados, em abundância, no registro arqueológico dos Tupinambá (Prous, *Arqueologia*

Este virtuosismo dependia de um longo aprendizado, e somente estava disponível àquelas mulheres mais velhas que obtinham, desta maneira, um grande prestígio. Gabriel Soares de Souza confirma esta posição especial ocupada pelas *Uainuy*, as velhas Tupinambá:

> as que são muito velhas têm cuidado de fazerem vasilhas de barro à mão como são os potes em que fazem os vinhos, e fazem alguns tamanhos que levam tanto quanto uma pipa, em os quais e em outros, menores, fervem os vinhos que bebem; fazem mais estas velhas, panelas, púcaros e alguidares a seu uso, em que cozem a farinha, e outros em que a deitam e em que comem, lavrados de tintas de cores; a qual louça cozem numa cova que fazem no chão; e põem-lhe a lenha por cima; e têm e creem estas índias que se cozer esta louça outra pessoa, que não a que a fez, que há de arrebentar no fogo.[41]

Ora, as cerâmicas recebem tratamentos diferenciados, de acordo com a sua utilização. Como foi visto em relação aos Piro, panelas destinadas ao uso quotidiano não são tão valorizadas, sendo, portanto, menos elaboradas e decoradas do que aquelas destinadas à fermentação das cervejas. Isto ocorre porque as duas atividades – fabricação de cerâmicas e de cerveja – estão diretamente relacionadas à expressão feminina e à busca de prestígio social por parte das mulheres.

A propósito desta relação, aliás, André Prous mostrou a semelhança, mais do que casual, entre algumas decorações da cerâmica da Tradição Tupiguarani e partes do corpo humano, como a coluna vertebral, o cérebro e os intestinos. Estas imagens estilizadas revelam que todas estas atividades – fabricação de cerâmica/cauim/canibalismo – se integram em um sistema de práticas no qual as mulheres tinham o papel primordial.[42]

Tratando dos Desâna (Tukano), do alto Rio Negro, Berta Ribeiro nos mostra a importância, para as mulheres, da proficiência na fabricação dos cauins:

> existe certa competição entre as mulheres quanto a obter um caxiri mais ou menos forte ou com melhor sabor. Em função disso e de sua disposição a enfrentar tamanha tarefa, bem como do prestígio da família na comunidade, conseguem maior ou menor cooperação.[43]

Brasileira, 55). Quanto a *Guilochis*, significa "desenho formado de linhas e traços que se cruzam com simetria," Léry, *Histoire d'un Voyage*, 408.

41 Souza, *Tratado Descritivo do Brasil*, 272. Lévi-Strauss lembra que entre os Jivaro "para merecer um marido bom caçador, uma mulher tem de saber fabricar uma louça de qualidade, para cozinhar e servir a caça. Mulheres incapazes de fazer cerâmica seriam, realmente, criaturas malditas," *A Oleira Ciumenta* (São Paulo: Brasiliense, 1986), 37.

42 André Prous, "A pintura em cerâmica Tupiguarani," *Ciência Hoje* 36, nº 213 (2005): 26-7.

43 Berta Ribeiro, *Os Índios das Águas Pretas* (São Paulo: Companhia das Letras/Edusp, 1995): 148.

Stephen Thompson, referindo-se aos Cubeo da Amazônia Ocidental, aponta o fato de que a fabricação da *chicha* requer um aumento considerável na quantidade de trabalho feminino, porém "entre muitos grupos este trabalho adicional é inteiramente voluntário" já que significa a possibilidade de ascensão a posições de prestígio associadas à proficiência no cultivo da mandioca e no fabrico da bebida.[44]

A obtenção de prestígio social através do domínio da esfera etílica da sociedade também representa a obtenção de poder político em um sentido mais estrito. Ao contrário da percepção mais comum em nossa sociedade, e ao contrário do que afirmam os discursos dominantes nas próprias sociedades nativas, a dominação masculina não é tão avassaladora entre os índios. Um dos caminhos para a expressão de poder político por parte das mulheres está, justamente, no controle que exercem sobre as bebidas fermentadas:

> A dominação masculina não é tão completa como os homens gostariam de imaginar ou como as mulheres consentem que eles acreditem. (...) Únicas donas da cozinha e da cerveja de mandioca, as mulheres detêm, no seu zelo em servir o marido, um instrumento de pressão absolutamente temível pois, encouraçado em sua soberba virilidade o pobre homem não pode, sem faltar à dignidade, cuidar da própria alimentação. Expressão clássica do mau humor das esposas, a reticência ou recusa em preparar as refeições geralmente levam o marido infiel ou demasiado brutal a um rápido arrependimento.[45]

Contudo, esta relação privilegiada das mulheres com a fermentação não é apenas fruto de um cálculo de obtenção do prestígio social. O ponto fulcral é a profunda imbricação entre a fabricação das bebidas e a posição metafísica ocupada pelas mulheres na visão de mundo das sociedades indígenas.[46] O lugar especial ocupado pela fermentação nas relações de gênero destas sociedades é exemplificado à perfeição quando pensamos na equiparação, feita por muitas culturas nativas, entre o cauim e o sêmen.

Eduardo Viveiros de Castro observou, entre os Tupi Araweté, uma interessante correlação entre o sêmen e o cauim, que me parece crucial para a compreensão da imbricação profunda entre os regimes etílicos indígenas e as relações de gênero. Para os Araweté, o sêmen parte dos homens para as mulheres, e "fermenta" em suas barrigas, produzindo as crianças. Lembremos, a este propósito, que para os Tupinambá, as mulheres eram vistas como "recipientes" para a formação das crianças: "y no (*casam*) ansí la (*filha*) del hermano, que es como hija, porque tienem para sí que el niño no recibe carne de la madre, que es como un sacco, sino del padre."[47]

---

44 Stephen I. Thompson, "Women, Horticulture and Society in Tropical America," *American Anthropologist* 79 (1977): 909.

45 Philippe Descola, *As Lanças do Crepúsculo: relações jivaro na Alta Amazônia* (São Paulo: Cosac Naify, 2006), 219.

46 *Ibidem*, 61-4.

47 "Carta do P. Luís da Grã ao P. Inácio de Loyola, Roma (Piratininga, 08/06/1556)," in Leite, *Cartas*, v. II, 292.

Os Yudjá (Juruna, MT/PA) tem um mito que explica a preferência das mulheres pelas cabaças *cuité* para servir o cauim, mito que reafirma a função feminina de "fermentadoras" de crianças. Um homem era rejeitado por todas as mulheres, sendo forçado a se reproduzir em uma cabaça *cuité*. A cabaça engravidou do homem, rachando toda no momento do parto. O menino era muito bonito: logo, quem bebe cauim na *cuité* tem filhos lindos.[48]

Ora, se o sêmen parte dos homens para as mulheres, o cauim parte das mulheres – as quais o "fertilizam" com sua saliva, e o "fervem" nas cerâmicas (outro produto feminino) – para os homens, os principais bebedores. O esperma é "azedo como o cauim", dizem as mulheres Araweté, apontando a relação *sêmen/cauim* como um elemento fundamental para a construção quotidiana de seu mundo.[49] No ritual Arara do *ieipari* – em que o inimigo é representado por um tronco que é agredido pelos homens, abraçado pelos "afins" e tratado sexualmente pelas mulheres, que roçam suas vaginas contra ele – uma panela de cerveja é colocada aos pés do tronco, para que as mulheres a bebam, dizendo "estou bebendo um filho... bebo um recém-nascido", em uma óbvia identificação da cerveja com o sêmen do inimigo.[50]

A relação *sêmen/cauim* também fica muito clara a partir de um outro exemplo dos Yudjá, estudados por Tânia Stolze Lima. Os Yudjá (eméritos produtores e consumidores de cauim) acreditam que o crescimento do feto

> Depende de um alimento que lhe é fornecido por seu pai, isto é, sêmen, e de outro, cauim, que obtém no ventre de sua mãe. (...) Diz-se que o cauim enche o útero das mulheres grávidas, e que não se deve beber imoderadamente na fase final da gravidez para o feto não engordar demais, o que tornaria difícil ou até impossibilitaria o parto. Pela mesma razão, não se deve proporcionar-lhe bastante sêmen nesse período. (...) Depois de sair do ventre materno, a criança passa de uma dieta de "leite" masculino e cauim para outra de leite materno, o qual consiste em uma transformação que o cauim sofre no corpo de mulheres que tenham crianças pequenas. Entre os três e os quatro meses, um certo cauim refrescante (o *yakupa*, mas antes de fermentar) será introduzido na dieta do bebê, como um complemento do leite.[51]

Creio que poderíamos afirmar que, neste caso, o cauim exerce uma intermediação, necessária e criadora, entre o "leite" masculino e o leite feminino. Esta relação de troca e intermediação entre substâncias "vitais" masculinas e femininas fica ainda mais evidente quando pensamos na complexidade da filosofia etílica dos Arara, e nas implicações desta filosofia em suas formas de classificação social. Como vimos anteriormente, o mundo Arara se funda em um permanente intercâmbio das

---

48 Lima, *Um peixe olhou para mim*, 225.

49 Viveiros de Castro, *Araweté*, 343.

50 Teixeira-Pinto, *Ieipari*, 93.

51 Lima, *Um peixe olhou para mim*, 133-4.

substâncias vitais (*kuru*) entre os seres do mundo, e isto também ocorre quando se trata da relação entre sêmen e cauim, isto é, entre homens e mulheres. Para os Arara, uma criança só pode ser formada através de múltiplas cópulas, já que a quantidade de substância masculina, de sêmen (*ekuru*), é insuficiente em uma única relação.[52]

Às mulheres cabe alimentar o feto através de suas próprias substâncias: o seu sangue (*imankuru*), e o seu leite, chamado sintomaticamente de *monukuru*, ou "sêmen do peito". Enquanto atos complementares, fazer um filho e alimentá-lo são cruciais na definição do relacionamento entre os genitores e seus filhos, e todo indivíduo Arara se reconhece como fruto de uma dupla herança: as partes "duras" e "secas", como os ossos, são oriundas dos pais, enquanto as "úmidas" e "moles", como o sangue e as vísceras, provêm das mães. Esta distinção entre *duro/seco :: mole/úmido* como signo das diferenças de gênero perpassa todo o sistema de classificação social: assim, os homens são "duros" e "secos" como a carne moqueada que preparam, enquanto as mulheres são "úmidas" e "moles" *como as bebidas fermentadas que produzem*.[53]

É também importante perceber que, apesar de todo o prestígio da carne como alimento e da cinegética como prática social, são os alimentos vegetais que são considerados como os verdadeiros alimentos. Dizem os Arara que "ter mãe é melhor porque ela prepara toda a comida",[54] e realmente os vegetais, e as bebidas produzidas a partir destes, são cruciais para a obtenção das substâncias vitais, como vimos anteriormente. Esta relação íntima das mulheres com os vegetais representa uma importante distinção de gênero, que nos aproxima mais um pouco de uma compreensão do caráter feminino das bebidas fermentadas.

Os Achuar, povo Jívaro da Amazônia equatoriana, relacionam-se com a natureza a partir das mesmas noções de consanguinidade e afinidade que utilizam em suas relações sociais: assim, os homens tratam os animais caçados como "cunhados",[55] em uma relação difícil e perigosa, enquanto as mulheres tratam as plantas que cultivam como consanguíneas, como crianças com as quais se con-

---

52   Isto faz com que, como ocorre com muitos povos indígenas (mas não com os Tupinambá), seja aceitável, e desejável, aos Arara a existência de vários "pais", de acordo com o número de homens que participou da transmissão do *ekuru* para uma determinada criança: Teixeira-Pinto, *Ieipari*, 242. Os Asuriní também aceitam a paternidade múltipla: "(...) e quanto mais sêmen ela (*a mulher*) consegue para o feto, melhor, mais forte será o bebê," Müller, *Os Asuriní do Xingu*, 67.

53   Para a produção de bebidas como um sistema de trocas simbólicas entre homens e mulheres nas sociedades nativas sul-americanas ver Michael A. Uzendoski, "Manioc Beer and Meat: Value, reproduction and cosmic substance among the Napo Runa of the Ecuadorian Amazon," *Journal of Royal Anthropological Institute*, 10 (2004): 883-902; Warren DeBoer, "The Big Drink: feast and forum in the Upper Amazon," in Dietler e Hayden, *Feasts*, 215-39.

54   Teixeira-Pinto, *Ieipari*, 243.

55   Lembrar a relação, feita entre os Tupinambá, do prisioneiro a ser devorado e a afinidade, expressa na "entrega" de uma mulher, do grupo de parentesco do matador, ao cativo. O inimigo devia ser "afinizado" antes de ser devorado: cf. Viveiros de Castro, "Alguns Aspectos da Afinidade," 190 e Fernandes, *De Cunhã a Mameluca*, 147-8.

versa e se acompanha até a sua maturidade.⁵⁶ Ora, esta função de "mães" das plantas traz às mulheres responsabilidades tão grandes quanto a maternidade real, mas também infinitas possibilidades de expressão social, especialmente quando se trata de extrair das plantas aqueles princípios vitais obtidos através da fermentação.

É o que ocorre, por exemplo, quando as mulheres Asurini participam do ritual do *maraká*, em que um dos pontos centrais, tão importante quanto a comunicação entre o xamã e os espíritos através do tabaco, é justamente a transformação, que é uma verdadeira *transubstanciação*, do cauim na substância vital *yinga*. Herdeira da garça branca, que transmitiu o fogo ao homem, a mulher que exerce a função de *uirasimbé* acrescenta uma contribuição ainda mais importante, a sua saliva fecundante:

> A obtenção do fogo, bem da humanidade, instaurando a diferença homem-animal, deu-se, no passado mítico, através da mulher. (...) No *maraká*, a ação da *uirasimbé* atualiza este mito, mas temos condição de dizer agora, que vai além: estabelece a relação dos humanos com os espíritos. No *maraká*, o fogo, transformador como o tabaco, se associa a outro elemento feminino, a saliva, que dá origem à principal manifestação da substância vital. Na segunda unidade do *maraká*, o mingau fermentado é tomado por espíritos e xamãs, ele próprio substância vital (*kauíyng*).⁵⁷

Kauíyng: *kauí* = *yinga*, cauim = substância vital, bebida = vida. Quão diferente é esta perspectiva da visão ocidental e contemporânea das bebidas alcoólicas! No rito do *maraká*, que logo nos traz à mente as cauinagens dos Tupinambá, as mulheres surgem como efetivas construtoras do mundo, par a par com os homens em sua função de xamãs. Para além da constatação, nada óbvia, de que as mulheres ocupam um lugar tão importante quanto o dos homens na vida espiritual das sociedades indígenas, é crucial apontar aqui que elas o fazem, fundamentalmente, através das técnicas de fermentação e produção de inebriantes alcoólicos.

Deve-se notar, aliás, que a cerveja é essencial na relação entre os próprios xamãs e os espíritos: entre os Macurap (RO), quando morre alguém, os espíritos dos mortos – os *Dowari* – têm que descer à terra para levar o espírito do falecido. Esta é, como se pode imaginar, uma operação extremamente perigosa, e que deve ser manejada com cuidado pelos xamãs, que possuem, como principal "moeda de troca" com os Dowari, a chicha:

> Os espíritos têm que vir de noite, para ninguém ver. Os pajés, os curadores, os chamam para tomar chicha. Ninguém os vê; só o *mamoa*, o pajé, é que vê. Os pajés não dormem nada, ficam a noite toda acompanhando os Dowari, os espíritos visitantes, cada vez que morre alguém. (...) Os pajés invocam os espíritos, chamam para virem comer e dançar com os vivos no pátio da aldeia, para beberem chicha. Os Dowari vêm alegres, fazendo zoada, conversando alto. (...) De dia ou de noite, os Dowari vão descendo. Os

---

56 Philippe Descola, "A selvageria culta," in Novaes, *A Outra Margem do Ocidente*, 118.

57 Müller, *Os Asuriní do Xingu*, 183.

pajés, os doutores, lhes dão chicha, comida, brincam com eles, dão banho, pintam de jenipapo, de breu o seu corpo. Os Dowari ficam dias e dias na terra, contentes, alegres, misturados aos parentes vivos. Num certo momento, os pajés os mandam de volta para o reino dos Dowari. Vão embora.[58]

Partindo desta análise dos aspectos culturais e sociológicos dos regimes etílicos indígenas, é possível lançar agora um olhar às formas pelas quais os produtos da fermentação eram usados pelos índios que entraram em choque com a expansão colonial europeia. É indispensável entender estes modos de usar as bebidas, já que foram estas práticas que moldaram as formas pelas quais os índios se relacionaram com os europeus.

3. Cauinagens: A Expressão Social de um Regime Etílico

Tragam uma cabaça pequena, eh eh
tragam uma cabaça pequena, eh eh
tragam uma cabaça grande, eh eh
tragam uma cabaça grande, eh eh
eu vou tomar tudo o que trouxerem
tragam uma cabaça grande, eh eh
estava passeando, agora estou chegando
eu estou chegando
as cabaças, eh.[59]

Ao contrário do que acontece quando tratam das dimensões mais simbólicas das bebidas nativas, os relatos de viajantes e cronistas europeus são bastante ricos quando descrevem os usos dos cauins em festas e reuniões. Estes relatos mostram muito bem que as cerimônias dos índios no Brasil – assim como ocorre com a maioria das sociedades ditas primitivas – tinham características bastante complexas.

É verdade que, nestas sociedades, as festas estão fortemente ligadas às atividades cotidianas, na medida em que representam uma oportunidade para o consumo comunal de alimentos e bebidas. Contudo, as festas também possuem um caráter ritual e dramático, no qual performances de canto e dança, juntamente com exibições oratórias e excessos etílicos, são usados para articular relações sociais e cosmológicas, reafirmar diferenças de idade e gênero e construir relações de amizade e inimizade.[60]

---

58 O caminho das almas Macurap, in Mindlin, *Terra Grávida*, 217.

59 Canto dos visitantes na chegada à aldeia (Arara), *in* Teixeira-Pinto, *Ieipari*, 77-8.

60 Michael Dietler and Brian Hayden, "Digesting the feast: good to eat, good to drink, good to think – an introduction," in Dietler e Hayden *Feasts*, 1-20.

Os bailes e festas eram a "ocupação favorita dos selvagens d'-esta parte do globo",[61] mas vários europeus perceberam que estes bailes exerciam um papel social muito mais importante que o de simples diversão, como esclarece o naturalista português setecentista Alexandre Rodrigues Ferreira:

> É verdade, que entre eles a dança se não deve chamar divertimento, antes é uma ocupação muito séria e importante, que se envolve em todas as circunstâncias da sua vida pública e particular, e de que depende o princípio, e o fim de todas as suas deliberações. Se é necessário entenderem-se entre si duas aldeias, dançando é que se apresentam os embaixadores, e entregam o emblema da paz. Se se declara a guerra ao inimigo, por outra dança é que de parte a parte se principia a exprimir o seu ressentimento e a vingança que se medita.[62]

Descrições muito semelhantes ocupam boa parte das crônicas a respeito dos Tupinambá. Sabemos bem que, para estes índios, nada de importante poderia ser decidido ou executado sem que fossem consumidas generosas quantidades do cauim, como vimos, anteriormente, em trechos de Staden e Abbeville. O jesuíta Simão de Vasconcelos, em sua *Crônica* escrita em 1663, mostrava a importância das cauinagens como um espaço de decisão política, e como expressão do papel dominante dos *principais* entre os Tupinambá da Bahia:

> As consultas de suas guerras são muito para ver, escolhem-se quatro, ou cinco dos mais anciãos, que foram afamados de valentes. Eleitos esses, assentam-se em roda, em lugar separado, e pondo primeiro no meio provimento de vinho bastante, vão consultando e bebendo, e tanto dura a consulta, como a bebida. (...) Por fim das contas, o que estes sábios veneráveis, e bem animados do Baco, ali concluem, isso sem falência se cumpre.[63]

As regras de etiqueta praticadas nestas sessões de embriaguez prescreviam um tratamento especial aos anciãos importantes, os *Thuyuae*. Como nos informa o capuchinho Yves d'Evreux, descrevendo sua experiência de dois anos entre os Tupinambá da França Equinocial, estes velhos eram os primeiros a se assentarem e a serem servidos, sempre pelas moças "de mais consideração" e "parentas mais próximas do que fez o convite".[64]

Os cauins eram fundamentais para as cerimônias que marcavam alguns dos momentos mais importantes do ciclo de vida dos Tupinambá, como os casamentos e funerais. Para os homens, o casamento representava um verdadeiro "ritual de iniciação", uma modificação de *status* que os transformava em adultos completos, mudança que era simbolicamente marcada através do consumo do cauim:

---

61 Ferreira, *Viagem Filosófica*, 622.

62 *Ibidem*, 623.

63 Vasconcelos, *Crônica da Companhia de Jesus*, v. 1, 100.

64 Evreux, *Viagem ao norte do Brasil*, 131.

> ao tempo de lhe entregarem a mulher faziam grandes vinhos, e acabada a festa ficava o casamento perfeito, dando-lhe uma rede lavada, e depois de casados começavam a beber, porque até ali não o consentiam seus pais, ensinando-os que bebessem com tento, e fossem considerados e prudentes em seu falar, para que o vinho lhe não fizesse mal, nem falassem coisas ruins, e então com uma cuia lhe davam os velhos antigos o primeiro vinho, e lhe tinham a mão na cabeça para que não arrevesassem, porque se arrevesava tinham para si que não seria valente, e vice-versa.[65]

Da mesma forma, os funerais eram realizados em meio a grandes libações: "depois de enterrado o defunto os parentes estão em continuo pranto de noite e de dia, começando uns e acabando outros; (...) e as mulheres ao segundo dia cortam os cabelos, e dura este pranto toda uma lua, a qual acabada fazem grandes vinhos para tirarem o dó".[66] André Thevet descrevia os funerais com mais detalhes:

> Decorrido um mês do falecimento, os filhos do morto convidam os amigos para uma festa solene que mandam celebrar em honra do pai. Reúnem-se todos, pintados de diversas cores, ornados de penas, executando mil rituais e cerimônias. (...) Então se entregam a danças, disputas e cantorias, acompanhadas de flautas feitas de ossos dos braços e pernas de seus inimigos, e outros instrumentos típicos. Os mais velhos, enquanto isso, não param de beber durante todo o dia, sem nada comer, servidos pelas esposas e demais parentes do falecido.[67]

Tais cerimônias não estavam reservadas unicamente aos grandes guerreiros, mas também às mulheres de prestígio:

> Costumam os índios, quando lhes morrem as mulheres, deixarem crescer o cabelo (...) e tingem-se de jenipapo por dó; e quando se querem tosquiar, se tornam a tingir de preto à véspera da festa dos vinhos, que fazem a seu modo, cantando toda a noite, para a qual se ajunta muita gente para estes cantares, e o viúvo tosquia-se à véspera, à tarde, e ao outro dia há grandes revoltas de cantar e bailar, e beber muito; e o que nesse dia mais bebeu fez maior valentia, ainda que vomite e perca o juízo.[68]

Muito embora os Tupinambá tenham se notabilizado como grandes bebedores, os assim chamados tapuias também associavam as bebidas fermentadas aos ritos funerários, desta feita como uma "dádiva" ao morto, demonstrando assim o caráter de bem de prestígio conferido às bebidas:

---

65 Cardim, *Tratados da Terra e Gente do Brasil*, 103-4.

66 Ibidem, 11-2.

67 Thevet, *As Singularidades da França Antártica*, 140.

68 Souza, *Tratado Descritivo do Brasil*, 290; cf. Vicente do Salvador, *História do Brasil – 1500-1627* (São Paulo/Brasília: Melhoramentos/INL, 1975 [1ª edição: 1627]), 92.

> Antes de se proceder a inumação do cadáver, tornada indispensável, coloca-se na cova, inicialmente, uma tigela chamada "cui" e, em seguida, uma pequena marmita de barro cheia de "cauim", licor espirituoso cuja estranha preparação já descrevemos, e acrescentam-se arcos e flechas. Coloca-se depois o corpo sobre esses objetos, expressão de crença que têm os índios numa prolongação de suas necessidades no além.[69]

As bebidas também poderiam ser utilizadas como veículos para o endocanibalismo funerário, como se dava entre os extintos Arapium, descritos pelo jesuíta João Daniel como praticantes do "abuso de conservarem os ossos dos mortos, que nas suas festas e beberronias costumam as velhas dar embebidas dos seus vinhos, desfeitos em pó, (...) talvez por julgarem ser o seu ventre a melhor sepultura, em que podiam dar-lhe honrado jazigo".[70]

Além destas ocasiões mais propriamente cerimoniais, os "vinhos" eram fartamente usados nas atividades quotidianas, especialmente quando se tratava de coordenar o trabalho de indivíduos de várias *malocas* diferentes, o que ocorria, por exemplo, nos mutirões. O uso das festas como meio de mobilizar trabalho é algo extremamente comum em todo o globo, sendo quase um universal para as sociedades agrárias. Pode-se afirmar que a realização de festas, muitas vezes com consumo de bebidas fermentadas, é uma necessidade para a realização de trabalhos coletivos voluntários em sociedades que não dispõe de economias monetárias ou formas desenvolvidas de coerção social.[71]

O jesuíta português Fernão Cardim, que viveu no Brasil do final do século XVI, percebeu que, nestas ocasiões, as bebidas eram utilizadas como lubrificantes da socialidade Tupinambá:

> Esta nação não tem dinheiro com que possam satisfazer aos serviços que lhes fazem, mas vivem *comutatione rerum* e principalmente a troco de vinho fazem quanto querem; e assim quando hão de fazer algumas cousas, fazem vinho e avisando os vizinhos, e apelidando toda a povoação lhes rogam os queiram ajudar em suas roças, o que fazem de boa vontade, e trabalhando até as 10 horas tornam para suas casas a beber os vinhos, e se aquele dia se não acabam as roçarias, fazem outros vinhos e vão outro dia até as 10 horas acabar seu serviço.[72]

Para os *principais* Tupinambá, homens que alcançavam grande prestígio a partir de sua proficiência na guerra e de sua habilidade política, era fundamental dispor de grandes quantidades de comida e bebida com forma de cimentar relações de dependência com os homens mais jovens de

---

69 Debret, *Viagem Pitoresca*, v. I, 29-30; o artista francês refere-se, neste trecho, aos Mongoió da Bahia.

70 Daniel, "Tesouro Descoberto no Rio Amazonas," v. I, 265-7.

71 Michael Dietler e Ingrid Herbich, "Feasts and labor mobilization: Dissecting a fundamental economic practice," in Dietler e Hayden, *Feasts*, 240-64. Para um exemplo da cerveja como mobilizadora de trabalho entre os índios sul-americanos, cf. Descola, *As Lanças do Crepúsculo*, 87-8.

72 Cardim, *Tratados da Terra e Gente do Brasil*, 109.

seu próprio grupo local e como um meio de travar contatos com indivíduos de outros grupos. A poliginia, naturalmente, era crucial para a consecução deste objetivo, na medida em que os *principais* que tinham mais esposas – e, portanto, mais produtoras de cauim – também possuíam os meios para demonstrar generosidade ao realizar mais e melhores festas.[73]

Phillippe Descola, descrevendo os Achuar (Jivaro) do Alto Amazonas, apontou bem a relação existente entre a poliginia e a capacidade de oferecer cauinagens por parte daqueles que querem se tornar um *juunt* (grande homem), relação que também existia entre os Tupinambá:

> Uma carreira assim só pode ser alcançada com a ativa cumplicidade de diversas esposas. A Capacidade de coligar à sua volta um grupo de parente e aliados passíveis de se envolverem num ataque supõe que se dê mostras de uma hospitalidade constante. O suporte das mulheres se revela indispensável na matéria, já que são elas que cuidam das refeições e distribuem a inesgotável cerveja de mandioca.[74]

O capuchinho francês Yves d'Evreux apontou com correção a necessidade que os *principais* maranhenses de princípios do século XVII tinham de fornecer muito cauim para garantir o apoio e o acesso à capacidade de trabalho de um grande número de indivíduos:

> Os principais, que ordinariamente têm mesa franca, para o que necessitam de roças maiores, preparam um cauim geral, e como todos partilham dele, se incumbem de cuidar nas plantações, o que fazem com alegria numa ou duas manhãs, e depois vão beber na casa daquele para quem trabalham, bebendo cada um quando chega a sua vez.[75]

Nota-se, pelo trecho de Evreux, que o caráter redistributivo, típico da chefia em sociedades como a dos Tupinambá, dependia fortemente da produção de bebidas como meio de cimentar alianças, sempre fluidas na ausência de classes sociais ou sistemas hierárquicos rígidos. Esta fluidez transparecia no fato de que a dádiva das bebidas tinha um sentido duplo: era obrigatório aos *principais* oferecer cauinagens, mas também era necessário que os indivíduos menos gabaritados convidassem aqueles para suas próprias festas.

Para o frade franciscano Vicente do Salvador, que escreveu a primeira história conhecida do Brasil, em 1627, estes oferecimentos aos líderes eram o único indício das hierarquias sociais entre os nativos: "tem cada casa seu principal, que são também dos mais valentes e aparentados e que têm mais mulheres; porém nem a estes, nem ao maioral pagam os outros algum tributo

---

73 Dietler, "Theorizing the feast," 81.

74 Descola, *As Lanças do Crepúsculo*, 208.

75 Evreux, *Viagem ao norte do Brasil*, 95.

ou vassalagem mais que chamá-los, quando tem vinhos, pera os ajudarem a beber, ao que são muito dados".[76]

Mas a quantidade das bebidas não era o único fator a ser levado em conta. Yves d'Evreux afirma que os índios eram especialmente sensíveis à qualidade das bebidas oferecidas, que, se aprovadas, provocavam grandes manifestações de regozijo, com danças ao som do maracá, e com cantigas que celebravam o sabor da bebida: " 'oh! o vinho, o bom vinho, nunca ele teve igual; oh! o vinho, o bom vinho, nós o bebemos à vontade, oh! o vinho, nele não acharemos preguiça". Esta "preguiça", esclarece o capuchinho, dizia respeito ao baixo teor alcoólico do cauim, que era chamado de "preguiçoso" quando não embebedava e levava ao vômito.[77]

Estes relatos apontam, mais uma vez, o caráter de *exobebida* conferido aos cauins: eram produtos moldados para a dura e constante tarefa de cimentar os laços entre indivíduos não diretamente relacionados por laços de parentesco e comensalidade. Podemos observar que existe uma diferença marcante entre as bebidas levemente fermentadas – como o *chibé* ou a *tiquara* – e os verdadeiros cauins: enquanto estes são considerados *exo-bebidas* por excelência, apropriadas para o consumo em grupos extra-familiares, aquelas são destinadas ao consumo doméstico, estabelecendo-se aí uma marcante diferença, culturalmente elaborada, entre as duas formas de preparação. Não resta dúvida de que as principais ocasiões em que esta dimensão "externa" das bebidas alcoólicas era exercitada se davam durante os festins canibais e cerimônias correlatas.

Como aprendemos a partir do relato de Hans Staden, tanto a guerra quanto os rituais antropofágicos, e principalmente estes, dependiam por completo da produção dos cauins, da qual se encarregava aquele indivíduo que era considerado o "dono" do cativo a ser devorado. Cabia a ele, e a seu grupo familiar, convidar os amigos e vizinhos e preparar a grande quantidade de cauim necessária para o festim: "o dono deste, como dissemos, convida todos os seus amigos para o grande dia, para que venham comer sua parte dos despojos e beber muito cauim".[78] Amigos e vizinhos ansiavam pelo momento em que o dono do cativo estivesse preparado para recepcioná-los: "zombavam de mim, dizendo que queriam vir logo à cabana do meu amo para comer-me e beber junto".[79]

---

76   Salvador, *História do Brasil*, 85.

77   Evreux, *Viagem ao norte do Brasil*, 95.

78   Thevet, *As Singularidades da França Antártica*, 132.

79   Staden, *Duas Viagens ao Brasil*, 100.

O dono do cauim Araweté e sua esposa. As panelas são emprestadas por toda a aldeia para a ocasião.[80]

A consecução das atividades femininas relacionadas ao preparo do cauim marcava o início de todo o ritual antropofágico:

> Determinado o tempo em que há de morrer, começam as mulheres a fazer louça, a saber: panelas, alguidares, potes para os vinhos, tão grandes que cada um levará uma pipa; isto prestes, assim os principais como os outros mandam seus mensageiros a convidar outros de diversas partes para tal lua, até dez, doze léguas e mais, para o qual ninguém se escusa. Os hóspedes vêm em magotes com mulheres e filhos, e todos entram no lugar com danças e bailos, e em todo o tempo em que se junta a gente, há vinho para os hóspedes, porque sem ele todo o mais gazalhado não presta.[81]

Ao prisioneiro não era negada a participação nas libações: "vão livremente aos cauins e danças públicas enfeitando de mil maneiras o seu corpo, quer com pintura, quer com penas".[82] Aliás, beber muito era parte integrante do desempenho de qualquer cativo cônscio de suas responsabilidades para com o ritual, e seus captores eram obrigados, "para não serem julgados cruéis" a dar-lhes "comida e bebida à vontade".[83]

---

80 Foto de Eduardo Viveiros de Castro (1982), http://img.socioambiental.org/v/publico/arawete/arawete_51.jpg.html (acessado em 25/02/2009).

81 Cardim, *Tratados da Terra e Gente do Brasil*, 114-5.

82 Evreux, *Viagem ao norte do Brasil*, 108.

83 Abbeville, *História da Missão dos Padres Capuchinhos*, 231; cf. Salvador, *História do Brasil*, 95.

"Os prisioneiros vão livremente aos cauins..."[84]

Um cativo dos Tupinambá no Maranhão seiscentista afirmou ao missionário Yves d'Evreux que pouco se importava com o fato de ser comido, já que "quando se morre, nada mais se sente: quer eles comam ou não" e que o correto não era morrer amofinado na cama e sim "à maneira dos grandes, no meio das danças e dos cauins, a fim de vingar-me, antes de morrer, dos que iriam comer-me".[85]

Faziam-se troças do prisioneiro, por ocasião destas cauinagens: "quando principiam a beber, levam consigo o prisioneiro que bebe com eles, e com o qual se divertem".[86] Mesmo para os europeus – nada entusiasmados com sua participação compulsória em tal cerimônia – a bebedeira era obrigatória:

> Depois do festim trouxeram-me os dois irmãos e mais um outro indivíduo de nome Antônio, que havia sido capturado pelo filho do meu amo, de sorte que éramos quatro cristãos juntos. Tivemos que beber com eles, mas antes de começarmos, rogamos a Deus que fosse misericordioso com a alma de Jerônimo e também para conosco, quando chegasse a nossa hora. Os selvagens taramelavam conosco, em alegre azáfama; nós, porém, nos sentíamos muito infelizes.[87]

---

84 Anônimo, "O prisioneiro ao centro bebe em companhia dos seus executores, que também fumam sentados a sua roda," in Staden, *Duas Viagens ao Brasil*, 183.

85 Evreux, *Viagem ao norte do Brasil*, 105.

86 Staden, *Duas Viagens ao Brasil*, 180.

87 Ibidem, 138.

A participação do cativo nas bebedeiras canibais não se esgotava com a sua morte e com o consumo ritual de sua carne. Seus ossos, transformados em instrumentos musicais, marcariam para sempre os ritmos e movimentos das festas vindouras:

> Tambem tem por costume (...) o trazerem assobios e flautas, feitos dos ossos das pernas, coxas e braços de seos inimigos, dos quaes arrancam sons fortes, agudos e claros, e ao som d'elles entoam seos cantos usuaes, especialmente quando estão nos *Cauins*, ou quando vão a guerra.[88]

Alguns índios da Amazônia também associavam o sacrifício dos inimigos ao consumo das bebidas fermentadas, como afirma o missionário setecentista João Daniel:

> O dia, em que matam algum, ou alguns conforme a multidão dos irmãos da mesa, é para eles muito solene, e de primeira classe (...) convidam para a festa e para a mesa as nações vizinhas suas aliadas; e para se brindarem tem já de antemão preparadas, e bem atestadas as igaçabas, e bem providas as adegas com as suas costumadas vinhaças, tais como já dissemos, que se as compararmos com uma lavagem de porcos, não ficará desproporcionada e suja a semelhança.[89]

A cauinagem canibal.[90]

---

88 Evreux, *Viagem ao norte do Brasil*, 39.

89 Daniel, "Tesouro Descoberto no Rio Amazonas," v. I, 226-7.

90 "Black Drink," in Mancall, *Deadly Medicine*, 66. Equívoco de Mancall, que acredita que esta imagem (que ele afirma ser retirada de Johan von Staden, *America Pars Tertia*, Frankfurt, 1592) se refira à "Bebida Negra" dos índios da América do Norte, feita com o suco da *Ilex vomitória* (um poderoso emético) e usada em suas cerimônias

Não obstante este papel como instrumento de coesão social, a embriaguez também era responsável por episódios de violência que, por vezes, levavam mesmo à cisão do grupo, como ocorreu com os Tupinambá do Maranhão:

> Muitos desses índios ainda vivem e se recordam de que, tempos após a sua chegada na região, fizeram uma festa, ou vinho, a que dão o nome de *cauim* e à qual assistiram os principais e os mais antigos, juntamente com grande parte do povo. Aconteceu que, estando todos embriagados, uma mulher esbordoou um companheiro de festa, disso resultando grande motim que provocou a divisão e a separação do povo todo. Uns tomaram o partido do ofendido e outros o da mulher e de tal modo se desavieram que, de grandes amigos e aliados que eram, se tornaram grandes inimigos; e desde então se encontram em estado de guerra permanente, chamando-se uns aos outros de tabajaras, o que quer dizer, grandes inimigos, ou melhor, segundo a etimologia da palavra: *tu és meu inimigo e eu sou o teu*.[91]

A violência originada da embriaguez também poderia ser utilizada para resolver questões em aberto entre cônjuges, com a animada participação de terceiros:

> ao outro dia pela manhã começam a beber, bailar e cantar; e as moças solteiras da casa andam dando o vinho em uns meios cabaços, a que chamam cuias, aos que andam cantando, os quais não comem nada enquanto bebem, o que fazem de maneira que vêm a cair de bêbados por esse chão; e o que faz mais desatinos nessas bebedices, esse é o mais estimado dos outros, nos quais se fazem sempre brigas; porque aqui se lembram de seus ciúmes, e castigam por isso as mulheres, ao que acodem os amigos, e jogam às tiçoadas uns com os outros.[92]

As bebidas eram um instrumento para as práticas xamanísticas, em especial aquelas que utilizavam os maracás como meios de acesso aos antepassados. Enquanto era espicaçado pelas mulheres, e introduzido em sua nova vida de cativo destinado ao repasto canibal, Hans Staden observava que os homens dedicavam-se ao contato com os mortos, com o indispensável auxílio do cauim:

> introduziram-me elas na choça, onde tive que deitar-me numa rede, e de novo vieram, bateram-me, escarapelaram-me os cabelos e significaram-me, ameaçadoras, como iriam devorar-me. Os homens estavam durante este tempo reunidos em uma outra choça. Lá bebiam cauim e cantavam em honra dos seus ídolos, chamados Maracá, que

---

(*Ibidem*, 67; Saggers e Gray, *Dealing with Alcohol*, 42), quando é óbvio que se trata de uma cópia de calcografia de Theodore de Bry representando a cauinagem canibal, parte do terceiro volume (*America tertia pars*), de sua coleção *Grandes Viagens*, este sim publicado em 1592.

91 Abbeville, *História da Missão dos Padres Capuchinhos*, 209.

92 Souza, *Tratado Descritivo do Brasil*, 271.

são matracas feitas de cabaças, os quais talvez lhes houvessem profetizado que iriam fazer-me prisioneiro. O canto eu ouvia, mas durante meia hora não houve nenhum homem perto de mim, apenas mulheres e crianças.[93]

Em transe, o pajé Araweté canta durante a cauinagem, usando seu maracá.[94]

Os pajés recebiam generosas quantidades de bebidas, por ocasião das cerimônias destinadas a inquirir os espíritos acerca do resultado de suas guerras contra os inimigos:

> Em primeiro lugar, mandam que se construa uma choça nova, não permitindo que ninguém nela habite antes de findar a cerimônia. No interior, armam uma rede branca e limpa. A seguir, levam para lá uma grande quantidade de víveres, incluindo sua bebida tradicional, o cauim, que deve ter sido preparado por uma virgem de dez ou doze anos, e também a farinha de raízes, que usam em lugar do pão. Tudo assim arrumado, reúne-se o povo e conduz seu profeta à cabana.[95]

As bebidas eram vitais para os pajés, na medida em que os auxiliavam a alcançar a condição de *leveza* necessária à comunicação com os mortos, operação complexa e reservada a alguns homens especiais.[96]

---

93   Staden, *Duas Viagens ao Brasil*, 88.

94   Foto de Eduardo Viveiros de Castro (1982), http://img.socioambiental.org/v/publico/arawete/arawete_82.jpg.html (acessado em 25/02/2009).

95   Thevet, *As Singularidades da França Antártica*, 118.

96   Vainfas, *A Heresia dos Índios*, 60-1.

À primeira vista, pode parecer estranho que as culturas indígenas construam uma relação entre a "leveza" xamanística e os cauins, já que estes são bebidas extremamente substanciosas, e mesmo "pesadas". Um exemplo etnográfico nos permite esclarecer este ponto: para os Parakanã (Tupi), da bacia do Tocantins (PA), as bebidas não causam embriaguez (*ka'o*), mas uma sensação de "pular-voar" (*mo-wewé*), obtida através de vômitos, que expelem tudo aquilo que os torna pesados, seja o que foi efetivamente ingerido, sejam seres ("habitantes do estômago") que se supõe causarem doenças.[97] Durante as cauinagens dos Parakanã, os homens bebem e saltam durante horas a fio, ao som de músicas cantadas pelas mulheres, que os incentivam a saltar cada vez mais ao dizer coisas como "*Vá voe-voe, vá voe-voe, Eu voo, eu voo*".[98]

Nota-se, por este exemplo, a importância da exaustão física – através de longas e elaboradas danças[99] – para a obtenção do estado de leveza, o que nos mostra que as bebidas se inscreviam em um quadro mais amplo de técnicas extáticas, no qual aquelas não possuíam o papel principal, certamente ocupado pela "erva-santa", o tabaco. Tanto para boa parte dos índios descritos na documentação histórica, quanto para a maioria dos povos indígenas contemporâneos, o tabaco representa a forma privilegiada para a obtenção da leveza xamanística, ao permitir que aquele que utiliza o *petim* alcance um estado de "sonho", representado por desmaios, estado em que o sonhador pode viajar ao mundo dos espíritos e dos mortos.[100] O xamã Asurini deve aprender a dançar e a fumar o tabaco a fim de perder, de forma "controlada", os sentidos, quando então se transporta para o mundo dos espíritos, convive com eles e aprende os cantos que lhe permitirão atrair estes espíritos à terra durante os rituais xamanísticos.[101]

Entre os Tupinambá, as cerimônias em que o tabaco era usado tinham que ser conduzidas por homens considerados como grandes pajés (*pajé-açu*), ou caraíbas, únicos que podiam ultrapassar a simples cauinagem e enfrentar os riscos associados ao contato direto com os espíritos, obtido exclusivamente através do tabaco.[102] É bem possível que esta diferença em prestígio possa estar associada à diferença de gênero que existe entre as duas substâncias: enquanto o cauim está associado às mulheres que o produzem e distribuem, o tabaco possui uma posição metafísica abertamente masculina. Esta diferença será importante mais tarde, tanto para compreendermos o lugar do tabaco nas *santidades* do século XVI, quanto para a compreensão da ação das mulheres em apoio à luta dos missionários contra as bebidas nativas.

Neste capítulo tentamos traçar um quadro muito amplo, e certamente não exaustivo, dos diferentes papéis ocupados pelas bebidas alcoólicas nas sociedades indígenas, sejam estes papéis de ordem nutricional, política ou cultural. Embora tenhamos abordado, ou apenas tocado, em uma longa série

---

97 Fausto, *Inimigos Fiéis*, 423-4.

98 *Ibidem*

99 Notar a semelhança com os Tupinambá: Vainfas, *A Heresia dos Índios*, 60.

100 Fausto, *Inimigos Fiéis*, 441.

101 Müller, *Os Asurini do Xingu*, 137.

102 Vainfas, *A Heresia dos Índios*, 61.

de assuntos, uma conclusão importante pode ser retirada neste momento. É fundamental notar que, ao contrário do que ocorreu entre os índios norte-americanos, a maior parte dos brasílicos conhecia e destinava às bebidas fermentadas – e à embriaguez – um lugar essencial em seus sistemas culturais.

Ao iniciarmos o estudo do impacto etílico da invasão europeia, devemos também nos preocupar com as maneiras pelas quais este lugar concedido aos inebriantes etílicos se alterou, pela transformação geral ocorrida nas sociedades indígenas (transformação que, muitas vezes, significou seu desaparecimento), e pela deliberada ação missionária no sentido de combater um tipo de experiência etílica que desafiava as noções europeias de "bons costumes" e de "pecado".

CAPÍTULO IV
DA ÁFRICA AO BRASIL:
O APRENDIZADO ETÍLICO DA COLONIZAÇÃO

1. Portugal e a Civilização do Vinho

Em Lixboa sobre lo mar
barcas novas mandei lavrar,
ai mia senhor velida!
Em Lixboa sobre lo lés
barcas novas mandei fazer,
ai mia senhor velida!
Barcas novas mandei lavrar
e no mar as mandei deitar,
ai mia senhor velida!
Barcas novas mandei fazer
e no mar as mandei meter,
ai mia senhor velida![1]

Enquanto se desenvolvia a complexa experiência etílica dos povos nativos das Américas, o mesmo ocorria na Europa. Para além das óbvias distinções ecológicas, históricas e culturais entre os

---
1 Poema do século XIII, atribuído a João Zorro. Sobre o autor, cf. Segismundo Spina, *Presença da Literatura Portuguesa – Era Medieval* (Rio de Janeiro: Bertrand Brasil, 1991), 24.

continentes americano e europeu, seus regimes etílicos também apresentavam inúmeras diferenças, quer nos aspectos mais técnicos (no que diz respeito às matérias-primas e aos processos de elaboração) quer nos lugares sociais e culturais ocupados pelas bebidas naquelas sociedades.

Estes mundos isolados foram, contudo, subitamente conectados a partir do século XV, com consequências que, para alguns dos atores envolvidos, foram catastróficas. No seio destas catástrofes, o mundo assistiu a um processo de intercâmbio, biológico e cultural, sem paralelos em qualquer lugar ou época. Plantas e animais foram transferidos e aclimatados a lugares estranhos, e milhões de pessoas foram, voluntária ou forçadamente, transladadas para outras terras, carregando consigo suas culturas e práticas sociais.

Não obstante, seria um equívoco ver este processo unicamente através de um prisma que privilegie os aspectos de conquista e de destruição de culturas nativas ao redor do mundo, por parte de uma Europa que se expandia. Tomando de empréstimo as palavras de Serge Gruzinski, "a dilatação dos espaços europeus é um processo complexo, porque é acompanhado constantemente da descoberta simultânea de outras sociedades e de outros saberes".[2]

Descobertas que se serviam para demarcar diferenças e hierarquias, demarcações formuladas, muitas vezes, através da comparação de hábitos alimentares e etílicos. Este tipo de percepção está sempre presente nos relatos coloniais: opunha-se os costumes "selvagens" aos europeus, por vezes demonstrando rejeições viscerais à alteridade alimentar e etílica, o que se pode perceber com clareza nos relatos sobre a fabricação das cervejas e vinhos nativos.[3]

Naquilo que nos interessa mais de perto, tradições e experiências etílicas muito distintas foram colocadas em choque e em interação, com resultados que se revelaram fundamentais para a construção do mundo contemporâneo.[4] Para melhor compreender este ponto, contudo, é necessário reconhecer que as relações etílicas que seriam construídas entre os nativos americanos e os europeus não se formaram em um "vazio" histórico e cultural, mas foram plasmadas pela história de todas as etnias envolvidas. Neste sentido, é importante observar mais de perto a experiência histórica dos portugueses, principais responsáveis pelo contato etílico com os nativos americanos, no território que se tornaria o Brasil.

A história etílica de Portugal seguiu, em suas linhas mais gerais, os caminhos típicos daquelas regiões submetidas ao domínio romano, e que puderam desenvolver, por conta de suas características ecológicas, a tríade mediterrânica do vinho, do azeite e do trigo.[5] Ainda antes da conquista romana,

---

2   Serge Gruzinski, "Les Mondes Mêlés de la Monarchie Catholique et Autres 'Connected Histories,'" *Annales. Histoire, Sciences Sociales* 56, nº 1 (2001): 94.

3   Robert Launay, "Tasting the World: Food in Early European Travel Narratives," *Food & Foodways* 11, nº 1 (2003): 32-5.

4   Mancall, *Deadly Medicine*, 170.

5   César Aguilera, *História da Alimentação Mediterrânica* (Lisboa: Terramar, 2001), 25-6; Engs, "Do Traditional Western...," 235-6.

no século I a.C., os povos que habitavam a região que se tornaria o Portugal atual cultivavam a vinha,[6] além de importar o vinho da Itália e da Bética (Andaluzia), como um artigo de luxo, a ser utilizado nas festas das famílias poderosas[7] e como um bem de consumo para a elite.[8]

Com a conquista romana, grandes e ricas *villae* no Alentejo se especializaram na produção da bebida,[9] a qual era, inclusive, exportada para a própria Itália.[10] De forma razoavelmente rápida, a Lusitânia tornou-se autosuficiente em vinho, como mostra a súbita diminuição das importações da Itália e da Bética, a partir do primeiro século da era cristã.[11] Apesar do torvelinho de invasões godas e revoltas camponesas que marcou o declínio do Império Romano do Ocidente, a produção vinícola portuguesa viu-se preservada pelos próprios guerreiros que haviam desferido o golpe de misericórdia no Império. A lei visigoda, por exemplo, punia severamente quem destruísse vinhedos, e no século IX o rei godo Ordono determinou que os vinhedos de Coimbra fossem colocados sob a proteção de uma ordem monástica.[12]

A conquista muçulmana também não parece ter trazido prejuízos graves à produção vinícola do Portugal medieval,[13] na medida em que as proibições religiosas quanto ao consumo do vinho, emanadas do próprio Maomé, foram bastante matizadas quando os povos islâmicos conquistaram regiões tradicionalmente vinícolas, como era o caso da Península Ibérica, ou da Pérsia.[14]

O *Alcorão*, aliás, é um tanto contraditório quando trata das bebidas alcoólicas, parecendo antes proibir a embriaguez do que o consumo moderado. Em um de seus primeiros versículos, o vinho aparece como uma das boas coisas dadas por Deus aos homens: "Nós vos damos os frutos da palmei-

---

6   Armando C. F. da Silva, "A Idade do Ferro em Portugal," in *Portugal: Das Origens à Romanização*, org. Jorge de Alarcão (Lisboa: Presença, 1990), 313. A constituição étnica destas sociedades representa um problema bastante complexo, mas é provável que elas tenham se formado a partir das inter-relações entre uma população mais antiga (que não era de origem linguística indo-europeia), e migrantes celtas: cf. Jorge de Alarcão, "O Reordenamento Territorial," *ibidem*, 352-9. A vinha pode ter sido introduzida em Portugal pelos gregos, a partir do século VIII a.C, mas isto é controverso: os fenícios também são bons candidatos, assim como a hipótese de que a cultura da vinha tenha se desenvolvido de forma independente na Península Ibérica: Rod Phillips, *Uma Breve História do Vinho* (Rio de Janeiro: Record, 2003), 61.

7   Silva, "A Idade do Ferro em Portugal," 310.

8   César Parcero Oubiña, "Looking Forward in Anger: Social and political transformations in the Iron Age of the north-western Iberian Peninsula," *European Journal of Archaeology* 6, nº 3 (2003): 267–299; Alarcão, "O Reordenamento Territorial," 356.

9   Jorge de Alarcão, "A Produção e a Circulação dos Produtos," *ibidem*, 420.

10 *Ibidem*, 431.

11 *Ibidem*, 437.

12 Phillips, *Uma Breve História do Vinho*, 101-2.

13 Johnson, *A História do Vinho*, 116.

14 Sherratt, "Alcohol nd its alternatives," 20-4.

ra e da vide, dos quais tirareis bebidas inebriantes e alimentos saudáveis". Mais tarde, o livro sagrado dos muçulmanos adverte – de forma semelhante às leis judaicas – contra a embriaguez durante os atos religiosos: "fiéis, não rezeis quando estiverdes embriagados, mas esperai até poderdes compreender o significado de vossas palavras".[15]

Até mesmo Maomé parece ter bebido costumeiramente o *nabidh*, uma bebida de baixo teor alcoólico, feita de tâmaras ou de uvas, que se fermentava em odres de couro, como afirmam suas próprias mulheres neste versículo: "costumávamos preparar *nabidh* em peles de animais. Pegávamos um punhado de tâmaras ou um punhado de uvas, colocávamos dentro de um recipiente e adicionávamos água. O *nabidh* era assim preparado de manhã e bebido por ele à tarde; e quando preparávamos à tarde, ele bebia na manhã seguinte".[16]

Esta postura contraditória, além de ter promovido debates teológicos infindáveis acerca dos limites da interdição às bebidas, permitiu também o surgimento de várias escolas de poesia báquica a partir do século VIII, que floresceram no ambiente das elites das regiões islamizadas, especialmente aquelas que possuíam antigas tradições etílicas, como era o caso da Península Ibérica. Em seus banquetes (*Bazm*), que guardavam alguma semelhança com os *symposia* gregos,[17] os nobres muçulmanos ouviam homens como o poeta do séc. IX Abu Nuwas ("você me fez temer a Deus, seu Senhor... Se você não beber comigo por ter medo da punição [divina], beberei sozinho"[18]), ou Omar Khayyam, que no século XI cantava seu amor ao vinho:

> Sabeis, meus amigos, há quanto tempo em minha casa
> Novas bodas celebrei:
> Divorciei de meu leito a velha razão estéril
> E a filha da vinha por esposa tomei
> Pode a uva, com lógica absoluta,
> As setenta de suas seitas dissonantes refutar:
> É o sutil alquimista que, num instante,
> O plúmbeo metal da vida em ouro transmuta.[19]

Ao conquistarem a Península Ibérica, os mouros islâmicos foram, geralmente, bastante tolerantes com a produção e o consumo do vinho, especialmente na Andaluzia e na região em torno de Coimbra, tolerância que se justificava, entre outros motivos, pela possibilidade da cobrança de impostos sobre esta atividade.[20] É bem verdade que alguns governantes islâmicos não foram tão amigáveis: no século X, o califa

---

15 *Ibidem*, 109.

16 *Apud* Phillips, *Uma Breve História do Vinho*, 117-8.

17 Sherratt, "Alcohol nd its alternatives," 23.

18 Phillips, *Uma Breve História do Vinho*, 120.

19 Johnson, *A História do Vinho*, 112.

20 Phillips, *Uma Breve História do Vinho*, 119.

Ozman mandou destruir dois terços dos vinhedos de Valência, permitindo apenas o consumo de uvas frescas ou passas.[21] Descontadas estas exceções, o fato é que os mouros não apenas bebiam como incentivavam o cultivo da vinha nas terras que conquistaram: muitas vezes, ao ocupar terras retomadas dos islamitas, os cristãos encontravam grandes extensões de vinhedos.[22]

Esta tolerância ao consumo do vinho não era, contudo, estendida a todos os estratos sociais. O médico e filósofo judeu de Córdoba, Maimônides (séc. XII) – tão influente e respeitado que se tornou médico privado de Saladino – deixou bem claro que apenas os homens de escol poderiam se arriscar ao consumo do vinho, pois apenas eles sabiam auferir suas qualidades sem exageros: "Muitos são os benefícios que o vinho produz, quando tomado na medida correta, pois mantém o corpo saudável e cura muitas enfermidades. No entanto, as massas desconhecem tais coisas; o que querem é embriagar-se, e a embriaguez causa danos".[23] Neste pequeno trecho, escrito por um judeu a serviço de monarcas islâmicos, está contida toda a doutrina etílica do mundo europeu mediterrânico: beber com moderação e evitar a embriaguez, apanágio dos "bárbaros" e "incivilizados".

Entre aqueles homens nobres, que podiam (segundo Maimônides) dedicar-se ao vinho, destacava-se a figura do príncipe Marwan ben Abd al-Rahmin, conhecido como *Al-Taliq*, e morto em 1009. Expoente do lirismo arábigo-andaluz, e grande adepto da poesia báquica,[24] Al-Taliq deixou-nos um magnífico exemplo do olhar que a aristocracia andaluza dedicava ao vinho, ao descrever a forma pela qual a mulher amada sorvia a bebida:

> Seu talhe era um ramo que balouçava sobre o montão de areia de seus quadris,
> e da qual colhia meu coração frutos de fogo.
> Os ruivos cabelos que cobrem suas têmporas debuxavam um *lam*
> na branca página da maçã do rosto, com ouro que escorre sobre prata.
> Estava no apogeu de sua beleza, como o ramo se veste de folhas.
> O vaso cheio de roxo néctar era, entre seus dedos brancos, como um crepúsculo que amanheceu em cima de uma aurora.
> Saía o sol do vinho, e era sua boca o poente, o oriente a mão do copeiro,
> que ao despejar o vinho pronunciava fórmulas cortesas.
> E, ao pôr-se no delicioso ocaso de seus lábios,
> deixava o crepúsculo nas maçãs de seu rosto.[25]

---

21 *Ibidem*, 120.

22 José H. Saraiva, *História Concisa de Portugal* (Lisboa: Europa-América, 1988), 70.

23 Johnson, *A História do Vinho*, 113.

24 Acerca da importância da poesia báquica no mundo islâmico, cf. Ali Saeidi e Tim Unwin, "Persian Wine Tradition and Symbolism: Evidence from the Medieval Poetry of Hafiz," *Journal of Wine Research* 15, nº 2 (2004): 97–114.

25 Al-Taliq, *A Formosa na Orgia*, in Segismundo Spina, *A Lírica Trovadoresca* (Rio de Janeiro/São Paulo: Grifo/Edusp, 1972), 371.

O lirismo etílico encontrou um fértil terreno para se desenvolver na Península Ibérica, onde produzir e beber vinho eram partes do cotidiano há séculos:

> Quando ofereces aos convivas
> como o copeiro que serve taças em redor
> o vinho das tuas maçãs do rosto
> não hesito em bebê-lo
>
> Porque a este vinho o fazem generoso
> os olhos dos que te fazem ruborizar
> enquanto ao outro o fazem generoso
> os pés dos vindimadores.[26]

Por vezes, os poetas arábigo-andaluzes associavam a embriaguez à sensação de leveza, em uma comparação que não seria estranha aos *caraíbas* Tupinambá:

> Eram pesados os copos
> mas quando se encheram de vinho puro
> quase que voaram da mesma forma
> que os corpos voam com os espíritos.[27]

Com o avanço da Reconquista, o vinho não teve qualquer freio para voltar a ocupar, de forma resolutamente mediterrânica, um lugar cultural de proa nas sociedades ibéricas. A embriaguez, contudo, continuava a ser mal vista, principalmente quando sua prática impedia a consecução dos papéis sociais, notadamente os reservados aos homens da aristocracia. As cantigas de escárnio e de mal dizer são pródigas em reprovações aos maus comportamentos etílicos: é o caso do poema – composto pelo rei Afonso de Castela e Leão, por volta de 1272 – que critica os nobres que deixam de cumprir suas obrigações na guerra contra os mouros de Granada, como aquele "que se foi con medo dos martinhos e a sa terra foi bever los vinhos".[28]

Em outra cantiga da mesma época, o poeta Martin Soárez critica acerbamente o comportamento do trovador Afonso Eanes do Cotom, conhecido por sua fidelíssima dedicação à vida boêmia. Seguindo as convenções da época, Soárez escreve como se as palavras saíssem da boca do próprio trovador beberrão:

> Nostro Senhor, com' eu ando coitado
> con estas manhas que mi quisestes dar:
> sõ[o] mui gran putanheir' aficado

---

26 Abu-Al-Walid Ismail Ben Muhammad (séc. XI), *O Pudor*, ibidem, 100.

27 Ibris Ben-Al-Yaman (séc. XI), *Os Copos*, in Braga, *O Vinho e as Rosas*, 99.

28 Manuel R. Lapa, *Cantigas d'Escarnho e de Mal Dizer dos cancioneiros medievais galego-portugueses* (Coimbra: Galáxia, 1965), 49; os *martinhos* eram soldados livres mouros, muito temidos dos cristãos (*ibidem*, 713).

e pago-me muito dos dados jogar;
des i ar ei mui gran sabor de morar
per estas ruas, ond' and' apartado.
Podera-m' eu ben, se foss' avegoso,
Caer em bom prez e onrado seer;
mais pago-m' eu deste foder astroso
e destas tavernas e deste bever;
(…) E pois, quando me vej[o] en meu lezer,
merendo logo; e pois vou mia via;
e leix[o] i putas de mi bem dizer,
e de mias manhas e de mia folia.[29]

Apesar destas recriminações ao "beber supérfluo", a vinicultura se expandiu e o vinho se tornou um importante item de comércio: são comuns, a partir do século XII, os contratos de exploração agrícola em que aparece a obrigação de cultivar a vinha. A fórmula legal *casas, vineas, sautos, pumares, terras ruptas vel inruptas*,[30] que descrevia as propriedades rurais e que era frequentemente encontrada nas escrituras deste período, revela bem a importância dos vinhedos na paisagem rural portuguesa, em particular, e ibérica, em geral.[31]

Dentro de certos limites, o comércio de vinho também era protegido pela ação do Estado português. Em 1308, por exemplo, o rei D. Dinis (1279-1325) determinava que os estudantes de Coimbra pudessem adquirir livremente os produtos dos vinhateiros – os quais eram premidos por uma infinidade de taxas e impostos locais – "sob pena dos corpos e dos averes" daqueles que os impedissem.[32]

No contexto do esforço de D. Dinis pela centralização administrativa e fiscal,[33] era importante fazer com que a capacidade de tributar ficasse concentrada na Coroa, o que era uma tarefa extremamente difícil, especialmente no que dizia respeito ao vinho e "outras viandas",[34]

---

29 *Ibidem*, 433.

30 "Casas, vinhas, soutos, pomares, terras arroteadas e por arrotear".

31 Saraiva, *História Concisa de Portugal*, 70; acerca do mesmo caso em Aragão, cf. Phillips, *Uma Breve História do Vinho*, 120.

32 "Carta de D. Dinis determinando que os escolares do Estudo Geral de Coimbra possam ter açougues, carniceiros, vinhateiros, etc." (27/11/1308), in *Chartularium Universitatis Portugalensis – v. I: 1288-1377*, comp. Artur Moreira de Sá (Lisboa: Instituto de Alta Cultura/Universidade de Lisboa, 1966), 42.

33 Saraiva, *História Concisa de Portugal*, 89.

34 "Vianda", isto é, um gênero alimentício de primeira necessidade, como nos diz Viterbo, que deixa claro que o sentido original do termo se estende "a todo o mantimento, com que os homens sustentam a vida": Joaquim de Santa Rosa de Viterbo, *Elucidário das palavras, termos e frases que em Portugal antigamente se usaram e que hoje regularmente se ignoram: obra indispensável para entender sem erro os documentos mais raros e preciosos que entre nós se conservam* (Lisboa: A. J.

tradicionais objetos da tributação local. Não é à toa, portanto, que o rei tenha sido obrigado, por várias vezes, a repetir suas ordens de manter os estudantes de Coimbra livres dos impostos sobre os vinhos: "e vos devedes de saber que eu tenho por bem das viandas se correrem todas pollo meu Senhorio".[35]

A disputa pelos direitos do vinho não chega a surpreender, dado o seu papel na alimentação cotidiana, seja dos mais ricos, seja da massa da população. Recordemos a enorme desconfiança, mais do que justificada, em relação à água: raramente se bebia água pura, até por ser muito difícil encontrá-la com bom cheiro e sabor. Quando se bebia água, era sempre misturada com alguma outra coisa: era "água de endívia", "água de cinamomo", "água de cevada", entre outras. Assim, não é de se admirar que o vinho, puro, como *sangria*, ou como água-pé, fosse a bebida de escol.[36]

Até mesmo alguns mouriscos, que se arriscavam a enfrentar a Inquisição abstendo-se da carne de porco, não podiam evitar por completo o vinho, alguns chegando mesmo a vendê-lo.[37] Não obstante, parece que a maioria deles seguia as recomendações corânicas, como se depreende deste trecho do *Pranto de Maria Parda* (1522), de Gil Vicente, no qual uma velha beberrona roda pela cidade atrás de vinho, sem sucesso por ser tempo de Quaresma. Ao chegar ao bairro dos mouros, Maria Parda se lamenta:

> Ó rua da Mouraria,
> Quem vos fez matar a sêde
> Pela lei de Mafamede

Fernandes Lopes, 1865 [1ª edição: 1798]), 268, t. II, *Biblioteca Nacional Digital*, http://purl.pt/13944/1/ (acessado em 22/02/2009). Um frade agostiniano do século XVII escreveu, a respeito das grandes fomes ocorridas entre 1597 e 1599, que "por falta de todos os mantimentos de pão, vinho, azeite, legumes, & frutas, veyo a gente pobre das Aldeias a comer manjares, que nunca gente racional comeu, & acudindo muita desta gente à Cidade de Coimbra, vinha já tam debilitada que morria muita." Nicolau de Santa Maria, "Chronica da Ordem dos Cónegos Regrantes do Patriarcha J. Agostinho" (1668), in Romero Bandeira, "A Crónica dos Cónegos Regrantes de Santo Agostinho e a Primeira Escola de Medicina Portuguesa," *Cadernos de Cultura* 4 (1991): 11. Fica claro aqui o papel do vinho como "vianda," e das mais importantes.

35 "Carta de D. Dinis ordenando que deixem levar os mantimentos para os escolares do Estudo Geral de Coimbra" (01/12/1311), in Sá, *Chartularium*, 43.

36 António Lourenço Marques, "A água e a vida quotidiana à luz das IV e V Centúrias de Curas Medicinais de Amato Lusitano," *Cadernos de Cultura* 13 (1999): 18. *Água-pé* (também se diz *zurrapa*) é algo típico das civilizações vinícolas, existindo exemplos desde a antiguidade greco-romana: trata-se de lançar água aos bagaços de uva, dos quais o suco já tenha sido retirado. Depois de dois ou três dias, têm-se uma bebida levemente alcoólica. É beberagem camponesa por excelência: Henriquez, *Âncora Medicinal*, 235; Jean-Louis Flandrin, "A alimentação camponesa na economia de subsistência," in Flandrin e Montanari, *História da Alimentação*, 599-604.

37 Isabel Drumond Braga, *Do Primeiro Almoço à Ceia: Estudos de História da Alimentação* (Sintra: Colares, 2004), 17-8; Salvador D. Arnaut, *A Arte de Comer em Portugal na Idade Média* (Sintra: Colares, 2000), 25.

Com a triste d'agua fria?
Ó bebedores irmãos,
Que nos presta ser christãos,
Pois nos Deos tirou o vinho?
Ó anno triste cainho,
Porque nos fazes pagãos?[38]

Os monarcas reconheciam a centralidade do vinho, não apenas ao disputar prerrogativas tributárias, mas também ao oferecer o vinho como *donatio*, como presente aos pobres. Caso de uma festa que D. Pedro I (1320-1367) ofereceu ao povo de Lisboa, quando grandes tendas foram armadas no Rossio, com "grandes montes de pão cozido e assaz de tinas de vinho, e logo prestes copos por que bebessem, e fora estavam ao fogo vacas inteiras em espetos a assar".[39]

Pedro I, a propósito, era um grande adepto das festas e danças, sempre com muito e bom vinho, "nas quaes de dia, e de noite andava dançando por muy grãde espaço".[40] Devia seguir o exemplo de seu pai, Afonso IV (1291-1357), que também não podia ser acusado de praticar a abstinência: certa vez, após ouvir longuíssima peroração de um enviado do papa, o rei disse, com enfado: "vós me falais em teologia, e eu sei mais de beber que dela, por o que me parece que é já horas. Será bom que o vamos buscar".[41]

Não era apenas uma questão de quantidade: o português de fins da Idade Média sabia muito bem admirar a qualidade dos muitos tipos de vinho disponíveis em Portugal. "O bom vinho arruína a bolsa e o mau o estômago," diz o adágio português. A Ordem de Avis dispunha de adegas com vinhos "vermelhos, rosetes e brancos" separados por qualidade. O mestre da Ordem também dispunha, para seu exclusivo uso, de uma talha de vinho "furmjgento", provavelmente algum tipo de vinho gasoso, ao estilo dos frisantes.[42]

Portugal, durante o século XIII e princípios do XIV, era um importante entreposto para os navios que faziam o comércio entre o Mediterrâneo e a Europa setentrional, os quais costumavam parar nos

---

38 Gil Vicente, *Pranto de Maria Parda, Porque vio as ruas de Lisboa com tão poucos ramos nas tavernas, e o vinho tão caro e ella não podia passar sem elle* (1522). Project Gutemberg, http://www.gutenberg.org/etext/21287 (acessado em 23/02/2009). Apesar do lamento de Maria Parda, o fato é que a proibição das bebidas alcoólicas, em todo o mundo islâmico, era muito menos respeitada do que a proibição da carne de porco: Bernard Rosenberger, "A cozinha árabe e sua contribuição à cozinha europeia," in Flandrin e Montanari, *História da Alimentação*, 339.

39 Fernão Lopes, *Chronica del Rey D. Pedro I deste nome, e dos reys de Portugal o oitavo cognominado o Justiceiro na forma em que a escereveo Fernão Lopes…/copiada fielmente do seu original antigo… pelo Padre Józé Pereira Bayam* (Lisboa: Manoel Fernandes Costa, 1735), 155-6, Biblioteca Nacional Digital, http://purl.pt/422 (acessado em 22/02/2009).

40 *Ibidem*, 152.

41 Apud Arnaut, *A Arte de Comer em Portugal na Idade Média*, 30.

42 *Ibidem*, 28.

portos do Tejo e do Minho, abastecendo-se, entre outros produtos, de vinho.[43] Os próprios portugueses participavam ativamente deste comércio, enviando seus barcos, e seus vinhos, aos portos do Atlântico, do Mar do Norte e do Báltico.[44] Segundo os testemunhos coevos, os vinhos portugueses desta época eram ácidos e rascantes, e próprios para o consumo dos indivíduos mais pobres dos países importadores.[45]

Este desenvolvimento sofreu um duro golpe durante o século XIV. As grandes mudanças climáticas ocorridas neste século[46] (entre outras causas) levaram à crise nas lavouras, à inflação e à fome. A Europa ocidental viu-se, em vários momentos da primeira metade deste século, em condições de catástrofe alimentar. Em 1302 ocorreu uma carestia tão grande na Península Ibérica que, talvez, um quarto da população tenha perecido: segundo a crônica de Fernando IV de Castela, "nunca, em nenhum tempo, a humanidade tinha conhecido um flagelo de tão grandes proporções", flagelo que se repetiu em 1314-9 e 1331-4.[47] Apesar de certa melhoria climática em meados dos trezentos, a Peste Negra atingiu Portugal em 1348, matando pelo menos um terço (mas talvez mais) de uma população que não ultrapassava o milhão e meio de pessoas.[48]

Importantes modificações sociais resultaram destas catástrofes econômicas e demográficas, modificações que deram forma ao Portugal que se lançaria ao Atlântico e à África durante o século seguinte. A diminuição da população e da atratividade da economia agrícola levou ao abandono dos campos pelos pequenos agricultores e pelos trabalhadores livres, com um consequente aumento da concentração fundiária em mãos da nobreza e da Igreja. Ambas as ordens viram seu poder político e social consideravelmente aumentado, no que Maria Helena Coelho chamou de "recrudescimento

---

43 Os cruzados oriundos do norte europeu, em suas viagens para a Terra Santa ou para as lutas contra os infiéis na Espanha, eram grandes compradores dos vinhos portugueses: Johnson, *A História do Vinho*, 181.

44 Braudel, *As Estruturas do Cotidiano*, 208; Maria H. Coelho, "Na barca da conquista. O Portugal que se fez caravela e nau," in *A Descoberta do Homem e do Mundo*, org. Adauto Novaes (São Paulo: Companhia das Letras, 1998), 124-5.

45 Johnson, *A História do Vinho*, 181.

46 Durante o chamado Período de Aquecimento Medieval (800-1200), a Terra tinha temperaturas que eram de um a dois graus centígrados superiores às atuais. Por conta disso, a agricultura europeia foi extraordinariamente produtiva nestes quatro séculos, o que representou uma das bases do grande crescimento econômico que marcou a fase áurea da Europa feudal (Montanari, *A Fome e a Abundância*, 75). A partir de 1300, tem início a Pequena Era do Gelo (1300-1900), em que as temperaturas desabam subitamente, arrastando com elas o desenvolvimento agrícola. Sobre estas mudanças climáticas cf. Sally Baliunas e Willie Soon, "Climate History and the Sun," *Washington Roundtable on Science & Public Policy – The George C. Marshall Institute* (05/06/2001), http://www.marshall.org/article.php?id=90 (acessado em 08/02/2009).

47 *Apud* Montanari, *A Fome e a Abundância*, 92; cf. Coelho, "Na barca da conquista," 126.

48 *Ibidem* Em alguns locais a mortandade foi ainda maior, como nos diz uma crônica monástica da época: "pelo S. Miguel de Setembro se começou esta pestilência. Foi grande a mortandade pelo mundo, assim que igualmente morreram duas partes das gentes" (*apud* Saraiva, *História Concisa de Portugal*, 101).

do senhorialismo", o qual havia sido, anteriormente, contido pelas reformas centralizadoras do reinado de D. Dinis.[49]

Por outro lado, os pobres do campo migraram para as cidades, em um fenômeno que acabou por beneficiar a comerciantes e mesteirais urbanos, que viram aumentados o seu mercado consumidor, sua força de trabalho e seus lucros. As crises do século XIV favoreceram a formação de uma elite comercial – na qual se incluíam alguns "cavaleiros-mercadores", nobres que se dedicavam ao comércio – a qual, em proporções cada vez maiores, vendia para o norte da Europa produtos rentáveis como o vinho, o azeite e o cânhamo.[50] O adágio antigo revela bem o crescente prestígio do comércio, em especial o do vinho: "tenha eu pipas, e cabedal, e quem quiser vinhos, e lagar."[51]

Conforme os domínios ibéricos dos muçulmanos iam minguando, e a navegação pelo Estreito de Gibraltar se tornava menos arriscada, a maior parte do comércio entre o Mediterrâneo e os ricos mercados da Europa do norte desviou-se das rotas comerciais da Europa central em direção ao Atlântico, beneficiando sobremaneira os portos e comerciantes portugueses.[52]

Os produtores e comerciantes de vinho portugueses também foram favorecidos por uma importante mutação do gosto europeu, na direção de vinhos muito doces e refinados. Com a recuperação dos efeitos das crises do século XIV, a Europa se viu em um novo período de (relativa) abundância alimentar e etílica.[53] No que concerne ao consumo do vinho, as pesquisas apontam para cifras elevadas, distribuídas por todas as classes sociais, em um consumo *per capita* que poderia alcançar o triplo, e mesmo o quádruplo, do consumo atual em países "enófilos", como a Itália e a França.

49　Coelho, "Na barca da conquista," 128; Saraiva, *História Concisa de Portugal*, 89.

50　Coelho, "Na barca da conquista," 127; Robin Blackburn, *A construção do escravismo no Novo Mundo, 1492-1800* (Rio de Janeiro: Record, 2003), 125-7.

51　Raphael Bluteau, "Vinho," in *Vocabulário Portuguez e Latino* (Coimbra, 1712-28), 506. *Instituto de Estudos Brasileiros*, http://www.ieb.usp.br/online/index.asp (acessado em 12/04/2008).

52　Coelho, "Na barca da conquista," 131.

53　Montanari, *A Fome e a Abundância*, 97.

A nova elite portuguesa e seu símbolo maior[54]

Mesmo reconhecendo que o vinho era visto como um alimento quotidiano indispensável, alguns números impressionam: os *familiares* do bispo de Arles, em 1442, receberam, cada um, a quantidade de oitocentos litros de vinho. É claro que nem todos tinham, à sua disposição, quantidades semelhantes, mas mesmo os pobres urbanos – de Florença, por exemplo – dispunham de duzentos e sessenta litros anuais *per capita*.[55] Mesmo aqueles que, pelo menos teoricamente, deveriam praticar a moderação alcoólica, como os monges, não podem ser acusados de desperdiçar bebida: os monges da Abadia de Battle, na Inglaterra, consumiam normalmente 1 *gallon* (4,6 litros) de vinho por dia,

---

54 *O homem com o copo de vinho*, Anônimo português do século xv, Museu do Louvre.

55 Alfio Cortonesi, "Cultura de subsistência e mercado: a alimentação rural e urbana na baixa Idade Média," in Flandrin e Montanari, *História da Alimentação*, 417-8.

ou mais se estivessem doentes, sem contar os 2,5 *pints* (1,4 litros) de cerveja (*ale*) que quase todos, incluindo os camponeses, consumiam quotidianamente.[56]

A partir do século XV o vinho tornou-se, com alguns altos e baixos, um alimento barato, especialmente no que diz respeito aos vinhos jovens e de baixa qualidade.[57] Esta abundância etílica trouxe importantes modificações no que diz respeito à hierarquia das bebidas. Enquanto os vinhos jovens e ácidos eram consumidos pelos pobres, os ricos e a nobreza prefeririam os vinhos encorpados e doces.[58] O poeta Cecco Angiolieri, escrevendo em fins do XIV, mostrou bem a divisão, socialmente construída, de opiniões a respeito dos diferentes tipos de vinho:

> E eu quero somente gregos e vernaccia,
> Porque o vinho latino é mais intragável
> Do que a minha mulher quando me aborrece.[59]

Os vinhos doces eram, em geral, bastante embriagantes, tendo em vista que podiam alcançar um teor alcoólico de até 17%.[60] Eram oriundos do Mediterrâneo Oriental, sendo apreciados, pelas elites europeias, não apenas por seu dulcíssimo sabor, mas também pela exclusividade do consumo, garantida por preços elevadíssimos. Seu comércio estava em mãos de genoveses e venezianos, que dominavam as regiões produtoras, como o porto grego de Monemvasia (de cuja corruptela surgiram os termos *Malmsey* e *Malvasia*) e Candia (Creta), que produzia vinhos de sabor mais suave a partir da variedade *muscat*. Os próprios italianos, aliás, também produziam vinhos doces, chamados coletivamente de *vernaccia*.[61]

O monopólio italiano, e seus altos preços, incomodavam sobremaneira os principais importadores de vinho (ingleses e outros povos do norte da Europa[62]), que passaram a buscar novas

---

56 A. Lynn Martin, "How much did they drink? The consumption of alcohol in traditional Europe," *Research Centre for the History of Food and Drink*, http://www.hss.adelaide.edu.au/centrefooddrink/publications/articles/martinhowmuchdrink0paper.html (acessado em 26/02/2009).

57 Braudel, *As Estruturas do Cotidiano*, 210.

58 *Ibidem*, 207.

59 Phillips, *Uma História do Vinho*, 148. Vinhos "latinos" eram aqueles feitos à moda tradicional, com castas nativas, e usando as mesmas técnicas herdadas dos romanos.

60 Mais do que o dobro da maioria dos vinhos europeus e sendo, por vezes, elaborado a partir de uvas passas, o que aumentava a quantidade de açúcar disponível para a fermentação: Johnson, *A História do Vinho*, 169; Phillips, *Uma História do Vinho*, 132.

61 *Ibidem*, 130. Os portugueses também se apaixonaram pelo *malvasia*, servido "aos piparotes" junto com outros "vinhos brancos e vermelhos da terra de todas as partes onde os havia melhores", na festa que o Infante D. Henrique ofereceu para celebrar a tomada de Ceuta, em 1415: cf. Arnaut, *A Arte de Comer em Portugal na Idade Média*, 29.

62 "Os flamengos, os ingleses, os hibérnios e dinamarqueses não fabricam vinho, contentam-se com cerveja, e se querem beber vinho abrem a bolsa, e aí vão os melhores vinhos do universo": Evreux, *Viagem ao norte do Brasil*, 235.

fontes. A partir da década de 1380, com o fortalecimento das relações anglo-portuguesas,[63] novos vinhos doces, oriundos da Península Ibérica, surgiram nos mercados do norte europeu.[64] Entre eles estava o "Osoye", que vinha do porto de Azoia, ao sul do Tejo, e que era elaborado a partir de uvas *muscat* contrabandeadas (possivelmente por ingleses) do Oriente, sendo o ancestral dos atuais vinhos Moscatel de Setúbal.

Os portugueses também vendiam o *bastardo*, uma versão mais barata feita de vinho comum misturado com mel. Além do sabor e da força embriagante, estes vinhos doces eram muito valorizados por sua resistência à acidificação (e consequente transformação em vinagre), fator muito importante quando se dependia do comércio marítimo, em um momento em que ainda não eram usadas garrafas, rolhas e conservantes.[65] Eram vinhos bem fortes: o famoso médico judeu João Rodrigues de Castelo Branco (1511-1568), conhecido como Amato Lusitano, elogiava a qualidade dos vinhos peninsulares, mas os proibia aos doentes, "por serem fortes e subirem rapidamente à cabeça".[66]

De forma gradual – e apesar da importante concorrência com as bebidas que compunham o regime etílico nórdico, como a sidra, o hidromel e a cerveja[67] – os portugueses[68] tornavam-se grandes exportadores de vinho refinado para os importantes mercados norte-europeus (notadamente o inglês), especialmente depois de 1453, com a queda de Constantinopla, e o profundo golpe que este evento produziu nos comerciantes italianos.[69] Durante o século XVI, esta vantagem comparativa se tornaria mais evidente, conforme as temperaturas no interior do continente diminuíam (devido à Pequena Era do Gelo), e a produção de vinho na Europa central entrava em um declínio profundo.[70]

Os mercados do norte foram inundados pelos vinhos doces ibéricos, cuja potência alcoólica era bastante apreciada por aqueles povos nórdicos que tinham na embriaguez uma característica vital de sua cultura etílica, e isto em um momento em que as bebidas destiladas apenas começavam sua inebriante trajetória.

---

63 Recorde-se que arqueiros ingleses apoiaram a pretensão de João de Avis ao trono, e que o futuro João I casou-se com a neta do rei da Inglaterra, Filipa de Lencastre, em 1387.

64 Arnaut, *A Arte de Comer em Portugal na Idade Média*, 28-9.

65 Braudel, *As Estruturas do Cotidiano*, 209; Johnson, *A História do Vinho*, 210-5; Tannahill, *Food in History*, 243.

66 *Apud* Alfredo Rasteiro, "A receita do 'manjar de fígados' do Doutor Amato Lusitano (1511-1568)," *Cadernos de Cultura* 11 (1997): 7.

67 Cortonesi, "Cultura de subsistência e mercado," 418.

68 E também os espanhóis, com o *saca*, produzido na região de Jerez, e chamado pelos ingleses contemporâneos de *sack*. Posteriormente, passou a se chamar *sherry*, corruptela do espanhol *xerez*.

69 Frédéric Mauro, *Portugal, o Brasil e o Atlântico: 1570-1670* (Lisboa: Estampa, 1997 [1ª edição: 1960]), v. I, 79; Johnson, *A História do Vinho*, 175-93; Phillips, *Uma História do Vinho*, 131-2.

70 Erich Landsteiner, "The crisis of wine production in late sixteenth-century central Europe: climatic causes and economic consequences," *Climatic Change* 43 (1999): 323-34.

Os homens do norte recebem os vinhos doces do Mediterrâneo.[71]

Como diria o beberrão shakespeariano Falstaff:

> A habilidade no manejo das armas de nada vale sem o *sherry*, que é o que a põe em movimento. O saber não é mais do que uma mina de ouro guardada por um demônio, que só vale depois que o *sherry* a explora e a põe em obra e uso (...). Se eu tivesse mil filhos, o primeiro princípio humano que lhes inculcava, seria absterem-se de bebidas fracas e entregarem-se ao *sherry*.[72]

Como se vê, aqueles homens que, durante o século XV, iniciaram o périplo africano e alargaram as fronteiras do conhecimento geográfico e etnológico europeu, estavam profundamente imbuídos de uma cultura etílica na qual a produção, o consumo e o comércio do vinho de uvas ocupavam um lugar de proa. Esta característica econômica e cultural dos portugueses influenciou decisivamente os rumos de sua expansão marítima e as formas pelas quais se relacionaram com os novos povos e culturas que seriam descobertos. Os povos da costa atlântica africana seriam os primeiros a sentir o impacto desta expansão, e durante este riquíssimo processo de contato construíram-se muitas das práticas sociais e culturais que fizeram das bebidas alcoólicas um dos principais meios de contato interétnico e de controle (e descontrole) social no mundo moderno.

---

71 Porto de Antuérpia, ilustração de um livro de orações flamengo do séc. XVI, in Johnson, *A História do Vinho*, 125.

72 Shakespeare, *Henrique IV* (ato IV, cena III), http://www.ebooksbrasil.org/eLibris/henry4.html (acessado em 19/02/2009).

2. A Bebida dos Outros: Álcool e Alteridade no Desvendar do Mundo

> MARINHEIRO: Tomastes vós hoje a altura,
> por saberdes onde estais?
> (...) Quem vos houve a pilotagem
> pera a Índia, desta nao?
> Porque um piloto de pao
> Sabe mais na marinhagem.
> PILOTO: Fernão Vaz, verdade é
> que me acho eu cá reboto:
> porque nunca fui piloto
> senão lá pera Guiné.
> MARINHEIRO: Esta é a errada,
> que mil erros traz consigo:
> oficio de tanto perigo
> dar-se a quem não sabe nada.[73]

Nos documentos que descrevem as primeiras décadas das navegações na costa da África, o vinho surge muitas vezes como um importante instrumento de contato comercial e diplomático com os povos africanos. Além disso, os portugueses também demonstraram um especial interesse na descrição dos costumes etílicos daqueles povos, realizando um aprendizado de sentidos e discursos que seria crucial para a formação do olhar do colonizador sobre os regimes etílicos dos índios no Brasil. Será interessante, portanto, explorar o papel das bebidas durante as navegações portuguesas do século XV. A expansão europeia na África trouxe consequências importantes no que concerne à formação dos regimes etílicos modernos, e o estudo das relações etílicas entre europeus e africanos pode ajudar a iluminar as relações euro-indígenas, bem como aprofundar a compreensão a respeito do contexto onde estas relações se desenvolveram.[74]

Após a conquista de Ceuta (1415) os lusos procuraram, de forma persistente e metódica, o contato marítimo com a África negra, de onde vinham produtos exóticos, como o marfim, vários tipos de especiarias, o ouro que cobria os palacetes de Ceuta e (como os portugueses logo vieram

---

73 Gil Vicente, *Triunfo do Inverno*, in *Textos Literários: Século XVI*, org. Beatriz M. Paula e M. Ema Ferreira (Lisboa: Aster, sd), 146.

74 Ida Altman e Reginald D. Butler, "The Contact of Cultures: Perspectives on the Quincentenary," *The American Historical Review* 99, nº 2 (1994): 480.

a descobrir) escravos.[75] Nesta busca, Portugal executou dois movimentos articulados de expansão, ambos cruciais para a história das bebidas: um movimento de colonização das ilhas atlânticas, fundamentais para a formação histórica da agricultura de *plantation* que viria a se instalar no Brasil; e um movimento de comércio e conquista no continente africano, através do qual os portugueses entraram em contato com uma grande variedade de povos e culturas, e no qual se forjou a instituição que marcaria profundamente a história brasileira: a escravidão.[76]

Nas ilhas atlânticas, notadamente na Ilha da Madeira, colonizada a partir de 1419, os portugueses buscaram implantar culturas agrícolas rentáveis, como o trigo, e um corante, a urzela. Ali também iniciaram sua carreira como produtores comerciais de açúcar, produto altamente valorizado e que era, assim como os vinhos doces, produzido no Mediterrâneo oriental e traficado pelos monopolistas italianos.[77] Em uma descrição da ilha, contida no "Manuscrito Valentim Fernandes", de princípios do século XVI, afirmava-se que a terra era "muito fértil, onde há trigo com fartura (…), canas de açúcar, de que fabricam açúcar em tal quantidade, que é exportado para as regiões orientais e ocidentais".[78] A era de ouro do açúcar madeirense não duraria muito: a concorrência com o açúcar brasileiro (especialmente a partir de 1570) e os problemas de erosão, custos de irrigação, além do ataque dos ratos fariam do açúcar um produto menor na economia da ilha.[79]

Mas a Madeira (além dos Açores, com seu vinho do Pico[80]) tinha outra vocação, que faria sua fama e fortuna. Os portugueses aclimataram nesta ilha uvas *malmsey*, vindas de Creta, na tentativa de produzir, também ali, seus *ozoyes* e *bastardos*. O "Manuscrito Valentim Fernandes" afirma que a ilha

---

75 John Thornton, *Africa and Africans in the making of the Atlantic world, 1400-1680* (Cambridge: Cambridge University Press, 1992), 26-7; Luiz F. de Alencastro, *O Trato dos Viventes: Formação do Brasil no Atlântico Sul – Séculos XVI e XVII* (São Paulo: Companhia das Letras, 2000), 44-9.

76 Thornton, *Africa and Africans*, 29-36; Alencastro, *O Trato dos Viventes*, 44-57; Blackburn, *A construção do escravismo*, 127-43.

77 *Ibidem*, 127-9.

78 Valentim Fernandes, "Relações do descobrimento da Guiné de Diogo Gomes" (1507?), in *Monumenta Missionaria Africana – (2ª serie, v. I, África Ocidental, 1342-1499)*, col. Antônio Brásio (Lisboa: Agência Central do Ultramar, 1958), 211, doravante MMA I. O impressor morávio Valentim Fernandes, radicado em Portugal desde o fim do século XV, recolheu e organizou vários relatos de viagens à costa africana, tendo sido um dos maiores divulgadores, para o resto da Europa, dos descobrimentos portugueses. Estes relatos foram reunidos em um manuscrito, conhecido como "Manuscrito Valentim Fernandes", possivelmente concluído em 1507: cf. José v. de Pina Martins, "Descobrimentos portugueses e Renascimento europeu," in Novaes, *A Descoberta do Homem e do Mundo*, 186.

79 Thomas Bentley Duncan, *Atlantic Islands: Madeira, the Azores and the Cape Verdes in Seventeenth-Century Commerce and Navigation* (Chicago: The University of Chicago Press, 1972), 31.

80 Mauro, *Portugal, o Brasil e o Atlântico*, 83.

possuía "óptimo vinho de Malvasia",[81] e até mesmo o italiano Alvise de Cadamosto – que em 1455, a serviço de D. Henrique, chegou à altura de Cabo Verde e escreveu um relato circunstanciado de tudo o que viu – rendeu-se ao vinho "grosso e bom" da Madeira.[82]

O sucesso dos portugueses com este "vino grasso" foi total: o vinho da Madeira era mais durável, intenso e suave do que os europeus, e tornou-se, entre os séculos XV-XVIII, um bem de consumo dos mais importantes, antecipando, em vários aspectos, a revolução dos destilados.[83] O vinho da Madeira não estragava no calor dos navios (ao contrário, o calor melhorava o vinho), e não era atacado por microrganismos enquanto ainda estava nos barris, problema comum nos vinhos europeus da era moderna, podendo ser guardado por décadas.[84]

Na África continental, contudo, os portugueses se depararam com uma miríade de povos belicosos, que não permitiam ocupações permanentes por parte dos europeus. Os lusos, imersos na mentalidade da reconquista e da cruzada contra os infiéis mouros (além, é claro, de interesses comerciais mais chãos, mas não menos importantes),[85] tentaram, de início, combater e escravizar estes povos, com resultados pouco animadores. Mortes como a do fidalgo Nuno Tristão e mais dezoito "hómeẽs de sangue e que de móços se criáram na cámera do jnfante (D. Henrique), e assi outros scudeiros e hómeẽs de pé de sua criáçam",[86] mostraram aos portugueses que estes teriam mais a ganhar estabelecendo um comércio regular e pacífico com sociedades que, claramente, possuíam a capacidade de resistir aos seus ataques.[87]

---

81 Valentim Fernandes, "Relações …" (1507?), MMA (I): 211.

82 "Primeira Viagem de Cadamosto" (1455), MMA (I): 295; os espanhóis também produziram vinho doce nas Canárias, chamado pelos ingleses de *canary sack*. O francês André Thevet, escrevendo em meados do século XVI, elogiou sobremaneira os novos vinhos doces produzidos por portugueses e espanhóis nas ilhas atlânticas, apontando-nos, ademais, sua extraordinária potência embriagante: "hoje em dia (…), contudo, os vinhos que estão adquirindo reputação cada vez maior são os da Madeira e os da Ilha da Palma, uma das Canárias, onde se produz vinho branco, tinto e clarete, dos quais se faz considerável trafico com a Espanha e outros países. No seu lugar de fabricação, os melhores são vendidos a nove ou dez ducados a pipa. Ao serem transportados para outra parte, entretanto, tornam-se excepcionalmente fortes. Então, se não forem tomados com grande moderação, serão antes veneno que alimento" (Thevet, *As Singularidades da França Antártica*, 37).

83 Johnson, *A História do Vinho*, 189-90; Phillips, *Uma História do Vinho*, 205-7.

84 Duncan, *Atlantic Islands*, 38. Para a importância internacional do comércio do vinho da Madeira, cf. David Hancock, "Commerce and Conversation in the Eighteenth-Century Atlantic: The Invention of Madeira Wine," *The Journal of Interdisciplinary History* 29, nº 2 (1998): 197-219.

85 João M. dos Santos, "A expansão pela espada e pela cruz," in Novaes, *A Descoberta do Homem e do Mundo*, 145-62.

86 João de Barros, *Ásia de Ioão de Barros dos fectos que os portugueses fizeram no descobrimento & conquista dos mares & terras do Oriente* (1552: 1ª década, I, XIV), MMA (I): 135.

87 Thornton, *Africa and Africans*, 38.

O próprio D. Henrique incentivava seus capitães a estabelecer relações pacíficas com os africanos. Como afirmou o cronista João de Barros: "o jnfante encomendáua muyto aos capitães que nam rompessem guérra com os moradóres da térra que descobrissem se nam muy forçádos, e isto depois de lhe fazer suas amoestações e requerimentos da fé, paz, e amizade".[88] A principal intenção do Infante, ainda segundo o cronista das *Décadas da Ásia*, era "buscar gēte desta térra tam remóta da jgreja e a trazer ao baptismo: e depois tér cō elles cōmunicaçam e cōmércio pera honra e proueito de reyno".[89]

Descontados os aspectos róseos desta apreciação,[90] o fato é que uma das principais formas de se tentar estabelecer "cōmunicaçam e cōmércio" era através do oferecimento de comida e bebida aos nativos. É possível perceber, a partir dos relatos acerca do périplo africano, que as bebidas ocuparam um lugar de grande importância no jogo de palavras e gestos que configurava os primeiros contatos entre os europeus e os nativos, os quais, aos olhos dos marinheiros, pareciam saídos dos bestiários medievais.[91] Participar de uma refeição em comum e, portanto, estabelecer uma relação de comensalidade, representava um passo importante para anular, ou ao menos minimizar, uma alteridade que parecia, à primeira vista, insuperável.

Em um primeiro momento, enquanto os portugueses desciam a costa africana na altura do deserto do Saara, este tipo de relação era extremamente difícil, até mesmo por conta das circunstâncias ecológicas,[92] as quais impediam que se penetrasse pelo interior, em busca das rotas de comércio que se cruzavam em Timbuktu, no Mali.[93] Além disso, os nativos da região – beduínos muçulmanos, chamados pelos lusos de *azanegues* – tinham pouco a oferecer para o estabelecimento de relações de comensalidade etílica. Eram "maometanos e inimicíssimos dos cristãos", e não possuíam bebidas alcoólicas, bebendo apenas "leite de camelo e outros animais".[94]

Foi somente quando os portugueses chegaram à Guiné, a "terra dos negros",[95] é que tais relações se tornaram possíveis. Os primeiros povos negros a serem contatados pelos portugueses viviam na região

---

88 João de Barros, *Ásia*… , (1552: 1ª década, I, XIV), MMA (I): 136.

89 João de Barros, *Ásia*… , (1552: 1ª década, I, VI), MMA (I): 93.

90 Deve-se recordar que o Infante foi o maior beneficiário do primeiro grande carregamento de escravos vindos da África, em 1444: Gomes Eanes de Zurara, *Chronica do Descobrimento e Conquista de Guiné* (1453): XXV, MMA (I): 18-20; Blackburn, *A construção do escravismo*, 130-5.

91 Alencastro, *O Trato dos Viventes*, 53.

92 "Por razom das muytas areas (*areias*) que hi há, e desy verdura que em ella nõ parece, e esto hé pollo fallecimeto das auguas que geera' ella grande secura" (Zurara, *Chronica*… (1453), LIX, MMA [I]: 25).

93 Alberto da Costa e Silva, *A Enxada e a Lança: a África antes dos portugueses* (Rio de Janeiro: Nova Fronteira, 2006), 32.

94 "Primeira Viagem de Cadamosto", MMA (I): 302. Sobre os azanegues, cf. Silva, *A Enxada e a Lança*, 277-80.

95 "E esta gente desta terra verde, hé toda negra, e porem hé chamada terra dos negros, ou terra de Guinee, por cujo aazo os home's e molheres della som chamados guineus, que quer tanto dizer como negros": Zurara, *Chronica*…

conhecida atualmente como Senegâmbia,[96] estrategicamente situada entre o Saara (e suas rotas comerciais manejadas pelos "infiéis" muçulmanos) e a floresta tropical, com suas valiosas especiarias, como a noz-de-cola[97] e o índigo, além do ferro. Subindo os grandes rios que desembocam em sua costa – o Senegal e o Gâmbia – alcançavam-se os grandes centros comerciais do Império Mali, como Timbuktu.

À época da chegada dos portugueses, a região era o centro de vários reinos, como o dos "idólatras" jalofos, confederação de pequenos Estados comandados por um "rei dos reis", o *burba* de Jalofo, além de reinos vizinhos, como os dos mandingas e felupes, os quais, embora mais ou menos islamizados, mantinham uma grande identidade cultural com os jalofos.[98]

Estes povos formavam sociedades altamente hierarquizadas, com linhagens aristocráticas e uma nobreza guerreira, um campesinato livre e uma série de castas profissionais de artesãos, artistas e comerciantes. Na base da hierarquia situava-se um complexo estamento de escravos, que reunia desde guerreiros altamente treinados e valorizados, usados como uma guarda pretoriana dos reis, até indivíduos destinados à lavoura[99] (sobre os quais tinham os senhores direito de vida e morte), passando por uma categoria intermediária de escravos domésticos que poderiam, em certos casos, ser integrados às famílias de seus donos.[100]

Adquiridos por guerra e por comércio,[101] os escravos eram objeto de um intenso tráfico com os beduínos do Saara, trocados que eram por várias mercadorias, especialmente tecidos e cavalos, "muyto prezados porque os alcançã cō grãde[s] difficuldades (...) e taãbē porque nō podē viuer muyto pella grãde quētura ".[102] Para os lusos, penetrar neste mercado representava uma importante fonte de lucros: afinal, "em troca dum cavalo velho" ou de "cavalos que pouco prestavam", os portu-

---

(1453), lx, MMA (I): 27-8; cf. Duarte Pacheco Pereira ("assi que no rio de Çanagá são os primeiros negros [...] e tem os cabelos curtos e crespos feitos como frisa de pano"), *Esmeraldo de Situ Orbis* (1504: I, 27), MMA (I): 633.

96 Alencastro, *O Trato dos Viventes*, 46; Mary Del Priore e Renato P. Venâncio, *Ancestrais: uma introdução à história da África Atlântica* (Rio de Janeiro: Elsevier, 2004), 96-110.

97 A noz-de cola é um estimulante leve, de efeitos semelhantes ao do café, sendo também conhecida como "café do Sudão" (embora seja mascada, e não bebida). É muito usada no mundo islâmico africano, e seu comércio, de certa forma, prenunciou o tráfico de estimulantes da era moderna; cf. Paul E. Lovejoy, "Kola Nuts: The 'coffee' of the central Sudan," in Goodman, Lovejoy e Sherratt, *Consuming Habits*, 98-120; Silva, *A Enxada e a Lança*, 469-71.

98 *Ibidem*, 642-3; Priore e Venâncio, *Ancestrais*, 96.

99 "E destes scravos hã de rouçar semear e colher suas quintaãs" (Valentim Fernandes, "Descripção da costa ocidental de Africa do Senegal ao Cabo do Monte" [1507 ?], MMA [I]: 672).

100 Silva, *A Enxada e a Lança*, 666-70; Priore e Venâncio, *Ancestrais*, 101.

101 "esses povos, quando guerreiam uns com os outros, vendem os prisioneiros": Jerônimo Münzer, *Itinerarium* (1494), MMA (I): 234.

102 Valentim Fernandes, "Descripção ...", (1507 ?), MMA (I): 673.

gueses recebiam de 25 a trinta escravos.[103] O aparecimento dos navios europeus representou, para os jalofos, a abertura de uma alternativa à rota do deserto e, para os portugueses, o que seria a porta de entrada para o tráfico intercontinental de escravos.[104]

Ao estabelecer relações com os jalofos – e, a partir destes, com toda a costa da África Atlântica – os portugueses travariam contato com sociedades que desenvolveram regimes alimentares e etílicos muito distintos do regime europeu mediterrânico, tão bem representado pelos ibéricos. Os jalofos, afinal de contas, comiam "em terra sobre huã pelle de vaca bestialmēte, os grādes cō seus clerigos, os outros de x ou xij jūtos de huã gamella, e comē muytas vezes no dia. Em toda Ethyopia nō nace trigo nē ceuada nē cēteo nē vinho de uvas", em uma descrição que sublinha as incompatibilidades alimentares e etílicas entre os dois povos.[105]

Também no que concerne aos regimes etílicos, as diferenças eram inúmeras, servindo estas, muitas vezes, para reforçar as identidades de cada um dos atores deste processo de formação do mundo atlântico. Tanto nos materiais e técnicas utilizados na produção das bebidas, quanto no lugar ocupado pela experiência da embriaguez em suas culturas, os africanos mostravam-se para os portugueses como um "novo mundo etílico". Este mundo foi explorado com o uso das chaves de interpretação desenvolvidas durante a antiguidade e o medievo europeus, chaves que organizavam simbolicamente os diferentes modos de beber, em escalas de maior ou menor "civilização" ou "barbárie", de acordo com *o quê* se bebia e *como* se bebia.

Desta forma, os relatos dos portugueses combinam um cuidadoso olhar sobre as práticas de elaboração e distribuição das bebidas, com uma abordagem crítica de todas as formas de consumo que se afastavam daquilo que era considerado como a forma "correta" de se utilizar o álcool, tal como definida na Europa mediterrânica. Como sabemos, as culturas mediterrânicas desenvolveram um paradigma de apreensão dos prazeres inebriantes que percebia o vinho como parte das refeições, e a embriaguez "supérflua" como algo reprovável, mesmo que as práticas sociais reais frequentemente se afastassem deste ideal de comportamento.

Esta visão da embriaguez como algo a ser repreendido foi bem explicitada por Duarte Pacheco Pereira, ao elogiar, em 1504, a vida de donzelo do casto príncipe D. Henrique: "viveu sempre tão virtuosa e castamente que nunca conheceu mulher nem bebeu vinho nem foi achado em outro vício que de repreender fosse, trazendo continuadamente cilício a redor de suas carnes (...)".[106] Um outro exemplo coevo, acerca do caráter moralmente positivo da temperança, é dado pelo cronista Fernão Lopes, ao desenhar um retrato de Eirea Gonçalves do Carvalhal, mãe do Condestável Nuno Álvares Pereira. Esta "muy boõa e muy nobre molher (...) viveo em grande castidade e abstinencia, nom co-

---

103 Jerônimo Münzer, *Itinerarium* (1494), MMA (I): 235-6.

104 Alencastro, *O Trato dos Viventes*, 47; Priore e Venâncio, *Ancestrais*, 102.

105 Valentim Fernandes, "Descripção...", (1507?), MMA (I): 676.

106 Duarte Pacheco Pereira, *Esmeraldo...* (1504: I, 22), MMA (I): 254-5.

mendo carne nem bebēdo vinho per espaço de quarenta annos, fazendo grandes esmolas e grandes jejuũs, e outros muytos beēes".[107]

A trajetória etílica dos monarcas portugueses mostra bem o alto valor social conferido à virtude da temperança. Já vimos que reis da dinastia de Borgonha, como Afonso IV e Pedro I, eram grandes bebedores, mas a dinastia seguinte, a de Avis, tinha um comportamento bem distinto. João I (1357-1433) era abstêmio: uma importante personagem de sua corte costumava mascar folhas de louro, a fim de esconder o hálito do vinho, o que não impediu o rei de lhe perguntar: "debaixo desse louro, a como vale a canada?".[108]

Seu sucessor, D. Duarte (1391-1438), chegou a comparar os beberrões a

> bugios ou cães, porque acidentalmente recebem tal prazer ou abetamento (*embrutecimento*) dos sentidos para não padecer tanta tristeza, como para pequeno espaço logo tornam a sentir tanta míngua daquele vinho, que como constrangidos tornam a ele de tal guisa que, onde se cuidam curar de uma enfermidade, caem na sevidão da bebedice, por que se perdem muitos das almas, dos corpos e fazendas.[109]

Como já vimos, D. Henrique não bebia, ou bebia muito pouco, e o mesmo pode ser dito de seu irmão, D. Fernando. Afonso V (1432-1481) era regrado no beber, enquanto João II (1455-1495) só conheceu o sabor do vinho aos 37 anos, e isto por conselho médico. Como diz Salvador Arnaut: "tem-se a impressão de que, desde o começo do século XV, pelo menos, ninguém que se prezasse gostava de ser apodado de bom bebedor. Outros tempos, outro conceito de homem".[110]

Dentro de tal perspectiva, não é de se estranhar que as práticas etílicas dos africanos (a começar dos jalofos e outros povos da Senegâmbia e Mali) fossem observadas com severidade e espírito crítico, características que também encontraremos, posteriormente, nos relatos a respeito dos modos de beber dos nativos do Congo e Angola, e dos índios no Brasil. Os jalofos, por exemplo, foram vistos pelos exploradores do século XV como grandes adeptos da embriaguez: "os gyloffos som grādes bebados (…) e bebem vinho de palma, e vinho de mel de abelhas e vinho de milho".[111]

---

107 Fernão Lopes, *Cronica do Condestabre* (séc. XV), in José L. de Vasconcellos, *Textos Arcaicos* (Lisboa: Livraria Clássica, 1959), 83.

108 **Apud** Arnaut, *A Arte de Comer em Portugal na Idade Média*, 32.

109 *Ibidem*

110 *Ibidem*, 36.

111 Valentim Fernandes, "Descripção …" (1507?), MMA (I): 687. A palavra "milho" não significa aqui, como é óbvio, o milho originário da América, *Zea mays*. A palavra é oriunda do latim vulgar *millium*, e estava relacionada a qualquer gramínea que apresentasse um grande número de sementes. Várias formas eram usadas durante a Idade Média, como *millo, minlho* e *mjlho* e *milhom* (cf. Viterbo, *Elucidário*, t. II, 89). Os portugueses utilizaram o termo, ao descreverem gramíneas africanas como o sorgo e o painço, entre outras, que eram (e ainda são) amplamente utilizadas para a elaboração de cervejas na África (Lima, *Pulque, Balché y Pajauaru*, 389-90). É somente quando da introdução da

Os mandingas, que possuíam hábitos alimentares e etílicos semelhantes aos dos jalofos,[112] também foram descritos desta maneira. O mesmo Duarte Pacheco Pereira, que tanto elogiou a pia abstinência do Infante, não poderia deixar de criticar a alegre propensão aos prazeres etílicos demonstrada pelos mandingas: "esta gente toda é viciosa, de pouca paz uns com os outros, e são muito grandes ladrões e mentirosos, que nunca falam verdade, e grandes bêbados e muito ingratos, que bem que lhe façam não no agradecem, e muito desavergonhados que nunca deixam de pedir".[113]

Em outro trecho, o autor do *Esmeraldo de Situ Orbis* repete o julgamento, acrescentando a luxúria à lista de pecados dos mandingas, em um tipo de acusação praticamente idêntica às que serão, mais tarde, dirigidas aos índios no Brasil: "são gente de muitos vícios, tem as mulheres que querem, e a luxúria antre eles totalmente é comũa; são muito grandes ladrões, bêbados, e mentirosos e ingratos, e tôdolos males que há-de ter um mau, eles os tem".[114] É importante notar que os mandingas estavam, durante o século XV, vivendo um período de intenso proselitismo religioso islâmico,[115] o que não os impediu de manter um papel central para as bebidas em sua cultura, a ponto do impressor Valentim Fernandes afirmar que o ato de beber era "ho principal delles".[116]

José Curto, em sua extensa pesquisa, mostrou que os excessos etílicos eram ativamente buscados pelos maiores bebedores do vinho de palma: as elites dirigentes das regiões onde cresciam as palmeiras, que consideravam a embriaguez como um direito e um sinal que os distinguia dos homens comuns, aos quais estava reservada a cerveja de sorgo ou painço.[117] Como disse o missionário italiano Luca da Cattanisetta, que viajou pelo reino do Congo em 1694 e 1699, os nobres bebiam extraordinariamente, porque ali "a embriaguez [não era considerada] como uma infâmia mas como uma honra". Não era diferente para a Guiné e a Senegâmbia de um ou dois séculos antes, onde o vinho de palma ocupava um lugar social semelhante.[118]

---

planta americana em Portugal, a partir de 1520 (Montanari, *A Fome e a Abundância*, 132), que a palavra passou a designar, exclusivamente, o *Zea mays*: cf. o verbete "milho", no *Dicionário Houaiss de Língua Portuguesa*. Deve-se apontar que, também na língua inglesa, a palavra "milho" (*corn*) significava, antes da descoberta da América, qualquer tipo de grão. Com a chegada do milho americano, *corn* começa a ser usada exclusivamente para o novo cereal: Buhner, *Sacred and Herbal Healing Beers*, 155-6.

112 "Seus manjares som como os de Gyloffa": Valentim Fernandes, "Descripção…" (1507?), MMA (I): 706.

113 Duarte Pacheco Pereira, *Esmeraldo…*, (I, 27), MMA (1): 633.

114 Duarte Pacheco Pereira, *Esmeraldo…*, (I, 29), MMA (1): 644.

115 "Ha muytos nesta terra que tem a secta de Maffoma e assy andã muytos bisserijs, que sõ clerigos mouros, por esta terra, que ensynã sua fé a esta gête. E toda outra gête som ydolatras do modo e maneyra de gylloffos": Valentim Fernandes, "Descripção…", (1507?), MMA (I): 705.

116 Valentim Fernandes, "Descripção…", (1507?), MMA (I): 704.

117 Curto, *Álcool e Escravos*, 54-6.

118 *Ibidem*, 55.

Os portugueses não se limitaram a lamentar o ardor etílico dos povos da Guiné. Os documentos que narram a expansão marítima na costa africana são pródigos em descrições muito detalhadas das técnicas de elaboração e das formas pelas quais as diferentes bebidas circulavam pelas complexas estruturas sociais africanas. Nestes relatos se estabeleceram formas "canônicas" de narrativa acerca da alteridade etílica, formas estas que seriam, posteriormente, aplicadas aos regimes etílicos dos nativos no Brasil.

Juntamente com as condenações aos modos nativos de beber, os relatos descreviam minuciosamente o quê e como se bebia. E os africanos – tal como os índios no Brasil – foram extremamente criativos em se aproveitar de todas as muitas oportunidades que suas circunstâncias ecológicas abriam para a experiência etílica. Uma das principais fontes de material para as bebidas era a seiva retirada de várias espécies de palmeiras (como o dendezeiro e o coqueiro, entre outras[119]), a qual, depois de fermentada, tornava-se a bebida que os primeiros documentos chamam de *minhol*. No "Manuscrito Valentim Fernandes" encontra-se uma descrição precisa da técnica de obtenção da seiva fermentada pelos mandingas:

> Em estas terras faz vinho de palma nesta maneyra .s. a palmeyra no olho em cima lança hus cachos muy grãdes á feyçã de pinha, e se daquelle cacho quer tirar vinho (...) cortã aquelle cacho çima no pee, e poem alli hu cabaz pella manhãa e á noyte, e tanto stilla de dia como de noyte, e esto atee xv dias, e este vinho he tã doçe e tã saboroso como Maluesia e brãco como leyte, e embebeda como o nosso e se fica per hu dia pera outro logo se faz azedo como vinagre.[120]

Existem várias informações relevantes neste pequeno trecho. Os homens da Guiné – ao contrário da maioria dos índios no Brasil, que geralmente destroem a palmeira para fabricar o vinho – preservavam as palmeiras durante o processo de retirada da seiva, em uma prática de conservação que, certamente, contribuía para que Valentim Fernandes pudesse chamar a Guiné de terra "muyto abastada de todolos mãtijmtos e vinhos".[121]

Os vinhos de palmeira dos mandingas (e de outros povos da África Atlântica), doces e leitosos, certamente agradaram aos paladares dos europeus, como se depreende da entusiasmada comparação feita com o valorizado Malvasia. O veneziano Alvise de Cadamosto, aliás, não deixou por menos: o *minhol* era um "boníssimo licor", que embriagava "como vinho não misturado com água" e que, se consumido no primeiro dia, era "tão doce quanto o vinho mais doce do mundo". Cadamosto confessa que bebeu o *minhol* "várias vezes no tempo em que estive naquele país e eu o preferia ao do nosso país".[122]

---

119 Buhner, *Sacred and Herbal Healing Beers*, 133-4; Câmara Cascudo, *Dicionário do Folclore Brasileiro*, 346-7; Lima, *Pulque, Balché y Pajauaru*, 80-3.

120 Valentim Fernandes, "Descripção...", (1507?), MMA (I): 711.

121 Valentim Fernandes, "Descripção...", (1507?), MMA (I): 712.

122 "Primeira Viagem de Cadamosto" (1455), MMA (I): 330.

Conforme os portugueses desciam a costa africana, entrando em contato com outras etnias e culturas, percebiam que os vinhos de palma exerciam um papel muito importante na vida econômica, política e espiritual de povos muito diferentes. Apesar destas diferenças, o vinho de palma – chamado, conforme a região, de vários nomes, como *tope* (Guiné Equatorial), *malafo* (Congo-Angola) e *tembo* (Zanzibar), entre outros[123] – era sempre obtido da mesma forma, preservando-se a planta para coletas posteriores. Esta característica técnica acarretava marcantes consequências sociais e econômicas, especialmente no que se refere à valorização das áreas em que se localizavam os palmeirais.

O potencial embriagante do *minhol*, embora inferior ao dos Malvasias – que chegavam, como vimos, aos 17% de concentração alcoólica –, era próximo aos dos vinhos comuns europeus, já que alcançava, em média, os 10% de concentração.[124] Diferentemente do vinho de uvas, contudo, o *minhol* acidulava com extrema rapidez,[125] aspecto dos mais importantes, na medida em que abriu caminho, dentro das complexas redes comerciais africanas, para bebidas mais duráveis e embriagantes, como os vinhos europeus e a aguardente brasileira.

Seria interessante, neste momento, observar algumas das formas pelas quais os inebriantes foram usados, no contexto das navegações e explorações do século XV, como lubrificantes das relações interétnicas. Deve-se ter em mente o fato de que, quando os portugueses chegaram ao Brasil, agiram em relação aos índios com base na experiência acumulada em décadas de contato com os povos da África Atlântica, inclusive no que diz respeito às bebidas alcoólicas.

No seio deste complexo processo de contato, em que se alternavam relações amistosas e de conflito, a *comensalidade* emergia como uma das principais instâncias de neutralização das diferenças culturais. Usavam-se os alimentos e bebidas para atrair os ariscos e apaziguar os hostis, permitindo assim que os portugueses se imiscuíssem nas redes de troca locais em posição de vantagem, na medida em que controlavam uma grande quantidade de mercadorias atraentes, como panos, cavalos e armas. Não obstante, para além destes tradicionais produtos de tráfico (que também eram adquiridos dos beduínos), os ibéricos logo perceberam que os africanos se interessavam sobremaneira por um produto que suas redes comerciais tradicionais não poderiam suprir: o vinho de uvas, produzido em Portugal ou nas ilhas atlânticas.

Em sua importante viagem de exploração (1458),[126] o "caravelista do infante" Diogo Gomes conseguiu, com a crucial ajuda dos presentes de vinhos, estabelecer relações pacíficas com os nativos da

---

123 Curto, *Álcool e Escravos*, 48-62; Lima, *Pulque, Balché y Pajauaru*, 80; Alencastro, *O Trato dos Viventes*, 311-2.

124 Buhner, *Sacred and Herbal Healing Beers*, 133.

125 Como afirma, a respeito do *minhol* dos jalofos, o impressor Valentim Fernandes: "este vinho nõ se tẽ mais que de huũ dia pera o outro, cá despois se faz muyto azedo": Valentim Fernandes, "Descripção…", (1507?), MMA (I): 688.

126 Importante por ter sido dos primeiros a tratar pacificamente com os africanos ao sul do Saara, mas também por ter-lhe permitido negar, e até ridicularizar, a ideia de que existisse uma "zona tórrida", na qual seria impossível a sobrevivência de europeus: Bartolomé Bennassar, "Dos mundos fechados à abertura do mundo," in Novaes, *A Descoberta do Homem e do Mundo*, 87.

Guiné, deixando-nos (através do impressor Valentim Fernandes) um relato que é exemplar quanto ao papel do vinho como facilitador das relações com os povos que seriam tragados pela expansão colonial. Tendo entrado em contato com um certo Batimansa, senhor da margem sul do rio Gâmbia, Gomes iniciou aquele que seria um dos principais negócios da era moderna: a troca de álcool por gente.

De acordo com o relato contido no "Manuscrito Valentim Fernandes", o luso encontrou-se, "em uma grande selva de árvores", com o próprio rei, o qual trazia consigo "gente infinita armada com setas venenosas, e azagaias e espadas e adagas":

> E eu caminhei para ele levando-lhe eu minhas ofertas e biscoito e vinho nosso, porque não têm vinho senão de palmeira, isto é, das árvores das tâmaras. E ele deu-me três negros, duas mulheres e um homem. E ficou muito contente e muito agradecido, folgando comigo e jurando-me por Deus vivo e uno, que mais não faria guerra aos cristãos, e que seguros podiam ir pela sua terra tratando da sua mercadoria.[127]

Posteriormente, o capitão tratou com outro rei, ainda mais hostil aos portugueses, com sucesso semelhante. Para falar com o recém-chegado, veio o rei "à margem do rio com grande poder, e assentando-se na praia mandou que me aproximasse, o que eu fiz com as minhas cerimónias, do melhor modo que pude". Satisfeito com os resultados da conversação – na qual o chefe nativo prometia (ou fingia prometer...) abandonar o islamismo em troca do batismo – o luso convidou o rei,

> com os seus doze cortesãos mais velhos, e oito mulheres que fossem comigo à caravela comer, o que todos fizeram sem armas. E dei-lhes galinhas e carnes preparadas ao nosso uso e vinho branco e tinto quanto quiseram beber, e eles diziam e repetiam que nenhuma outra gente era melhor que a dos cristãos.[128]

Na viagem de retorno, Diogo Gomes continuou usando o vinho para travar relações amistosas com os africanos. Tendo cruzado com duas embarcações, "tomou" os ocupantes (cerca de oitenta) e levou-os a bordo da caravela, onde lhes deu "de comer e beber e presentes". O discurso do capitão português, acerca da hostilidade dos nativos da região, é lapidar quanto àquilo que os lusos esperavam de suas relações com os africanos:

> E eu disse-lhe: Porque é ele (o chefe nativo) tão mau para os cristãos? Era melhor para ele fazer a paz com os cristãos, e que uns e outros trocassem as suas mercadorias, e teria cavalos, etc., como faz Burbruque e Budumel e outros senhores dos negros. E digam-lhe lá que eu vos tomei neste mar, e que por amor dele vos deixo ir livres para terra.[129]

---

127 Valentim Fernandes, "Relações..." (1507?), MMA (I): 197.

128 Valentim Fernandes, "Relações..." (1507?), MMA (I): 200.

129 Valentim Fernandes, "Relações..." (1507?), MMA (I): 200.

Deve-se notar, neste trecho, a "naturalidade avassaladora"[130] com que os europeus sequestravam ("tomavam") os nativos a seu bel-prazer, prática que reencontraremos na viagem de Cabral. A tranquilidade com que os lusos se apoderavam dos corpos nativos demonstra, à saciedade, que seu olhar e suas práticas com relação ao outro se caracterizavam por um viés hierarquizante, que dedicava aos "bárbaros" um lugar irremediavelmente subalterno, enquanto *objetos* da ação conquistadora e colonizadora.

Como mostra Robin Blackburn, este tipo de raciocínio é parte integrante, e crucial, do processo de constituição das identidades modernas dos povos europeus, e da "crescente consciência racial cristã, europeia ou 'branca', que tanto protegia os europeus dos rigores da total escravidão quanto apontava os africanos ou negros como vítimas adequadas".[131]

Ao afirmar isso, não quero dizer que os próprios "bárbaros" não agissem, eles próprios, com violência contra os europeus, sempre que isto fosse possível, conforme demonstrado pelo destino de Nuno Tristão e seus homens. A história do fidalgo escandinavo Vallart (ou Valarte, ou ainda Balarte, conforme a fonte) é ainda mais explícita quanto aos riscos que os europeus corriam em mãos africanas, e também quanto ao papel ocupado pelas bebidas alcoólicas no processo de contato. Este gentil-homem da corte do rei da Dinamarca, "cobyçoso de veer mundo",[132] conseguiu do infante autorização de ir à África, em 1447 (em navio comandado pelo cavaleiro da Ordem de Cristo, Fernando Afonso), para, entre outras coisas, "vér hũ elefante viuo".[133]

Ao chegar à Guiné, Vallart pareceu ter entrado em boas relações com os africanos, que lhe prometeram, senão o tal elefante vivo, ao menos "a pelle e os dentes e os ossos com algũa parte da carne", em troca de "hũa tenda de pano de linho, na qual se possã alloiar de xxv ataa xxx homeẽs, tã leue que huũ a possa leuar ao pescoço".[134] Segundo João de Barros, os homens da Guiné pareceram aceitar a transação: "os négros como lhe prometéram préço: disséram que

---

130 Guillermo Giucci, *Sem Fé, Lei ou Rei: Brasil 1500-1532* (Rio de Janeiro: Rocco, 1993), 39.

131 Blackburn, *A construção do escravismo no Novo Mundo*, 26. É de se notar, a propósito (e guardadas as devidas proporções e diferenças temporais), a semelhança entre este processo de criação de um tipo de ideologia que reservava a alguns – "bárbaros", "selvagens", "negros", "índios", e quejandos – o lugar de objetos da ação e do poder de outros, e aquilo que ocorreu quando da criação da escravidão-mercadoria na antiguidade clássica, em que o surgimento da noção de "cidadão" caminhou, *pari passu*, com o nascimento da noção do escravo como uma "coisa" que podia ser manipulada ao bel-prazer do senhor. Como afirmou Moses Finley: "qualquer tentativa de obter mais direitos e privilégios para um homem, para uma classe ou para um setor da população implica necessariamente uma redução correspondente dos direitos e privilégios de outros," Moses I. Finley, "A liberdade do cidadão no mundo grego," in *Economia e Sociedade na Grécia Antiga* (São Paulo: Martins Fontes, 1989), 85.

132 Zurara, *Chronica...* (1453), lRiv, MMA (I): 74.

133 João de Barros, *Ásia...*, (1552: 1ª década, I, xv), MMA (I): 140.

134 Zurara, *Chronica...* (1453), lRiv, MMA (I): 78.

lógo lhe trariam hũ elefante a lugar onde o visse, e tornádos dhy a tres dias, viéram chamar Balárte, dizendo trazerem o que lhe tinham prometido".[135]

Tudo não passava, contudo, de um ardil, em tudo semelhante àqueles que os lusos e outros europeus usariam, em tantas oportunidades, com os próprios africanos ou com os nativos da América. Assim prosseguia, em sua descrição, o cronista das *Décadas da Ásia*:

> Balárte entrádo no batél do nauio sómente com os marinheiros que o remáuam chegou a térra: e sobre tomar hũa cabáça de vinho de palma que hũ négro dáua a hũ marinheiro,[136] debruçouse tanto no bórdo da batél que cayo o marinheiro ao már. E na préssa de recolher o marinheiro, descuidaranse do batél, de maneira que déram as ondas com elle em térra por o már andar hũ pouco empolládo. Os négros véndo que os nóssos nam podiam ser socorridos do nauio, derã sobrelles: dos quáes nam escapou mais que hũ que sabia nadar, o qual deu razam deste cáso: e que vindo nadando oulhára pera trás e vira estar Balárte em a pópa do batél pelejando como homem esforçado. Per esta maneira acabou este gentil hómem cõ desejo de ganhar honra fóra de sua patria: tam remōtádo anda o desejo dos hómeẽs, que sendo este Balárte nascido em Dinamarca, veo buscar per própria vontáde sua sepultura em Guiné, térra a ella tã contraria em todalas cousas.[137]

Nota-se, neste trecho, o uso apaziguador – conquanto "traiçoeiro" – do oferecimento da bebida, desta feita por parte dos africanos. O que importa ressaltar, descontado este desastre específico, é o fato de que portugueses e africanos compartilhavam a noção de que era possível, dentro de limites muito estreitos, conviver com o inimigo a ponto de dividir o alimento com este. Mesmo que os objetivos de cada um dos lados fossem muito diferentes, e até contraditórios, os atores do drama da colonização da África eram suficientemente próximos, em suas práticas sociais, para que a comensalidade pudesse se constituir em um espaço de neutralização (provisória, por certo) de suas profundas diferenças.

Neste contexto, o vinho de uvas parece ter sido, como vimos, muito bem recebido nos primeiros contatos entre os lusos e os africanos: "os gyloffos som grãdes bêbados e folgam muyto cõ nosso vinho quãdo ho pod auer".[138] O vinho de uvas acabou por se integrar ao mundo etílico das sociedades da África Ocidental, já pródigo em diversos tipos de bebidas. Além de sua bebida mais valorizada, o vinho de palma, os africanos produziam cervejas de sorgo ou de painço – denominadas

---

135 João de Barros, *Ásia...*, (1552: 1ª década, I, XV), MMA (I): 140.

136 Zurara (*Chronica...* (1453), lRiv, MMA (I): 78) descreve assim esta passagem: "e se do acerca de terra pareceo hi hu negro que trazia ha cabaaça com vinho ou augua, fing do que lha querya dar, e Vallart disse aos que remuã que se chagassem (...)".

137 João de Barros, *Ásia...*, (1552: 1ª década, I, XV), MMA (I): 140; cf. Zurara, *Chronica...* (1453), lRiv, MMA (I): 78-9.

138 Valentim Fernandes, "Descripção..." (1507?), MMA (I): 687.

de *walu, pombe, dolo, pito*, e uma infinidade de outros nomes, de acordo com a região,[139] e chamadas, pelos portugueses, de "vinho de milho" – além de uma importante produção de hidroméis[140] e de uma grande variedade de vinhos de frutas.[141]

Todas estas bebidas eram objetos de intenso comércio nas feiras e mercados africanos.[142] Os portugueses se surpreenderam com a riqueza das feiras dos Banhuns (povo da atual Guiné Bissau), e elogiaram sua grande organização, apontando, ademais, sua importância, não apenas comercial, mas como um espaço central de sociabilidade, no qual o consumo das bebidas ocupava um papel crucial:

> Vem a esta feyra muyta gte de 15 e 20 leguas em derrador e ordenaçã delrey da terra he que nenguẽ emtra nesta feyra cõ armas e se alguẽ emtra cõ ellas perdeas. Grade ordenaçõ delrey he nesta feyra assi que todallas mercadorias que aqui vem ter cada hũa tem seu prop[r]io lugar pera ella deputado e nõ mesturados, saluo em tẽpo que se faz ho vinho de mõpatás, do qual fruito já se fez mençã;[143] este vinho se vende per toda a feyra e assi vinho de mel, porque os outros vinhos se vend seu lugar. Vem a esta feyra sete e oyto mil pessoas e trazẽ de todallas cousas pera esta feyra que há em suas terras pera vender e assi daquellas que vem de Portugal. E assi andã nesta feyra dous alcaydes delrey da terra, os quaes oulhã que se no faz nenhũa cousa maa a nenhũa pessoa de fora que vem; e esso mesmo vem a esta feyra muytos fidalgos, homẽs e molheres sem terẽ que venderẽ, saluo pera beberẽ, porque hũas das principaes mercadorias que nella se guasta he o vinho (...).[144]

---

139 "Vinho de milho faz desta maneyra. Tomã o milho e pisã no muy bem pisado e fazem farinha dello e a esta farinha deytam agoa qute que ferue. Emtã coã no per hu pano de palma feito pera aquello. E aquella agoa deitã em panellas e a deixã cozer por certos dias. E este vinho quãto mais velho tãto melhor": Valentim Fernandes, "Descripçã..." (1507?), MMA (I): 688; cf. Curto, *Álcool e Escravos*, 41-67; Lima, *Pulque, Balché y Pajauaru*, 379-82.

140 "Vinho de mel fazẽ assi. Tomã o mel cõ sua cera, e entã tomã agoa .s. tres terços, e delinhã aquelle mel em aquella agoa, e deytã na em panellas ou cabaças grãdes, e çarrã nas muy bem as suas bocas e deixã as estar por dias, porẽ cada dia as leuã ao sol. E assi ferue cõ [a] quëtura do sol. E despois que passa [m] vij ou xv dias abrem aquella penella e tyrã lhe a çera que se veo toda açyma. E aquelle vinho bebem, e sabe muy bẽ porque ha algũus que ho sabẽ fazer muy bem, porque nesta terra naçe muyto mel, e tem muytas abelhas": Valentim Fernandes, "Descripçã..." (1507?), MMA (I): 688; cf. Lima, *Pulque, Balché y Pajauaru*, 204-7.

141 *Ibidem*, 255-7.

142 Alencastro, *O Trato dos Viventes*, 311.

143 "Outra aruore ha em Mãdinga como enzyna e dá fruito tã grãde como pessigos e dura todo ãno e sempre dá fruito. Esta fruyta elles chamã mabijs e nós mẽpatagẽs, e desta fruita tambẽ fazẽ vinho e tem sabor de mançaãs bayonesas": Valentim Fernandes, "Descripçã..." (1507?), MMA (I): 710.

144 Valentim Fernandes, "Descripçã..." (1507?), MMA (I): 718.

Tal como ocorria à sociedade como um todo, a percepção cultural das bebidas estava marcada por um agudo viés hierarquizante. Aos nobres cabia o vinho de palma, enquanto que as cervejas eram consideradas como bebidas baratas e consumíveis por qualquer um. Esta dicotomia *malafu :: walu* (para usar os termos de Congo e Angola) reproduzia fielmente a própria dicotomia social – entre uma elite (e seus agregados e escravos) e os homens comuns – das sociedades estatais ou protoestatais com os quais os europeus se defrontaram na África Atlântica.[145]

Além deste valor simbólico, o vinho de palma era um dos mais importantes itens dos tributos coletados pelos reis africanos, como o Mansa Falup, rei dos felupes: "esta gēte de quāto cria assy das vacas como doutras animálias e vinhos e azeites, de todo dam ho quarto a seu rey, e nenhuū rey de toda Ethiopia he tā bem pagado do seu tributo como este e esto por ser muy cruel e muy temjdo". O consumo da bebida era parte central do ritual de apresentação de Mansa Falup: "este rey nõ come se nõ á tarde, porem des da manhaā atee noyte sempre está hūu cabaz apar delle de vinho de palma e scassamēte pode dizer tres palavras, alça o cabaz e bebe".[146]

Na medida em que os portugueses alcançavam outras regiões da África, percebiam a ubiquidade da utilização do vinho de palma como índice de *status* e de poder real. Em 1560, quando o embaixador português, Paulo Dias de Novais, rendia as homenagens de praxe ao *ngola* de Ndongo (atual Angola) – um importante chefe tributário do *Mani* (rei) do Congo – foi recebido com toda a pompa e circunstância. O *ngola* estava vestido com roupas coloridas e portava os símbolos de seu poder: um chifre de antílope na mão esquerda e uma cabaça de vinho de palma na direita.

Como afirmou, sobre esta cena, Marina de Mello e Souza: "como sempre, o chefe cercava-se de insígnias e rituais que legitimavam e apresentavam ao público seu poder, construído sobre bases diversas: linhagens e alianças matrimoniais, conhecimentos religiosos e acúmulo de indicadores de prestígio".[147] Este poder, contudo, não residia apenas no acúmulo destes bens suntuários, mas também na sua distribuição: os chefes e reis da África Atlântica deviam mostrar reciprocidade fazendo doações de comidas e bebidas aos súditos, revelando-se, desta forma, como "grandes homens" redistribuidores.[148]

O vinho de palma também era um item fundamental nos cultos religiosos e funerários. Apesar das grandes diferenças existentes entre, por exemplo, os povos sudaneses da Senegâmbia e os bantos do Congo-Angola (para não falar nos povos islamizados, que costumavam manter parte de seus cultos pré-islâmicos), alguns pontos em comum podem ser vislumbrados em suas estruturas religiosas. O principal destes pontos era a presença de um importante culto aos ancestrais, representados

---

145 Roquinaldo Ferreira, "Dinâmica do comércio intracolonial: Geribitas, panos asiáticos e guerra no tráfico angolano de escravos (século XVIII)," in *O Antigo Regime nos Trópicos: A Dinâmica Imperial Portuguesa (Séculos XVI-XVIII)*, org. João Fragoso, Maria F. Bicalho e Maria de F. Gouvêa (Rio de Janeiro: Civilização Brasileira, 2001), 348-9.

146 Valentim Fernandes, "Descripção..." (1507?), MMA (I): 715.

147 Marina de Mello e Souza, *Reis Negros no Brasil Escravista: História da Festa de Coroação de Rei Congo* (Belo Horizonte, Ed. UFMG, 2002), 101.

148 Priore e Venâncio, *Ancestrais*, 29.

por estatuetas e máscaras possuidoras de uma força mágica, manipuladas por sacerdotes especializados.[149] Por ocasião dos funerais, ou durante os cultos reservados aos mortos, o ato de beber e de distribuir o vinho de palma revestia-se de importância crucial.

A grande hierarquização da maioria destas sociedades revelava-se – como sói acontecer durante a formação dos Estados – com força durante os funerais de reis e nobres, inclusive com a presença de sacrifícios humanos. O jesuíta Baltasar Barreira, escrevendo da Serra Leoa, em 1607, afirmava que era costume enterrar os mortos de alto *status* em "huã coua a modo de abobeda, e sobre ella lhe armaõ huã casa a modo de ermida, aonde uaõ falar cõ o defunto e emcomendarlhe suas cousas; assentaõ o corpo em seu assento, e se he alguã pessoa nobre mataõlhe escrauos e escrauas, pêra que os uaõ seruir a outra uida". Ao enterrar (à moda cristã) uma velha nobre que havia se convertido, Barreira percebeu que os nativos ficaram "maraulhados de naõ fazerẽ por ella os prantos que por elles costumaõ fazer, os quaes cõ mor rezaõ lhe podẽ chamar festas, porque cõforme a calidade da pessoa que morre, assi cõcorre a gẽte de diuersas partes, mais por ceremonia e por comer e beber, que por chorar".[150]

As bebidas também tinham um lugar especial nos cultos "ao diabo", como diziam os missionários europeus ao se referirem aos sacrifícios de animais e outros ritos religiosos africanos. O capuchinho espanhol Filipe de Yjar, visitando o Benim, em 1654, afirmou que: "en este tiempo pudimos ver muy bien sus Ritos y Çerimonias diauolicas, que son muchas y muy grandes (…), tienem casas propias dedicadas al Diablo, em donde le offrezen sacrifício de vino, frutos e diuersos animales de su tierra".[151]

Nestes sacrifícios de animais ficava bem patente a importância cerimonial do vinho de palma, como perceberam os portugueses, já no século XIV. O "Manuscrito Valentim Fernandes" traz uma copiosa descrição de um destes sacrifícios, feito pelos Banhuns, povo da atual Guiné Bissau. Os nativos adoravam "hũu pao a que chamã hatichina" para o qual era escavada uma cova, na qual era colocado "hũu cabaz de vinho de palma que leuará tres ou quatro canadas", além de azeite e arroz. Derramava-se, dentro da cova, o vinho, o azeite e o arroz, sacrificando-se, em seguida, um cão. Deixavam, então, "correr todo o sangue do cam em a dita coua sobre o vinho, azeite e arroz".[152]

Como é possível perceber a partir destes relatos, as bebidas africanas eram diferenciadas em função de seus lugares sociais de produção e consumo. Ao vinho de palma estava reservado, de forma bastante explícita, o lugar de proa, de bebida mais valorizada, tanto como índice de alto *status* social, quanto como veículo para a comunicação com os mortos e com os deuses. Neste contexto, não é de

---

149 *Ibidem*, 24-30.

150 "Carta do Padre Baltasar Barreira ao Provincial de Portugal" (09/03/1607), in *Monumenta Missionaria Africana* – (2ª serie, v. IV, *África Ocidental, 1600-1622*), col. Antônio Brásio (Lisboa: Agência Central do Ultramar, 1968), 238, doravante MMA (IV).

151 "Carta do Padre Filipe de Yjar ao Núncio Apostólico em Madrid" (02/06/1654), in *Monumenta Missionaria Africana* – (2ª serie, v. XI, *África Ocidental, 1651-1655*), col. Antônio Brásio (Lisboa: Agência Central do Ultramar, 1971), 366, doravante MMA (XI).

152 Valentim Fernandes, "Descripção…" (1507?), MMA (I): 719.

se estranhar que o vinho europeu tenha assumido uma posição crucial entre os povos africanos que se relacionaram mais intimamente com os europeus. Sendo raro, e caro, o vinho de uvas possuía um caráter de exclusividade que o fazia altamente desejado pelas elites africanas, tendo se tornado, por conseguinte, um dos bens mais valorizados no trato com os europeus, pelo menos até a entrada em cena da cachaça brasileira, a partir do século XVII.[153]

Fornecer o vinho aos nobres africanos representava, para os europeus, um meio indispensável para o estabelecimento de relações amistosas e de tratos comerciais com povos suficientemente poderosos para negociar suas lealdades com os estrangeiros que lhes trouxessem maiores vantagens. O padre Baltasar Barreira, por exemplo, percebeu este poder do vinho de uvas durante sua viagem a Serra Leoa. Ao "convencer" o rei Fatema ("dos mais principaes destas partes") a se batizar, notou o jesuíta que havia duas dificuldades: o rei tinha "algũa dificuldade o deixar as molheres que tem, que segũdo dizem seraõ oitocentas", e fazia questão de receber bens europeus: "o anno passado escreui que estando este Rey pera se baptizar, hũ homem dos que uierão á colla lhe persuadio que se detiuesse algũs dias, porque logo auia de tornar e lhe traria uestidos ricos e vinho de Portugal e outras cousas pera a festa do seu baptismo".[154]

Era simplesmente impossível tratar com os africanos sem que se fizessem presentes deste tipo. Durante as obras de restauração da fortaleza de São Jorge da Mina (duramente atingida pelos canhões de uma armada holandesa), em 1607, os portugueses foram obrigados a dar "aos capitaẽs dos negros que ajudaraõ á defençaõ (...) quatro pipas de vinho, e huã cabaya descarlata a cada hum, porque com isso se animaraõ a pelejarem em semelhante occasiaõ, se se offereçer (...)".[155]

Os europeus – em especial os portugueses – desenvolveram na África boa parte das práticas de exploração e de colonização que seriam largamente utilizadas na América. Dentre estas práticas destacava-se o uso das bebidas alcoólicas enquanto lubrificantes e facilitadoras das relações interétnicas, além de itens vitais no comércio com os povos nativos. Esta experiência, contudo, estava marcada pelas características específicas das sociedades e culturas da África. Portugueses, e outros europeus, tiveram que adaptar estas experiências anteriores ao novo mundo surgido a partir da descoberta da América e de seus povos nativos, que possuíam um tipo de relação muito diferente com as bebidas. Tal diferença, como veremos, foi determinante para os rumos tomados pela história etílica nos primeiros tempos do Brasil.

---

153 Curto, *Álcool e Escravos*, 69-82; Alencastro, *O Trato dos Viventes*, 312.

154 "Carta do Padre Baltasar Barreira ao Provincial de Portugal" (09/03/1607), MMA (IV): 233.

155 "Carta Régia ao Conselho da Índia" (30/10/1607), in *Monumenta Missionaria Africana – (1ª serie, v. v, África Ocidental, 1600-1610)*, col. Antônio Brásio (Lisboa: Agência Central do Ultramar, 1955), 355, doravante *MMA* (V); "cabaia" era um tipo de túnica, confeccionada à moda turca.

3. Vinho e Contato na Colonização do Brasil

> Devo agora falar do vinho que, entre todos os alimentos úteis e necessários à vida humana, se não ocupa o primeiro lugar, garanto que mereceria pelo menos o segundo, por sua excelência e perfeição.[156]

Anoitecia, quando o piloto Afonso Lopes saltou em um esquife e pôs-se a investigar o porto no qual a frota de Pedro Álvares Cabral havia fundeado. Na praia, algumas dezenas de homens nus observavam a cena. Lopes havia sido escolhido para a tarefa por ser "homem vivo e destro para isso", e confirmou esta apreciação, ao "tomar" e trazer a bordo dois daqueles homens, "mancebos e de bons corpos".

A partir deste ponto, o escrivão Caminha fez o que poderíamos, com alguma licença epistemológica, considerar como a primeira etnografia dos índios brasileiros. Descreveu os cabelos "corredios" e "tosquiados", os "bons rostos e bons narizes, bem feitos", e os "ossos de osso branco", enfiados nos seus beiços. Surpreendeu-se com a sem-cerimônia com que os índios exibiam suas "vergonhas", e com a falta de cortesia para com o capitão e os outros notáveis da frota portuguesa.

O mais interessante, contudo, é a descrição do comportamento alimentar dos dois rapazes. Ao contrário do que os portugueses poderiam esperar, os índios nada comeram, recusando o pão e pescado cozido, os "confeitos e fartéis" (que devem ter parecido algo estranhíssimo aos jovens) e o mel e passas de figo. Quanto à água que lhes foi oferecida, "não beberam; somente lavaram as bocas e (a) lançaram fora".[157]

Talvez o que mais tenha chamado a atenção dos portugueses, porém, foi a reação dos nativos ao vinho europeu: "trouxeram-lhes vinho per uma taça, puseram-lhe assim a boca tão malaves e não gostaram dele nada, nem o quiseram mais".[158] Alguns dias depois, mesmo que os nativos estivessem mais à vontade entre os portugueses, continuavam resistindo ao vinho: Sancho de Tovar levou, ao seu navio, "dous mancebos, despostos", que comeram tudo que lhes foi oferecido (inclusive presunto), mas não receberam vinho "por Sancho de Tovar dizer que o não bebiam bem".[159]

Herdeiros da longa tradição europeia de trocas culturais mediadas pelas bebidas alcoólicas, nas quais o vinho de uvas ocupou, na maior parte das vezes, um lugar privilegiado, os portugueses devem ter se surpreendido bastante com aquela reação de asco e desaprovação à sua bebida nacional. Devem ter imaginado o quão diferentes eram aqueles selvagens dos negros da Guiné, que pareciam adorar o vinho.

---

156 Thevet, *As Singularidades da França Antártica*, 37.

157 Carta de Pero Vaz de Caminha, in Garcia, *O Descobrimento do Brasil*, 20-2.

158 *Ibidem*, 22.

159 *Ibidem*, 30-1.

Ora, na recusa dos índios aos alimentos e bebidas oferecidos já ficava patente a radical diferença entre os significados conferidos àquele encontro pelas duas culturas. No contexto dos sistemas culturais nativos do Brasil, o ato de comer e beber com o outro jamais se constitui em uma operação "neutra", ou (como no caso dos europeus) "instrumental". Só é possível compartilhar o alimento (ou a bebida) com aqueles indivíduos com os quais se compartilha a mesma "substância", ou com os inimigos cujo potencial de risco esteja colocado em um nível mínimo através de relações de afinidade. Como afirmou Aparecida Vilaça, a respeito dos Wari' (RO):

> A comensalidade, para os Wari', caracteriza de forma tão marcada as relações de consubstancialidade, que aqueles que comem os mesmos alimentos são concebidos como formando parte de um grupo de substância, que em seu limite mínimo é constituído pelos pais, filhos e irmãos, além do cônjuge – os cônjuges são tornados consubstanciais com o casamento, pois seus sangues se misturam.[160]

Ingerir qualquer alimento, ou bebida, com aqueles estranhíssimos personagens (que só poderiam ser associados a inimigos, visto não serem nem parentes nem afins) constituiria, para os rapazes levados a bordo do navio de Cabral, um ato bastante inusitado. Os índios observaram os portugueses com enorme interesse (principalmente por conta das ferramentas europeias), mas buscaram, durante todo o tempo em que a frota cabralina permaneceu em praias brasileiras, manter-se a uma distância segura dos recém-chegados.

Esta tentativa de apartação é bem revelada por sua atitude para com os degredados: por diversas vezes, mandou o capitão que aqueles homens, condenados por crimes em Portugal, passassem a noite com os índios, mas estes sempre os mandavam de volta: "e mandou (*o capitão*) com eles, pera ficar lá, um mancebo degradado (...), a que chamam Afonso Ribeiro, pera andar lá com eles e saber de seu viver e maneira. (...) Tornamos e eles mandaram o degradado e não quiseram que ficasse lá com eles".[161]

Para os portugueses, por outro lado, o oferecimento daqueles víveres representava não apenas um ato de aproximação com aquela alteridade radical, mas também um meio de aferir sua própria superioridade em relação a homens que, para os lusos, se afiguravam como verdadeiros selvagens, ainda mais "bárbaros" do que os negros da Guiné. Os marinheiros esperavam, certamente, que os índios aceitassem suas oferendas com alegria e, quem sabe, até com gratidão, diferentemente do que havia ocorrido dois anos antes, quando os representantes do Samorim de Calicute riram e desprezaram os paupérrimos presentes oferecidos por Vasco da Gama.[162]

---

160 Vilaça, *Comendo Como Gente*, 34.

161 Carta de Pero Vaz de Caminha, in Garcia, *O Descobrimento do Brasil*, 22-3. Sobre este primeiro encontro entre os portugueses e os índios no Brasil cf. Giucci, *Sem Fé, Lei ou Rei*, 27-76; Fernandes, *De Cunhã a Mameluca*, 207-9.

162 Álvaro Velho, *O Descobrimento das Índias: O Diário da Viagem de Vasco da Gama, escrito por Álvaro Velho* (Rio de Janeiro: Objetiva, 1998 [1ª edição: 1838]); 84.

Não se imaginava que aqueles pobres homens, "nus, sem nenhuma cousa que lhes cobrisse as vergonhas",[163] agissem da mesma forma que os orgulhosos orientais. Os portugueses, muito provavelmente, esperavam dos índios uma atitude semelhante àquela tomada pelos povos da costa ocidental africana, os quais vinham sendo contatados, guerreados e escravizados pelos europeus durante as décadas precedentes. Todas as atitudes dos portugueses com relação aos índios, naquele primeiro encontro, eram coerentes com a sua experiência africana, seja o ato de "tomar" os nativos e levarem-nos a bordo, seja o de fazer-lhes oferendas de comida, de bebida e daquilo que era considerado, pelos europeus, como "bugigangas".

Ao oferecer suas dádivas, os portugueses "testavam" os índios, aferindo o seu grau de civilização e, principalmente, a possibilidade de usufruir seus corpos e eventuais riquezas que possuíssem. Aliás, no final da estadia da frota em águas brasileiras, alguns índios já aceitavam a comida que lhes era oferecida: alguns deles, que passaram a noite com os portugueses, foram "mui bem agasalhados, assim de vianda como de cama, de colchões e lençóis, polos mais amansar".[164] E, o mais importante, alguns já se aventuravam a saborear o vinho: "traziam alguns deles arcos e setas, e todolos deram por carapuças e por qualquer cousa que lhes davam. Comiam connosco do que lhes dávamos e bebiam alguns deles vinho, e outros o não podiam beber, mas parece-me que se lho avezarem (*acostumarem*), que o beberão de boa vontade".[165]

A aceitação das ofertas representava, como percebeu argutamente o escrivão da frota cabralina, o início de um processo de "amansamento" que seria crucial para o futuro sucesso dos lusos na terra recém-descoberta. Este sucesso se daria em bases profundamente distintas daquelas sobre as quais se construiu a presença portuguesa na África. Diferentemente do que ocorria na Guiné, os índios pareciam singularmente desprovidos de uma mentalidade mercantil, que reconhecesse na aceitação da dádiva o estabelecimento de uma relação de reciprocidade e, principalmente, *de dívida*.

Enquanto que, na África, a reciprocidade se expressava na cessão de informações, de ouro, de escravos, ou o que fosse, por parte dos nativos, os índios, à primeira vista, pareciam querer simplesmente pegar os presentes de roupas ou contas e voltar à praia, sem qualquer mostra de compreensão dos princípios de uma reciprocidade que, para os portugueses, era essencial para o estabelecimento de uma relação de dívida, a qual, como afirmou Guillermo Giucci, só era visível "para quem distribui para subjugar".[166]

Os nativos que habitavam o território que se tornaria a América Portuguesa, ao contrário dos povos da África Atlântica, não possuíam mercados onde as mercadorias europeias pudessem ser trocadas e postas em circulação, nem elites governantes que usufruíssem os bens suntuários europeus. Em virtude de sua extraordinária capacidade de reconhecer, nas culturas nativas, espaços de exercício de poder, por-

---

163 Carta de Pero Vaz de Caminha, in Garcia, *O Descobrimento do Brasil*, 19.

164 *Ibidem*, 32.

165 *Ibidem*, 31.

166 Giucci, *Sem Fé, Lei ou Rei*, 45; cf. Monteiro, *Negros da Terra*, 63.

tugueses e outros europeus logo perceberam que o estabelecimento de relações de dependência com os índios no Brasil deveria se dar a partir de bases adaptadas às condições e culturas locais.

Como em outras regiões do continente americano, os índios no Brasil utilizaram estratégias de comportamento, com relação aos europeus, extremamente variadas, e fortemente determinadas por suas próprias percepções a respeito de quem eram aqueles recém-chegados. Em alguns casos, como o dos Tupinambá da costa brasileira, os índios mostraram-se extremamente plásticos, estabelecendo com os europeus laços de aliança e afinidade que levaram-nos, inclusive, a combater e escravizar outros índios. Outros nativos, por seu turno, como os Mbayá-Guaicuru do Pantanal, tudo fizeram para se apartar das influências e contatos com os portugueses e outros europeus. Entre estes dois extremos, uma miríade de formas de relacionamento foi construída, de acordo com as circunstâncias históricas e culturais particulares.[167]

Refletir sobre tais diferenças representa, por certo, um passo fundamental para compreender as formas pelas quais europeus e indígenas se relacionaram em torno da experiência etílica. Seria de todo impossível, contudo, abordarmos estas diferenças sem nos perdermos na infinidade de casos e processos particulares que envolveram (e ainda envolvem) o contato interétnico no Brasil. Mais proveitoso, presumo, seria observar aquilo que existe de comum entre os diferentes casos, sempre reconhecendo a impossibilidade de, em um único trabalho, abranger toda a gama de experiências possíveis em um tema tão complexo.

É claro que este ponto em comum é a presença europeia, com seus produtos e instrumentos, e suas práticas sociais e culturais de exploração e de "improvisação de poder", isto é, "a habilidade europeia de insinuar-se várias vezes dentro das estruturas políticas, religiosas e também psíquicas preexistentes dos nativos e utilizá-las em proveito próprio".[168] É sempre necessário, não obstante, reafirmar que o processo de contato não representa, em qualquer hipótese, uma via de mão única: "a mudança cultural sofrida pelos povos nativos americanos não teve apenas um lado, e nem foi comandada unicamente pelas intenções e estratégias europeias", sendo antes "um extenso *processo* de descoberta mútua (...) que continua até os dias de hoje".[169]

Um exemplo importante da centralidade das percepções nativas dentro do processo de contato interétnico é dado pelo papel dos bens e instrumentos de origem europeia. Assim como ocorreu na África Atlântica, o vinho apareceu para os nativos no Brasil como mais um daqueles utensílios maravilhosos, que aqueles homens que vinham do mar pareciam possuir de forma inesgotável. Para compreendermos a maneira pela qual o vinho foi visto pelos índios, é importante que analisemos um pouco o papel que os bens de origem europeia tiveram no processo de contato.

---

167 Samuel M. Wilson e J. Daniel Rogers, "Historical Dynamics in the Contact Era," in *Ethnohistory and Archaeology: Approaches to Postcontact Change in the Americas*, ed. J. Daniel Rogers e Samuel M. Wilson (Nova York: Plenum Press, 1993), 4; Monteiro, *Negros da Terra*, 30-1; Fernandes, *De Cunhã a Mameluca*, 205-6.

168 Stephen Greenblatt, *apud* Giucci, *Sem Fé, Lei ou Rei*, 207.

169 Wilson e Rogers, "Historical Dynamics in the Contact Era," 3.

Tradicionalmente, os índios aparecem como receptores passivos de bens de baixo valor ("bugigangas"), alegremente recebidos em troca de produtos tropicais altamente valorizados, como o pau-brasil. A noção de que o álcool servia como uma "arma da colonização" se enquadra bem neste tipo de pressuposição, ao imaginar que os índios simplesmente não podiam recusar ou manejar o perigoso "presente etílico" oferecido pela cobiça europeia.[170]

Na verdade, está cada vez mais claro nos dias de hoje que os bens europeus jamais são incorporados pelas sociedades nativas de forma passiva ou "inconsciente", antes pelo contrário: o desejo nativo por estes bens é algo que, além de extremamente variável, é totalmente determinado por suas próprias percepções culturais. A noção de "utilidade", por exemplo, é bastante estranha às culturas nativas, e não pode responder pela aceitação de tal ou qual bem de origem europeia, ou neoeuropeia. Como afirmou, sobre este tema, Terence Turner:

> O desejo kaiapó por mercadorias brasileiras se deve apenas em parte à sua maior eficiência e utilidade frente aos produtos nativos, e muito pouco a uma competição por prestígio fundada no "consumo conspícuo". O valor primordial da posse de mercadorias, para os Kaiapó, – especialmente objetos próprios para ser exibidos, como roupas, casas e gravadores – reside na neutralização simbólica da desigualdade entre eles e os brasileiros, na medida em que esta é definida em termos da posse dos produtos mais complexos e eficazes da indústria ocidental, e da capacidade de controlar a tecnologia a eles associada. O valor das roupas, rádios e aviões para os Kaiapó, em outras palavras, reside acima de tudo na negação do contraste humilhante entre eles como seres "selvagens" e os brasileiros como "civilizados", contraste que os Kaiapó experimentam como se definindo, da maneira mais simples e óbvia, em termos da posse e uso de tais bens. Isto é verdadeiro, acima de tudo, para as roupas, visto ser a nudez o signo fundamental da selvageria aos olhos dos brasileiros.[171]

A exterioridade contida nos bens europeus representava, por si própria, um valor a ser alcançado,[172] mas isto não significa, por certo, que os índios fossem infensos ao caráter de utilidade ou eficiência dos objetos e instrumentos europeus. Segundo frei Vicente do Salvador, os índios agradeciam aos portugueses por terem trazido "todas as coisas boas (...) de que êles dantes careciam e agora as têm em tanta abundância, como são machados, foices, anzóis, facas, tesouras, espelhos, pentes e roupas".[173]

---

170 Hemming, *Red Gold*, 6.

171 Terence Turner, "De Cosmologia a História: resistência, adaptação e consciência social entre os Kaiapó," in Viveiros de Castro e Carneiro da Cunha, *Amazônia: Etnologia e História Indígena*, 61; cf. Altman e Butler, "The Contact of Cultures", 491.

172 Eduardo B. Viveiros de Castro, "O Mármore e a Murta: Sobre a Inconstância da Alma Selvagem," in *A inconstância da alma selvagem – e outros ensaios de antropologia* (São Paulo: Cosac & Naify, 2002), 223.

173 Salvador, *História do Brasil*, 141; cf. Monteiro, *Negros da Terra*, 63.

Em todos os testemunhos a respeito do contato interétnico, tanto os do passado quanto os do presente, percebe-se claramente o fascínio demonstrado pelos ameríndios em relação às maravilhosas ferramentas europeias, que se assemelhavam, aos olhos dos nativos, às obras de seus heróis culturais, chamados de *maí* ou *karaiva*. Este fascínio fica claro, por exemplo, na descrição feita por Caminha da confecção de uma cruz:

> E enquanto nós fazíamos a lenha, faziam dous carpinteiros uma grande cruz, dum pau que se ontem pera isso cortou. Muitos deles vinham ali estar com os carpinteiros, e creio que o faziam mais por verem a ferramenta de ferro, com que a faziam, que por verem a cruz, porque eles não têm cousa que de ferro seja, e cortam sua madeira e paus com pedras feitas como a cunhas, metidas em um pau antre duas talas, muito bem atadas (…).[174]

Em princípios do século XVII, durante o empreendimento francês no Maranhão (a "França Equinocial"), o chefe Tupinambá Japi-açu, em discurso aos franceses, ofereceu-nos uma notável racionalização mítica das diferenças técnicas entre índios e europeus, entendidas em termos de uma maior proximidade entre os recém-chegados e os *mair*:

> Éramos uma só nação, vós e nós; mas Deus, tempos após o dilúvio, enviou seus profetas de barbas para instruir-nos na lei de Deus. Apresentaram êsses profetas ao nosso pai, do qual descendemos, duas espadas, uma de madeira e outra de ferro e lhe permitiram escolher. Êle achou que a espada de ferro era pesada demais e preferiu a de pau. Diante disso o pai de quem descendestes, mais arguto, tomou a de ferro. Desde então fomos miseráveis, pois os profetas, vendo que os de nossa nação não queriam acreditar nêles, subiram para o céu.[175]

Quando o Padre Luiz Figueira exerceu sua atividade missionária na Serra de Ibiapaba, em 1608, percebeu com bastante clareza o caráter metafísico que os bens europeus possuíam para os nativos no Brasil, por mais "ordinários" que fossem. Os "tapuias" do Ibiapaba, por exemplo, deliciaram-se com uma "boceta de Flandres que lhe mandamos cheia de fumo", mas se extasiaram com alguns calções: "todos os vestidos que levava lhe pediram, e todos deu, mas tinha pouco que dar, e um a quem ele dera os calções, depois de os calçar se lhe ajuntaram as mulheres a roda a pranteá-lo por vestir os feitiços de branco como elas diziam".[176]

Os europeus souberam utilizar-se muito bem deste tipo de racionalização, mostrando aos índios que estes deveriam manter uma relação de dependência, se quisessem continuar a ter acesso aos "feitiços de branco". Um dos comandantes franceses no Maranhão, Charles des Vaux, deixou

---

174 Carta de Pero Vaz de Caminha, in Garcia, *O Descobrimento do Brasil*, 32.

175 Abbeville, *História da Missão dos Padres Capuchinhos*, 60-1.

176 Luiz Figueira, *Relação da Missão do Maranhão* (c. 1609), in Ribeiro e Moreira Neto, *A Fundação do Brasil*, 274.

isto muito evidente, respondendo a um discurso do chefe Tupinambá Momboré-uaçu, em que este manifestava dúvidas quanto às boas intenções dos franceses:

> E não sabes quanto seria infeliz a tua nação sem o auxilio dos franceses? (...) Que seria de vós, se os franceses não vos tivessem procurado para trazer-vos machados, foices, e outros gêneros que vos são necessários e sem os quais não podeis preparar vossas roças e viver? Que faríeis se não atravessassem o mar todos os anos, não só para vir ver-vos, mas ainda trazer-vos novas mercadorias destinadas à substituição das antigas já gastas? Onde obteríeis outras?[177]

Esta dependência dos índios, tão bem explorada por europeus como des Vaux, deve ser vista de forma matizada. Afinal, os nativos sempre podiam jogar com as rivalidades entre as nações europeias, ou entre os indivíduos de uma mesma nação. Os primeiros povoadores (portugueses, em sua maioria), além de depender fortemente dos nativos para a obtenção de mantimentos, também dependiam da capacidade repressiva da metrópole, de forma a mantê-los como os únicos a terem acesso às trocas com os nativos.

Não é por acaso que, desde muito cedo, a Metrópole tenha reservado o comércio com os índios aos colonos. Esta determinação é bem explicitada no Foral da Capitania de Porto Seguro, cujo donatário era Pero do Campo Tourinho. Este documento proibia que qualquer pessoa "de meus Reinos, e Senhorios, como de fóra delles" pudesse tratar, comprar ou vender "cousa alguma com os gentios da terra", somente tratando com "o Capitão, e povoadores della", sob pena de perder "em dobro todalas mercadorias, e cousas, que com os ditos gentios contratarem", proibição que era estendida a "todo vizinho e morador, que houver na dita Capitania, e for feitor, ou tiver companhia com alguma pessoa, que viver fóra de meus Reinos, e Senhorios".[178]

Neste contexto, no qual os bens e mercadorias representavam um passaporte vital para o estabelecimento de relações com os índios, o vinho surgiu como mais uma daqueles produtos que deixavam tão evidente a inferioridade técnica e simbólica dos nativos. Grandes especialistas na produção de bebidas fermentadas, como eram os índios no Brasil (e especialmente os Tupinambá, primeiros a sentir o impacto da invasão europeia), não poderiam deixar de se extasiar com a capacidade embriagante do vinho. À sensação de asco demonstrada no primeiro encontro com o *cãoy áyà* ("vinho azedo"),[179] logo se seguiu o desejo de possuir aquele bem tão prestigiado pelos *pero* e *mair*, e tão mais potente que suas próprias bebidas tradicionais.

---

177 Abbeville, 1975 (1614): 116.

178 "Traslado do Foral e Privilegio da Capitania de Porto Seguro do Brasil, que é de Pero do Campo" (23/09/1534), *Documentos Históricos da Biblioteca Nacional* (Rio de Janeiro: Biblioteca Nacional, 1928-55), v. XXXVI, 274-5 (doravante DH).

179 José de Anchieta, "Informação dos Casamentos dos Indios do Brasil" (1584), in Anchieta, *Cartas*, 1988: 459. Fernão Cardim (*Tratados da Terra e Gente do Brasil*, 178) diz que os índios chamavam o vinho português de *cagui-été* ("vinho verdadeiro"), mas Anchieta (fonte linguística mais confiável), no trecho já citado, afirma que o

Um exemplo disso é dado pela descrição, feita pelo calvinista Jean de Léry, da tomada de uma caravela portuguesa, por parte dos índios, em meados do século XVI. No seio de uma discussão acerca do amor que os Tupinambá dedicavam à embriaguez, Léry nos apresenta uma história que lhe foi contada por um velho Tamoio:

> Antes de terminar este assunto, e a fim de que os leitores se convençam de que se tivessem vinho à vontade enxugariam galhardamente o copo, vou contar uma história tragicômica que em sua aldeia me contou um *mussacá*, isto é, um bom e hospitaleiro pai de família. "Surpreendemos uma vez, disse ele na sua rude linguagem, uma caravela de *pêros*, (isto é, portugueses, que como já referi são inimigos mortais dos nossos tupinambás) na qual, depois de mortos e comidos todos os homens e recolhida a mercadoria existente, encontramos grandes *caramemos* (tonéis e outras vasilhas de madeira) cheios de bebida que logo tratamos de provar. Não sei que qualidade de *cauim* era, nem se o tendes no vosso país; só sei dizer que depois de o bebermos ficamos por três dias de tal forma prostrados e adormecidos que não pudemos despertar". É verossímil que fossem tonéis de bom vinho da Espanha, com os quais os selvagens, sem o saber, festejaram a Baco. Não é pois de admirar que o nosso homem se tivesse sentido tão repentinamente atordoado.[180]

Apesar desta demonstração entusiasmada de aceitação do vinho por parte dos índios, a bebida europeia tinha pouquíssimas possibilidades de se tornar um item importante de comércio, ou "resgate", entre europeus e nativos. Ao contrário do que ocorreu na África, o lugar social reservado às bebidas e à embriaguez pelos índios deixava um espaço reduzido para uma bebida fermentada de difícil obtenção, como era o caso do vinho. Uma rápida comparação entre o que ocorreu no Brasil e na África Atlântica pode ser muito útil, para compreendermos as razões do relativo fracasso do vinho em se estabelecer como um eficiente "lubrificante" das relações interétnicas na América Portuguesa, papel que foi mais bem ocupado por ferramentas e instrumentos de trabalho e, a partir do século XVII, pela cachaça.

Como vimos na seção anterior, as sociedades africanas dispunham de um *ranking* dos inebriantes alcoólicos, o que lhes permitia manter um determinado tipo de bebida, o vinho de palma, como um item exclusivo, para uso das elites e dos rituais religiosos. O vinho penetrou neste mundo como um substituto (ainda mais valorizado, por certo) desta bebida de elite, enquanto que, aos comuns, continuavam reservados os fermentados de obtenção mais fácil, as cervejas de sorgo e painço

---

"vocábulo *etê*, que quer dizer legítimo, usam eles nas coisas naturais da sua terra, e assim a seu vinho chamam *cãoy etê*, vinho legítimo verdadeiro". O vinho de uvas também era chamado de *cauim piranga* ("cauim vermelho"): Rodolfo Garcia, em nota a Anchieta, *ibidem*, 464; cf. Ferdinand Denis, em nota a Evreux, *Viagem ao norte do Brasil*, 409.

180 Léry, *Viagem à Terra do Brasil*, 120-1.

e os hidroméis, pelo menos até o século XVII, quando a cachaça brasileira foi introduzida no continente africano.[181]

Ao chegarem ao litoral brasileiro, contudo, os portugueses encontraram povos que possuíam hierarquias sociais muito pouco marcadas, o que se refletia diretamente no tipo de utilização que se fazia do álcool. Entre aqueles nativos – os Tupinambá, Guarani e vários grupos "tapuias" – não existiam "bebidas de elite", por não existirem elites de qualquer tipo. As bebidas fermentadas, de uma forma geral, eram consumidas por todos os membros do grupo, respeitadas as interdições de idade (transitórias) e de gênero (frouxas). Além disso, consumiam-se estas bebidas (muito suaves, do ponto de vista da potência embriagante) em grandes quantidades e em um espaço de tempo bastante reduzido, durante os dias em que se realizavam festas de casamento, cerimônias de iniciação (como a perfuração dos lábios dos meninos, entre os Tupinambá) e rituais antropofágicos.

Desta forma, seria impossível que uma bebida fermentada de origem estrangeira, mesmo que mais potente, ocupasse um lugar importante nas relações euro-indígenas no Brasil. Para isso, teria sido necessário que esta bebida estivesse disponível em grandes quantidades, de forma a substituir, com vantagem, as bebidas nativas. Isto jamais aconteceu. O vinho sempre teve uma distribuição relativamente restrita no Brasil colonial, e nunca esteve disponível, em grandes quantidades, aos índios.

Mesmo quando se percebia, em função do contato como os europeus, a formação de "proto-elites" entre os relativamente igualitários índios no Brasil, o vinho de uvas, assim como outros bens de origem europeia, mostrava-se inadequado como veículo de diferenciação social. Os chefes nativos, para permanecerem nesta posição, deviam se mostrar como redistribuidores generosos, não havendo, entre os índios do litoral brasileiro, e do sertão mais próximo, qualquer coisa que se assemelhasse a um sistema tributário, que justificasse que alguns bens estivessem disponíveis apenas a uma elite.

O intérprete Roulox Baro, atuando, em 1647, como embaixador da Companhia das Índias Ocidentais junto aos "tapuias" do sertão do atual Nordeste, teve a oportunidade de observar as limitações do uso dos bens europeus enquanto estratégia de cooptação da fidelidade de uma "elite" indígena. O famoso chefe Janduí, um dos mais importantes aliados nativos dos holandeses, reclamava acerbamente da reduzida quantidade de presentes recebidos dos holandeses, e que não lhe permitiam exercitar, a contento, seu papel de grande redistribuidor:

> um capitão dos tapuias, chamado Vvariju, veio visitar Janduí, com sua gente conduzida por trinta e quatro chefes e regalaram-se com farinha, ratos e milho, que tinham trazido. (...) No dia 3 de junho, o velho (*Janduí*) deu a Vvariju uma parte dos presentes que eu lhe trouxera, sob a promessa de seguir o seu partido, que é o nosso, e despediu-o. Depois disse-me: – "Vês, meu filho, como é necessário que eu dê aos tapuias parte do que ofereceste? Pois, de outro modo, eu ficaria só: não tenho

---

181 Curto, *Álcool e Escravos*, 78-82.

o suficiente para distribuir aos outros chefes." Prometi-lhe que, dali em diante, eu me abasteceria de presentes suficientes para todos.[182]

O problema, portanto, estava na capacidade europeia de satisfazer a demanda nativa pelo fermentado de uvas, e não na falta de desejo pelo vinho por parte dos nativos. Pelo contrário, estes apreciavam muitíssimo a bebida europeia, como nos diz o jesuíta Fernão Cardim. Ao acompanhar, em 1583, o padre Cristóvão de Gouveia em sua visitação à Bahia, Cardim pôde observar com clareza o valor concedido ao vinho pelos índios Tupinambá: "o padre lhes dava das cousas de Portugal, como facas, tesouras, pentes, fitas, gualteiras, *Agnus Dei* em nominas de seda; mas o com que mais folgavam era com uma vez de *caguí-été*, sc. vinho de Portugal".[183]

O vinho não era usado apenas na troca de presentes durante as ocasiões festivas. Durante o processo de conquista do território aos índios, o vinho serviu, em algumas ocasiões, para dirimir tensões com os índios "aliados" ou para travar relações pacíficas com os índios "brabos". Em princípios do século XVII, no contexto das guerras de conquista da Paraíba e do Rio Grande do Norte aos franceses e seus aliados nativos, o vinho era frequentemente oferecido ao turbulento chefe Zorobabé. Este *principal* dos Potiguara havia passado para o lado luso-espanhol, após a derrota dos franceses no Rio Grande, em 1598, tendo prestado grandes serviços aos colonizadores ibéricos, inclusive ao fazer guerra (1603), junto com 1500 flecheiros, aos Aimoré que atacavam engenhos e povoações na Bahia.

Era uma aliança das mais instáveis, não apenas por conta da tradicional "inconstância" dos nativos, mas também pelo fato de Zorobabé ser um indivíduo "inquieto e revoltoso", principalmente nas ocasiões em que se embebedava, o que não impedia os "brancos da Paraíba" de fazer-lhe frequentes visitas com "boas peroleiras de vinho e outros presentes, ou por seus interêsses de índios por seus serviços e empreitadas, ou por temor que tinham da sua rebelião, por o verem tão pujante". Tais presentes não foram suficientes para atrair a fidelidade absoluta do *principal*, que acabou por ser preso em 1608 e enviado a Portugal, onde morreu.[184]

Os Potiguara não eram os únicos a serem "amaciados" com presentes de vinho. Apesar das inumeráveis violências cometidas contra os povos indígenas durante o processo de colonização, era política da Coroa portuguesa – e espanhola, durante o período da União Ibérica (1580-1640) – e, muitas vezes, dos próprios administradores locais, buscarem formas de se relacionar com os nativos sem fazer uso da guerra aberta, sempre perigosa e imprevisível. O governador Diogo de Menezes

---

182 Roulox Baro, *Relação da Viagem ao país dos Tapuias* (Belo Horizonte/São Paulo: Itatiaia/Edusp, 1979 [1ª edição: 1651]), 101; cf. Cristina Pompa, *Religião como Tradução: missionários, Tupi e Tapuia no Brasil colonial* (Bauru: Edusc/Anpocs, 2003), 254.

183 Cardim, *Tratados da Terra e Gente do Brasil*, 178.

184 Salvador, *História do Brasil*, 333-52; cf. Ronaldo Vainfas, "Zorobabé", in *Dicionário do Brasil Colonial (1500-1808)*, dir. Ronaldo Vainfas (Rio de Janeiro: Objetiva, 2000), 592.

(1608-12) resumiu bem, em carta a Filipe II, a estratégia preferida (embora nem sempre praticada) para o contato com os índios:

> O terceiro ponto he a forma em que se deve fazer a jornada e conquista a qual me pareçeo sempre se não devia fazer com grandes custos nem exercitos de gente por que como a gente que se vai conquistar se não pode sugeitar pela força, senão por invenção e manha, quanto menos poder ver o gentio em nos e nos que o vão conquistar, tanto mais se fiarão do que dissermos, e assi se redusirão facillissimamente porque não he gente que se deffenda por força, senão por fugir de nos fasendo que a falta das cousas nos desbarate, e sem elle mal se podera remediar nem povoar tão larga costa assi pera remedio de a deffender aos estrangeiros como de a cultivarem e assi a força moderada não ficara espantado o gentio pêra se afastar de nos e a gente que for ira segura de lhe poder acontecer hum desastre.[185]

Aliás, naquela mesma guerra, já referida, contra os Aimoré da Bahia (1603), os ibéricos exercitaram à farta as estratégias de guerra (com o apoio de Zorobabé) e de "manha", esta com a sempre bem-vinda ajuda do vinho da Europa. Tendo tomado "com o seu gentio em um assalto" a uma mulher Aimoré, Álvaro Rodrigues[186] ensinou-lhe:

> A língua dos nossos tupinambás, e aprendeu e fêz a alguns nossos aprender a sua. Fêz-lhe bom tratamento, praticou-lhe os mistérios da nossa santa fé católica, que é necessário crer um cristão, batizou-a e chamou-lhe Margarida. Depois de bem instruída e afeta a nós, vestiu-a de sua camisa ou saco de pano de algodão, que é o traje das nossas índias, deu-lhe rêde em que dormisse, espelhos, pentes, facas, vinho e o mais que ela pôde carregar, e mandou-a que fosse desenganar os seus, como fêz, mostrando-lhes que aquêle era o vinho que bebíamos, e não o seu sangue, como eles cuidavam, e a carne que comíamos era de vaca e outros animais e não humana; que não andávamos nus, nem dormíamos pela terra, como êles, senão em aquelas rêdes, que logo armou em duas árvores e nenhum ficou que se não deitasse nela e se não penteasse e visse no espelho. Com o que, certificados que queríamos sua amizade, se atreveram alguns mancebos a vir com ela à casa do dito Álvaro Rodrigues na cachoeira do rio Paraguaçu, donde êle os trouxe a esta cidade ao capitão-mor Álvaro de Carvalho, que logo os mandou vestir de pano vermelho e mostrar-lhes a cidade, onde não havia casa de venda ou taverna em que não os convidassem e brindassem. Com o que mui certificados foram acabar de desenganar os companheiros, e se fêz

---

185 "Carta de D. Diogo de Menezes a Filipe II, dando-lhe parecer sobre a conquista do Maranhão e divisão das terras" (Bahia, 01/03/1612), in Lucinda Saragoça, *Da "Feliz Lusitânia" aos Confins da Amazônia – 1615-62* (Lisboa/Santarém: Cosmos/Câmara Municipal de Santarém, 2000), 323.

186 Experimentado sertanista, que já havia se notabilizado na guerra aos Caeté de Sergipe, quando se fez acompanhar de três mil "frecheiros tapuias": Luiz A. Moniz Bandeira, *O Feudo – A Casa da Torre de Garcia d'Ávila: da conquista dos sertões à independência do Brasil* (Rio de Janeiro: Civilização Brasileira, 2000), 112.

paz com os aimorés em tôda esta costa. Queira nosso Senhor conservá-la e que não demos ocasião a outra vez se rebelarem.[187]

Apesar destes exemplos, seria um grande erro, repito, afirmar que o vinho de uvas representou um papel dos mais importantes nas relações interétnicas na América Portuguesa, pelos motivos já referidos anteriormente. Ao contrário do que pensou John Hemming – imerso em uma perspectiva norte-americana, na qual as bebidas alcoólicas representaram, efetivamente, uma "arma da colonização", utilizada contra nativos despreparados para resistir ao rum e ao *corn whiskey* – os índios brasileiros pouco sofreram com "a arma mais poderosa do colonialismo", pelo menos se considerarmos, como faz Hemming, que esta arma era o vinho de uvas.

Nas listas de mercadorias e bens oferecidos aos índios durante todo o período tratado neste livro, o vinho de uvas raramente aparece. E quando isso acontece, é no contexto de uma crítica à sua distribuição aos índios. É o que faz D. Diogo de Meneses, governador-geral entre 1608-1612, quando propõe a El-Rei que os índios sejam retirados da tutela dos jesuítas e espalhados pela costa, trabalhando para os colonos e vivendo em aldeias com capitão e câmara, de forma a transformá-las, paulatinamente, em vilas. E que fosse permitido aos colonos vender e comprar mercadorias aos índios, com uma importante exceção: o vinho, "e desta maneira não lhe poderá ninguem faser velhacarias como cada dia lhe fasem".[188]

Se a carta do governador pede a proibição, é porque havia o comércio, ou ao menos a troca de presentes envolvendo o vinho. Mas não se tratava de uma prática oficial ou incentivada pela administração colonial. O que existe nos documentos oficiais é uma sucessão, até monótona, de referências a itens de tráfico mais prosaicos, em especial objetos e instrumentos de trabalho e vestimentas, pontuados por alguns itens um pouco mais valiosos, cedidos aos chefes nativos. Havia o cuidado de não dar aos índios objetos que pudessem ser utilizados contra os próprios colonizadores: no regimento de Tomé de Souza (c. 1549) foi feita uma lista dos bens que estavam vetados ao tráfico com os nativos. Estava proibida a entrega de

> artilharia, arcabuzes, espingardas, pólvora nem munições para elas, bestas, lanças, espadas e punhais nem manchis, nem foices de cabo de pau, nem facas da Alemanha (facas de boa qualidade), nem outras semelhantes, nem algumas outras armas de qualquer feição que forem assim ofensivas e defensivas, e qualquer pessoa que o contrário fizer morra por isso morte natural e perca todos seus bens a metade de seus cativos e a outra metade para quem o acusar.[189]

---

187 Salvador, *História do Brasil*, 334.

188 Diogo de Meneses e Siqueira, "Carta para El-rei, sobre a arribada à Baía do galeão de D. Constantino de Meneses, que ia para a India; sobre as aldêas do gentio, sobre o serviço dos engenhos, etc." (Olinda, 23/08/1608) *Anais da Biblioteca Nacional* LVII (1935): 38-9.

189 "Primeiro Regimento que levou Tomé de Souza Governador do Brasil" (c. 1549), in Ribeiro e Moreira Neto, *A Fundação do Brasil*, 146.

O Regimento definia o que poderia ser comercializado com os índios. Eram produtos de baixo preço e qualidade (para os europeus), e de baixo ou nulo potencial ofensivo, tais como "machadinhas, machados, (...) facas pequenas de foices de cabo redondo, podões de mão, cunhas, (...) facas pequenas de tachas e tesouras pequenas de dúzias".[190] Outras relações, e não apenas as portuguesas, seguem por esta linha: dava-se "pentes, facas, machados, espelhos, miçangas e outras bugigangas";[191] ou "duas dúzias de tesouras (...), dez maços de miçangas (...), uma dúzia de espelhos pequenos, 400 anzóis de tamanho médio, 4 dúzias de facas de baixa qualidade (...)".[192]

Não obstante, os colonos, e especialmente seus descendentes com as mulheres nativas, os *mamelucos*,[193] frequentemente escapuliam destas proibições. Os mamelucos, agindo como mediadores culturais entre os mundos europeu e indígena, e transitando entre sentidos e práticas muito díspares entre si, sentiam-se bastante livres para andarem nus, praticarem o canibalismo e a poliginia, participar das cauinagens e, por outro lado, agirem como facilitadores e agentes da dominação europeia, guiando tropas de colonos à caça de índios escravizáveis e comandando guerras contra nativos hostis.

Por vezes, mamelucos e índios criavam uma prática "mestiça" de relações, em que aqueles adquiriam prisioneiros e mulheres em troca de bens vedados pela legislação portuguesa, como cavalos, pólvora, armas de fogo, espadas, facas de boa qualidade... Como afirmou, acerca deste ponto, Ronaldo Vainfas, "o movimento de aculturação – processo complexo e de mão dupla – acabava, no limite, por armar os índios contra a colonização escravocrata".[194] A confissão do mameluco Domingos Fernandes *Tomacaúna*, feita ao visitador do Santo Ofício na Bahia (1592), mostra bem esta fluidez das práticas da vida colonial. Disse o mestiço ao visitador que "haverá vinte anos, no sertão de Pernambuco no Rio de São Francisco deu uma espada e rodelas[195] e adagas e facas grandes de Alemanha e outras armas aos gentios que são inimigos dos cristãos, e os matam e guerreiam, quando tem lugar para isso".[196]

Apesar destas importantes exceções, é importante ressaltar que, sempre que a Coroa e seus agentes mais diretos possuíam alguma margem de controle sobre as relações com os povos nativos,

---

190 *Ibidem*

191 "Relação da viagem do Capitão de Gonneville às Novas Terras das Índias" (1505), in Perrone-Moisés, *Vinte Luas*, 23.

192 "Relación de lo recebido y pagado por Enrique Montes em la isla de Santa Catalina" (1527), *in* Ribeiro e Moreira Neto, *A Fundação do Brasil*, 131.

193 Cf. Vainfas, *A Heresia dos Índios*, 141-51; Ronaldo Vainfas, "Mamelucos", in Vainfas, *Dicionário do Brasil Colonial*, 365-7.

194 Vainfas, *A Heresia dos Índios*, 147.

195 Escudos redondos.

196 "Confissão de Domingos Fernãdes, Nobre de alcunha tomacauna mestiço cristão-velho no tempo da graça do Recôncavo no último dia dela" (11/02/1592), *in* Ribeiro e Moreira Neto, *A Fundação do Brasil*, 245.

observamos uma grande coerência no que se refere aos tipos de mercadorias que eram usados. Esta coerência não se dava apenas em função da disponibilidade dos próprios europeus: os índios somente aceitariam aqueles produtos que lhes interessassem.

Quando a Coroa Ibérica determinou, em 1637, que fossem dadas aos "índios do Camarão" (de papel crucial na luta contra os invasores neerlandeses) mercadorias para obrigá-los "a assistir na guerra", estas se constituíram em "panno de linho, pentes, facas, thesouras, espelhos e velerios, e outras, cousas semelhantes (...)".[197] Quando o Conde de Óbidos, governador do Brasil entre 1663 e 1667, mandou aparelhar uma entrada ao sertão de Jacobina, na Bahia, não teve dúvidas em ordenar que fosse entregue o sortimento tradicional de "seis milheiros de anzoes, e seis duzias de facas de resgate (*isto é, facas de baixa qualidade*) para os Indios amigos".[198]

É claro que, em muitas oportunidades, as condições práticas da vida na colônia levavam à elisão deste tipo de norma. Mesmo um representante direto da Coroa portuguesa poderia armar os índios, na medida em que esta providência se afigurasse como uma necessidade para a defesa do sistema colonial, seja contra as outras potências europeias, seja contra os índios "bárbaros" que atacassem povoações e fazendas. Foi o que ocorreu, por exemplo, com o visconde de Barbacena (Afonso Furtado de Castro do Rio Mendonça, governador-geral e vice-rei do Brasil entre 1671 e 1675), quando este se viu às voltas com os ataques de "topins" contra os estabelecimentos coloniais baianos. Em 1671, o governador-geral mandou aprestar uma tropa – composta de paulistas e índios "mansos" – para fazer o combate a estes índios do sertão, ordenando que se desse "assim à gente branca como aos índios, ferramentas, Machados, foices, Armas de fogo, Pólvora e balas".[199] De todo modo, esta era sempre uma medida tomada com extrema relutância e má-vontade pelos administradores coloniais.

Os ibéricos não eram os únicos a limitar o tipo de bens que poderiam ser fornecidos aos índios. Em seu livro de 1615, o capuchinho francês Yves d'Evreux instruía "aos que vão pela primeira vez às Índias" a levarem uma série de utensílios e mercadorias, sem as quais a viagem e a vida no Brasil seriam muito difíceis, quiçá impossíveis. Ao fazer sua lista, o missionário deixava bem evidente que os bens deveriam ser divididos "por duas formas, uma para si e outra para os selvagens". Sendo quem era (um missionário dos mais dedicados), a divisão de Evreux denota sua visão acerca do que seria apropriado ceder aos índios, tendo em vista sua evangelização e "civilização".

Entre as provisões que os franceses deveriam levar na viagem, para si próprios, estavam a "aguardente forte" e o "melhor vinho de Canária, em bons frascos de estanho, bem arrolhados e

---

[197] "Registo de uma carta de Sua Magestade escripta a Mathias de Albuquerque sobre os Indios e Camarão" (22/07/1637), DH, XVI: 466.

[198] "Portaria para se darem anzoes e facas para o resgate do Sertão" (19/09/1664), DH, VII: 193.

[199] Juan Lopes Sierra, *Vida ou Panegírico Fúnebre. Ao Senhor Afonso Furtado de Castro do Rio Mendonça* (...), 1676, in *As excelências do governador. O panegírico fúnebre a D. Afonso Furtado, de Juan Lopes Sierra (Bahia, 1676)*, org. Stuart B. Schwartz e Alcir Pécora (São Paulo: Companhia das Letras, 2002), 101. Sobre esta expedição cf. Pedro Puntoni, *A Guerra dos Bárbaros: Povos indígenas e a Colonização do Sertão Nordeste do Brasil, 1650-1720* (São Paulo: Fapesp/Hucitec/Edusp, 2002), 110-6.

acondicionados numa frasqueira fechada a chave, e esta tão bem guardada como o seu coração, para servir nas necessidades e moléstias que podem aparecer".[200] Neste trecho, transparece com muita clareza o tipo de olhar que era lançado às bebidas antes que se desenvolvesse a ideologia do "álcool como problema e patologia": as bebidas eram vistas como gêneros de primeira necessidade, e mesmo como um remédio para uma série de males.[201]

Destas qualidades nutricionais e médicas das bebidas europeias, contudo, os índios não deveriam participar. Ao explicitar as mercadorias que poderiam ser entregues aos nativos, Evreux deixou de fora as bebidas (no que não foi acompanhado por seus compatriotas leigos, como veremos mais tarde), construindo um rol de produtos em tudo semelhante às listas portuguesas e luso-espanholas:

> As mercadorias pelas quais dos índios obtereis em troca víveres e outros gêneros do país, e escravos para servir-vos e cultivar vossas roças, são as seguintes: facas de cabo de pau, de que usam os magarefes, e muito apetecidas pelos selvagens, muitas tesouras de bolsa de couro, muitos pentes, contas de vidro verde-gaio, a que chamam miçangas, foices, machados, podões, chapéus de pouco valor, fraques, camisolas, calções de adelos, espadas velhas, e arcabuzes de pouco preço. Dão muito apreço a tudo isto, e assim tereis escravos e bons gêneros. Não esqueçais também panos verdes-gaios e vermelhos de pouco valor, porque não fazem grande diferença dos estofos, rosetas, assobios, campainhas, anéis de cobre dourado, anzóis, alicates de latão chatos, com um pé de comprimento e meio de largura, tudo isto por eles muito apreciado.[202]

É de se notar a presença, entre os bens reservados ao comércio com os índios, das "espadas velhas, e arcabuzes de pouco preço", terminantemente proibidos pela legislação portuguesa. Para os europeus que invadiam terras formalmente lusas, era fundamental armar seus aliados nativos, mesmo que apenas com o rebotalho de suas próprias tropas. Os holandeses, aliás, nos oferecem muitos exemplos desta prática, principalmente quando se tratava de atrair a boa vontade dos chefes, e sempre procurando construir, entre os igualitários nativos, hierarquias sociais que facilitassem seus contatos e seus acordos.

Quando Mathias Beck realizou sua expedição em busca das minas do Ceará, em 1649, recebeu, por escrito, uma lista preparada pelo *principal* Potiguar Amunijú-pitanga, na qual este arrolava os bens que desejava, a fim de auxiliar os holandeses em sua exploração: "sendo a mesma lista escrita em língua brasílica e traduzida para o holandês pelo ministro Kempis; constava dos seguintes objetos: para cada principal um

---

200 Evreux, *Viagem ao norte do Brasil*, 239.

201 Jean-Pierre Goubert, "La dive bouteille: voyages, alcools et remèdes dans les deux hemispheres XVIE – XXE," *História, Ciências, Saúde – Manguinhos*, VIII (suplemento): 945-58; cf. Louise Hill Curth, "The Medicinal Value of Wine in Early Modern England," *The Social History of Alcohol and Drugs* 18 (2003): 35-50.

202 Evreux, *Viagem ao norte do Brasil*, 240.

bom vestido com todo o ornato necessário da cabeça aos pés, um mosquete, uma espada e um tambor grande", sem esquecer, é claro, os tradicionais "machados e facões" para os índios "comuns".[203]

Os documentos holandeses, por sinal, são pródigos em referências a acordos com os nativos em torno da quantidade e qualidade dos presentes e mercadorias de trato. Ao contrário da documentação portuguesa, na qual tudo aparece como uma "concessão" – necessária, por certo, mas rigidamente controlada – europeia, nos documentos holandeses fica claro que os índios possuíam grande margem de manobra para determinar o rol de mercadorias que lhes interessavam. Em suas relações com o inconstante Janduí, os holandeses eram obrigados a agir com extremo cuidado, sempre procurando saber o que agradava ou não ao poderoso chefe tapuia.

No momento em que os neerlandeses se preparavam para conquistar a Paraíba, era importante angariar o apoio de Janduí. Para isso, os comandantes batavos entraram em contato com o "rei Tararyon" para "combinarmos o que lhe devemos dar, cada vez que elle vier até nós com o seu povo para combater os Portuguezes, pois não gostamos de saber que elle e o seu povo não partiram satisfeitos do Rio Grande". O controle de Janduí sobre os "seus" índios era bastante relativo: os holandeses diziam que não poderiam entregar muitas mercadorias naquele momento, por não disporem de índios "que quizessem ir pelo sertão, onde ha tão pouca agua", e porque não ousavam confiar os presentes "á sua gente, sabendo que abriram e violaram uns pacotes que lhe mandamos da outra vez".

Não se poderia, apesar destes senões, deixar de entregar presentes a Janduí, e estes se constituíram em "um vestido hungaro carmezim e outro côr de laranja, alguns fardos de vestuarios menores, duas duzias de camisas, tres alabardas pequenas douradas, tres facões prateados, uma duzia de machados, 200 navalhas e grande quantidade de contas de coral e muitas bugigangas". Neste trecho, de Johannes de Laet (1644), ficam evidentes as diferenças entre as atitudes dos diferentes colonizadores: enquanto são raríssimas as menções portuguesas à entrega de vinho aos índios – limitando-se, em geral, a iniciativas particulares – os holandeses não deixavam de usar as bebidas como um meio de contato com os índios: "a cada Tapuya que tinha vindo ao Rio Grande, deram uma camisa, algumas navalhas e uma bôa quantidade de vinho para dous dias de viagem".[204]

Durante a conquista do Rio Grande, em 1632, os holandeses tiveram várias oportunidades de lubrificar suas relações com os nativos, como descreveu Cuthbert Pudsey, mercenário inglês a serviço da Companhia das Índias Ocidentais:

> Os (brasileiros [isto é, os Tupis]) de início, eram muito temerosos e ignorantes, mas desde então se corrigiram bem. Os tapuias também se tornaram nossos amigos e trouxeram papagaios para trocar com machados e outros instrumentos de ferro. E o capitão Verdows, que fora nomeado o governador de lá, tratou seu rei com algum

---

[203] Mathias Beck, "Diario da minha viagem ao Siara emprehendida, ao serviço da Patria e da Companhia das Índias Occidentaes, de accordo com a comissão e as instruções dos Nobres e Poderosos Senhores, communicando-lhes todo o occorrido e relisado na mesma viagem", 1649, in Ribeiro e Moreira Neto, *A Fundação do Brasil*, 363.

[204] Johannes de Laet, "História ou Annaes dos Feitos da Companhia Privilegiada das Indias Occidentaes," *Anais da Biblioteca Nacional* XXX, XXXIII, XXXVIII e XLI-II (1919-20), 1ª edição: 1644, 87.

respeito, embebedando-o, além disso dando-lhe um conjunto de roupas de linho, com algumas quinquilharias, para agradá-lo, de tal modo que ele se tornou nosso amigo, assistindo-nos com seu poder.[205]

Descontadas as liberalidades batavas, é o momento de voltarmos a analisar as possibilidades de que o vinho de uvas se tornasse um meio privilegiado de contato com os nativos brasileiros. Em virtude das grandes variações que seu abastecimento sofria na América Portuguesa, o vinho não poderia exercer o papel que seria ocupado, a partir do século XVII, pela cachaça. Muito embora se fabricasse vinho no Brasil, especialmente em São Paulo,[206] sua quantidade jamais foi suficiente sequer para suprir a demanda dos colonos, quanto mais para servir de "arma da colonização", à maneira de John Hemming.

Estes vinhos de São Paulo eram produzidos desde meados do século XVI.[207] Entre os produtores estava Brás Cubas, que afirmou (em 1567) ter, em sua fazenda no planalto de Piratininga, "um logar e aldeia de índios que chamão Pequeri" e "que na dita fazenda a muitos anos tem vinhas e q. ha vinho, com q. se dizem missas nesta Capitania, quando não há vinho do Reino".[208] O fundador de Santos aponta, neste trecho, a possibilidade de que seus vinhos estivessem reservados, preferencialmente, ao serviço religioso – que não poderia ser suspenso em virtude das limitações do abastecimento do Brasil do século XVI – preferindo-se o vinho reinol para o consumo, quando este estava disponível.

Não resta dúvida que os colonos preferiam o vinho português, dada a baixa qualidade do vinho produzido no úmido planalto de Piratininga.[209] Em 1640, por exemplo, os portugueses residentes na vila chegaram a exigir à Câmara que padronizasse a qualidade dos vinhos colocados à venda, já que as reclamações eram constantes.[210] É verdade que as uvas davam bem: "nunca vi em Portugal tantas uvas juntas, como vi nestas vinhas",[211] disse o jesuíta Fernão Cardim, que também apontou a grande variedade de cepas cultivadas em São Paulo: "ferraes, boaes, bastarda, verdelho, galego, e outras muitas".[212] O excesso de umidade, contudo, não permitia que os frutos alcançassem o grau de sacarificação necessário, o que causava problemas insuperáveis de conservação: "já começão de fazer vinhos, ainda que têm trabalho em o conservar, porque em madeira fura-lha a broca logo, e talhas de barro, não nas têm; porem buscão seus remedios, e vão continuando, e cedo haverá muitos vinhos".[213]

---

205 Cuthbert Pudsey, *Diário de uma Estada no Brasil, 1629-1640* (Petrópolis: Índex, 2000), 67.

206 Anchieta, *Cartas*, 432.

207 Ou talvez antes: o pesquisador Inglez de Souza acredita que Brás Cubas já produzia vinho em sua sesmaria de Jeribativa, recebida em 1536. Cf. Sérgio de P. Santos, *Vinho e História* (São Paulo: Dórea, 1998), 18.

208 *Ibidem*

209 *Ibidem*, 18-9.

210 Carlos Cabral, *Presença do Vinho no Brasil: um pouco de história* (São Paulo: Cultura, 2007), 35.

211 Cardim, *Tratados da Terra e Gente do Brasil*, 214.

212 *Ibidem*, 67.

213 *Ibidem*, 68.

Entre os "remedios" estava o uso da fervura: "os moradores da vila de S. Paulo têm já muitas vinhas; e há homens nela que colhem já duas pipas de vinho por ano, e por causa das plantas é muito verde, e para se não avinagrar lhe dão uma fervura no fogo",[214] expediente que nos permite duvidar da veracidade do veredicto do próprio Gabriel Soares de Souza, quando este afirma que se faz "em algumas partes (...) vinho muito bom",[215] opinião devida, possivelmente, ao caráter de propaganda da obra do senhor de engenho da Bahia, homem rico o suficiente[216] para dispor dos melhores vinhos da Madeira.

Um autor mais crítico, como o cristão-novo Ambrósio Fernandes Brandão, traça um quadro menos colorido, nos *Diálogos das Grandezas do Brasil* (1618). Depois de elogiar bastante as parreiras do Brasil, que davam "muitas uvas ferrais e outras brancas maravilhosas, com levarem duas e ainda três vezes fruto no ano", o quase sempre otimista *alter ego* do autor, Brandônio, tem que responder à questão de Alviano, sempre crítico quanto às qualidades da América Portuguesa: "pois, se as uvas se dão com tanta facilidade e em tão breve tempo, como se não usa delas para vinho?".

"Não se usa delas para vinho...". Através da pergunta de Alviano, Brandão revela que o ensaio português de aclimatação de uvas e de produção vinícola em São Paulo já havia se encerrado, pelo menos enquanto empreendimento comercial relevante. Brandônio ainda chega a afirmar que "neste Brasil se poderia colher mais vinho que em Portugal", indicando a Serra da Copaoba "distante das Capitanias de Pernambuco e da Paraíba cousa de 15 até 18 léguas" e "terra fresca, fria e sem nenhuma formiga", como excelente lugar para a sua produção.

Ainda assim, Brandônio se obriga a admitir que o vinho não era fabricado no Brasil por conta da incúria e desinteresse dos habitantes, situação que somente se alteraria "quando a curiosidade excitar aos que cá vivemos, os quais nos não sabemos aproveitar do que temos entre as mãos".[217] Um século depois, o missionário jesuíta João Daniel, escrevendo da Amazônia, repetia a mesma reclamação quanto à falta de iniciativa dos colonos: "é lástima a preguiça daquelas terras! pois sendo tão férteis nos víveres, e nas uvas, não haja curiosidade de as cultivar, e fazer vinhos!".[218]

Exageraram na crítica, os dois últimos autores. Especialmente o jesuíta, porquanto produzir vinho na Amazônia, convenhamos, teria sido uma verdadeira epopeia, tão extraordinária quanto inútil. As regiões mais propícias à vinicultura no Brasil somente seriam aproveitadas, para este fim, a partir dos séculos XIX (Rio Grande do Sul) e XX (Vale do São Francisco). Durante o período que nos interessa, a América Portuguesa se viu forçada a depender do vinho do Reino, muito caro, extremamente tributado, e sujeito às vicissitudes do comércio marítimo, à propensão do vinho reinol a se estragar na longa viagem para o Brasil, e à incapacidade portuguesa de satisfazer à demanda brasílica pela

---

214 Souza, *Tratado Descritivo do Brasil*, 77.

215 *Ibidem*, 2.

216 Ronaldo Vainfas, "Gabriel Soares de Souza", in Vainfas, *Dicionário do Brasil Colonial*, 260-1.

217 Brandão, *Diálogos das Grandezas do Brasil*, 160-2.

218 Daniel, "Tesouro Descoberto no Rio Amazonas," v. II, 253.

bebida, especialmente após o tratado de 1703, com a Inglaterra, que lhe garantiu um enorme e ávido mercado consumidor.[219]

O vinho produzido no Brasil não representou um papel significativo na vida cotidiana da colônia, e pouca relevância teve nos contatos entre os colonizadores e os índios. O vinho europeu, por caro e relativamente raro (pelo menos ao ponto de ser distribuído aos índios), somente serviu para fazer esporádicos mimos a um ou outro chefe nativo. A história etílica do contato interétnico no Brasil, em seus primeiros tempos, não seria feita para introduzir o vinho entre os "bárbaros", enquanto item de comércio, como se fez na África, mas seria voltada ao combate contra as onipresentes bebidas nativas, guerra que se dirigia aos próprios fundamentos culturais das sociedades indígenas.

---

219 Johnson, *A História do Vinho*, 242-52; Phillips, *Uma História do Vinho*, 247-50.

CAPÍTULO V
A GUERRA DO CAUIM:
A DESTRUIÇÃO DE UM REGIME ETÍLICO

1. O Brasil e o Pecado da Embriaguez

> *Brandônio: Eu não disse absolutamente que no Brasil não havia doenças, porque isso seria querer encontrar a verdade, mas o que quis dizer é que as doenças que há nele são tão leves e fáceis de curar que quase se não podem reputar por tais. E senão vede quanto gentio habita por toda esta costa, o qual com viver tão brutalmente, fazendo tanto excesso no comer e beber em suas borracheiras, que só uma noite das muitas que gastam nelas era bastante para matar a mil homens, contudo a ele não faz dano, e vivem sãos e bem dispostos.*[1]

Como vimos no capítulo anterior, os portugueses tiveram grandes dificuldades em tornar o vinho de uvas, sua bebida nacional, um alicerce relevante para as suas relações com os índios no Brasil. Este é um fato que deve nos deixar de sobreaviso contra as tentações, sempre presentes, de considerarmos o contato interétnico durante o período colonial como um processo comandado unicamente pelo lado europeu da equação. Isto é tanto mais verdadeiro quando abordamos este contato através do estudo das bebidas alcoólicas e da prática da embriaguez, técnicas e práticas em que a maioria dos povos indígenas possuía tradições extremamente ricas e complexas.

---

1 Brandão, *Diálogos das Grandezas do Brasil*, 21.

Antes de qualquer coisa, é preciso atentar para as circunstâncias específicas de cada situação de contato, na medida em que cada uma delas representa uma experiência cultural inteiramente original, que não pode ser subsumida com facilidade em processos mais amplos. Os diferentes processos de colonização que se abateram sobre os povos indígenas representam *situações de contato etílico* únicas. Em cada momento, e local, uma determinada combinação de povos europeus e nativos se construía, criando regimes etílicos que, por vezes, eram provisórios e instáveis, e que tiveram, por conseguinte, impactos diferenciados nos destinos de cada sociedade indígena em particular.

No caso do território que se tornaria o Brasil, não se pode falar, por certo, na constituição de uma única situação de contato etílico. Afinal, de acordo com cada região, diferentes colonizadores europeus, carregando consigo seus distintos regimes etílicos, entraram em contato com sociedades indígenas que manipulavam o *savoir-faire* do álcool e da embriaguez de maneiras as mais variadas, como vimos nos capítulos II e III. Não obstante, é evidente que uma situação de contato específica logo se impõe à análise, pelo menos inicialmente, e sem excluir a comparação com outras situações. Refiro-me, naturalmente, ao contato ocorrido entre os portugueses e os Tupinambá, conjunto de povos nativos, do tronco linguístico Tupi, que habitavam grande parte do litoral brasileiro e que foram os primeiros a sofrer o impacto da expansão europeia.

Nesta situação de contato se encontraram duas tradições etílicas muito diferentes e, o que é mais importante, duas visões muito diversas acerca da embriaguez. Os portugueses tinham nas bebidas alcoólicas um item básico de sua dieta diária, dentro daquilo que era corriqueiro no regime etílico mediterrânico. Os nativos, por seu turno, também utilizavam versões pouco alcoolizadas de suas bebidas (do tipo *masato*), como parte de sua dieta básica, mas as semelhanças terminam aí. Os índios raramente, ou nunca, consumiam suas bebidas juntamente com as refeições ("não comem quando bebem" é um lugar comum nas descrições dos hábitos alimentares dos nativos), o que era algo percebido com extrema estranheza pelos europeus.

O que mais diferenciava os dois regimes etílicos, contudo, era a existência, para os índios, de uma cerimônia dedicada à obtenção da embriaguez, a *cauinagem*, realizada em eventos como o sacrifício canibal, os rituais de passagem dos jovens à idade adulta, em casamentos e funerais, entre outros. Nestas versões nativas das festas etílicas de germanos e celtas (os *sumbel* e *trinkfest*), tão combatidos pelos primeiros cristãos, os bárbaros da América, tal como os da Europa, bebiam o máximo possível, buscando deliberadamente a ebriedade.

Era uma ebriedade social e culturalmente delimitada, é verdade, mas que se afastava muito do ideal de moderação alcoólica que era a marca de uma milenar visão mediterrânica acerca do ato de beber, e aproximando-os do tipo de regime etílico que caracterizava os povos do norte da Europa (guardadas as muitas diferenças). Esta semelhança aparente de hábitos etílicos foi percebida com sagacidade por Jean de Léry, no século XVI: "seja-me permitido à guisa de prefácio, embora não aprove o vício, dizer que nem alemães, nem flamengos, nem soldados, nem suíços, todos enfim que se dedicam à bebedeira em França, nada sabem do ofício em comparação com os nossos americanos aos quais tem que ceder a primazia".[2]

---

2   Léry, *Viagem à Terra do Brasil*, 118.

Ao iniciar-se a experiência histórica de exploração colonial da América por parte dos europeus, repetia-se nestas plagas um conflito etílico semelhante – novamente guardando as devidas diferenças – àquele que havia oposto os mundos romano e bárbaro durante a antiguidade tardia, ou àquele que havia, durante a Idade Média e princípios da Idade Moderna, colocado em campos opostos uma elite que incorporava novos padrões de consumo e de etiqueta (os quais envolviam a moderação no beber) e uma massa que agia de forma "grosseira", exibindo, por exemplo, padrões desbragados de consumo alcoólico.

Contudo, ainda mais importante do que esta diferenciação de identidade étnica ou social, construída em torno dos regimes etílicos, estava a noção de que o beber em demasia configurava uma falha de natureza religiosa, um pecado. O beberrão contumaz não realizava apenas um ato contrário à boa ordem civilizacional, mas cometia uma falha grave enquanto membro da comunidade cristã. Não era uma visão que condenasse, em si mesmo, o ato de beber, que fique bem claro. Condenar a bebida de forma radical seria um absurdo para uma "civilização do vinho", que dependia do presente de Baco até mesmo para substituir a água, sempre perigosa e pouco confiável, e que tinha na produção e no comércio do fermentado de uvas uma de suas atividades mais essenciais e lucrativas.

Não havia – notadamente nas regiões europeias em que se cultivava a uva e se fabricava o vinho – qualquer incompatibilidade entre o consumo da bebida e a adoração à divindade, como demonstrado pelas representações medievais da *Prensa Mística*, imagem apocalíptica na qual o sofrimento e o sangue de Cristo transubstanciam-se em vinho, dogma da religião cristã desde seus primórdios, conforme revelado nesta representação bávara, talvez de 1500, em que o Cristo crucificado pisa os racimos, sua cruz é uma prensa e seu sangue é bebido pelos anjos.[3]

A *Prensa Mística* e a identificação do vinho com o sangue de Cristo.[4]

---

3   Sobre o simbolismo apocalíptico da imagem da Prensa Mística, cf. Miri Rubin, *Corpus Christi: The Eucharist in Late Medieval Culture* (Cambridge: Cambridge University Press, 1992), 312-4.

4   Pintura bávara anônima do século XV (detalhe), in Johnson, *A História do Vinho*, 89.

O que se buscava evitar era a perda do autocontrole individual, indispensável à boa consciência cristã. Durante a Idade Média – e principalmente após a revolução teológica promovida por São Francisco de Assis – desenvolveu-se a ideia de que a salvação não se alcança pela simples participação nos atos religiosos, mas deve ser atingida através de um esforço pessoal de autotransformação. Como afirma Sonia de Mancera, "os atos morais começam a 'interiorizar-se' na Europa a partir do século XIII, inclinando a balança para um espaço privado que a cada dia tem menos implicações comunitárias".[5]

Na busca desta introspecção, uma das principais armas era a temperança. No século XIII, Tomás de Aquino desenvolveu a ideia da temperança como uma forma privilegiada de alcançar o "termo médio" dos comportamentos, evitando-se os extremos do excesso. Os hábitos alimentares, sexuais e etílicos eram as principais arenas na luta pela temperança: "os prazeres da mesa ou do sexo pertencem à virtude da temperança (…) a moderação da comida é a abstinência; da bebida é a sobriedade e a do prazer produzido pelo coito, é a castidade".[6]

Munidos desta definição da virtude da temperança, os europeus, notadamente aqueles ligados à esfera eclesiástica e à empresa missioneira, defrontaram-se com sociedades e culturas que tinham noções completamente diferentes de categorias como "indivíduo" e "excesso", e que valorizavam sobremaneira as bebedeiras comunitárias e a capacidade de se embriagar como um signo de honradez e de respeito pelo anfitrião: "gostam tanto de vinho, a ponto de ser considerada a embriaguez por eles, e até mesmo pelas mulheres, como uma grande honra".[7]

Quase como se tivessem lido Tomás de Aquino, mas com o sinal trocado, os índios se excediam alegremente no beber e no copular (já que no comer eram bastante moderados, segundo alguns relatos[8]), fazendo dos próprios corpos estandartes de uma relação com a natureza que se caracterizava por uma liberdade, por uma ausência de "polícia" que era absolutamente inaceitável para o olhar dos missionários europeus.[9] Era necessário *reduzir* os índios, isto é, conduzi-los ao "bom governo" de seus próprios corpos, no sentido cristão (exposto por Aquino), mas também conduzi-los a um aprimoramento civil dos costumes, o qual dependia, entre outras coisas, do abandono do "beber supérfluo" e da ideia de "honra" associada às proezas etílicas.[10]

---

5   Mancera, *El fraile, el índio y el pulque*, 73.

6   Tomás de Aquino, *Suma Teológica*, apud Mancera, 1991: 86.

7   Evreux, *Viagem ao norte do Brasil*, 27.

8   "Isto (*o amor aos vinhos*) é tanto mais estranho quanto os índios são ao contrário extremamente sóbrios no comer. É verdade que não tem horas certas para comer, como nós, e não se incomodam com fazê-lo a qualquer momento, de dia ou de noite; mas não comem sem ter fome e assim mesmo com muita sobriedade" (Abbeville, *História da Missão dos Padres Capuchinhos*, 239).

9   Luiz F. Baêta Neves, *O Combate dos Soldados de Cristo na Terra dos Papagaios: colonialismo e repressão cultural* (Rio de Janeiro: Forense-Universitária, 1978), 54-5.

10   Pompa, *Religião como Tradução*, 70.

Este esforço, e esta esperança, em civilizar os índios foi bem explicitado pelo capuchinho Yves d'Evreux, quando afirmou, no início do século XVII, que os Tupinambá seriam "mais fáceis de serem civilizados do que os aldeões de França (*os quais*) estão de tal sorte enraizados em sua rusticidade, que em qualquer conversação (…) sempre mostram sinais de camponeses". Para o capuchinho – exercitando o raciocínio da *tabula rasa*, comum nos jesuítas do século anterior – seria fácil ensinar aos Tupinambá, que "nunca tiveram ideia alguma de civilização" a "tirar o chapéu", a "beijar as mãos", a "assentar-se à mesa, estender a tolha diante de si, a lavar as mãos, a pegar na carne com três dedos, a cortá-la no prato e a beber em comum (…) todos os atos de civilidade e delicadeza, que se costuma a praticar entre nós (…)".[11]

O fato, porém, é que na luta contra "lo que más los tiene ciegos", isto é, "el mucho vino que beven",[12] jesuítas e outros missionários encontraram um dos maiores, senão o maior, obstáculo à sua ação, como apontou, em 1557, José de Anchieta: "êste costume de beber, ou por melhor dizer, natureza, mui dificultosamente se lhes ha de extirpar, o qual permanecendo, nem se poderá plantar a fé de Cristo".[13] Três décadas depois, o missionário canarino ainda apontava as dificuldades advindas da grande adesão dos Tupinambá ao seu regime etílico, ao afirmar que entre "seus costumes inveterados" estavam os "vinhos em que são muito continuos e em tirar-lhos ha ordinariamente mais dificuldade que em todo o mais".

Coerente com seu *background* mediterrânico, Anchieta não via sentido em retirar totalmente os "vinhos" – isto é, as cervejas insalivadas e os vinhos de frutas – dos índios, por serem "como seu mantimento, e assim não lhos tiram os Padres de todo", localizando o pecado no "excesso que neles ha, porque assim moderado quasi nunca se embebedam nem fazem outros desatinos".[14]

"Quase nunca se embebedam"… Nas próprias palavras do inaciano é possível perceber que o problema trazido aos religiosos pelo regime etílico dos nativos não estava na constância com que se embriagavam,[15] mas antes no *sentido* com que fruíam esta embriaguez. Como mostraram antropólogos como Manuela Carneiro da Cunha e Eduardo Viveiros de Castro,[16] todo o sistema cultural dos Tupinambá girava em torno da guerra e da vingança contra os inimigos, em um interminável ciclo de vendetas que constituía uma temporalidade, a qual era sempre atualizada nas festas e rituais regados ao cauim. "Assim que os vinhos são os memoriais e crónicas de suas façanhas",[17] disse o jesuíta Jácome

---

11 Evreux, *Viagem ao norte do Brasil*, 116.

12 "Carta do P. Luís da Grã ao P. Inácio de Loyola, Roma (Bahia, 27/12/1554)," in Leite, *Cartas*, v. II, 132-3.

13 "Quadrimestre de setembro até o fim de dezembro de 1556, de Piratininga, abril de 1557," in Anchieta, *Cartas*, 110.

14 "Informação do Brasil e de suas Capitanias – 1584," in Anchieta, *Cartas*, 341.

15 "não se excedem no comer e no beber", disse André Thevet, *As Singularidades da França Antártica*, 152.

16 Manuela Carneiro da Cunha e Eduardo B. Viveiros de Castro, "Vingança e Temporalidade: Os Tupinambá," *Journal de la Société des Américanistes* LXXI (1985): 191-208. 129-208.; Viveiros de Castro, "O Mármore e a Murta".

17 Monteiro, *Negros da Terra*, 410.

Monteiro, e era justamente esta "memória", isto é, esta *cultura*, que deveria ser destruída através da luta contra as cauinagens.

Em vista do lugar central ocupado pelas bebidas fermentadas na vida cotidiana e cerimonial dos Tupinambá, não é de surpreender que a tarefa que se deparava aos missionários fosse hercúlea, sendo necessário dizer que, para a sua consecução, a ajuda obtida junto à parcela laica da população foi mínima. As imensas dificuldades na obtenção do vinho de uvas – europeu ou fabricado no Brasil – levaram a que os colonos, se não aderissem às cauinagens, pelo menos incluíssem, em alguma medida, as bebidas nativas em sua dieta básica, para o que também concorria a dificuldade na obtenção de água potável nos nascentes centros urbanos brasileiros, como apontou Frei Vicente do Salvador, nos anos 1620,[18] e Maurício de Nassau, em 1638.[19]

O Brandônio dos *Diálogos das Grandezas do Brasil*, escrito quase na mesma época, não deixou de apontar a ausência de pejo dos colonos em se aproveitar dos "vinhos" nativos:

> Não para aqui, porque outras muitas cousas tenho ainda que vos mostrar neles, das quais a primeira quero que seja quantidade grande de vinhos que se acham pelos seus matos, posto que não do nosso de Portugal, que se faz de uvas (...) mas de outros, que se acham em grande quantidade (...) vinho de mel de abelhas misturado com água, de muito gosto e assaz proveitoso para a saúde de quem o costuma beber. Outro vinho, que se faz de uma fruta chamada *caju*, de que abundam os campos, do qual se aproveita muita gente branca.[20]

Alguns anos antes, em 1587, o senhor de engenho Gabriel Soares de Souza também havia se referido à facilidade com que os portugueses e os mamelucos se aproveitavam da fartura alcoólica permitida pela proficiência indígena: "este milho come o gentio assado por fruto, e fazem seus vinhos com ele cozido, com o qual se embebedam, e os portugueses que comunicam com o gentio, e os mestiços não desprezam dele, e bebem-no muito valentemente".[21]

Para desânimo de homens como José de Anchieta, muitos portugueses e seus descendentes pareciam ter feito mais do que simplesmente aderir às bebidas da terra, passando também a gostar da forma, para ele excessiva, com a qual os índios se dedicavam aos prazeres etílicos e alimentares:

---

18 "Pois o que é fontes, pontes, caminhos e outras coisas públicas é uma piedade, porque, atendo-se uns aos outros, nenhum as faz, ainda que bebam água suja e se molhem ao passar dos rios ou se orvalhem pelos caminhos, e tudo isto vem de não tratarem do que há de cá ficar, senão do que hão de levar para o reino": Salvador, *História do Brasil*, 59.

19 "Breve Discurso sobre o Estado das quatro capitanias conquistadas, de Pernambuco, Itamaracá, Paraíba e Rio Grande, situadas na parte setentrional do Brasil," (1638), in *Fontes Para a História do Brasil Holandês* (v. II: A Economia Açucareira), ed. J. A. Gonsalves de Mello (Recife: CEPE, 2004), 117.

20 Brandão, *Diálogos das Grandezas do Brasil*, 147.

21 Souza, *Tratado Descritivo do Brasil*, 143; portugueses e mestiços também bebiam o vinho de ananás com muito gosto, como já vimos.

> É terra desleixada e remissa e algo melancolica e por esta causa os escravos e os Indios trabalham pouco e os Portugueses quasi nada e tudo se leva em festas, convivios e cantares, etc., e uns e outros são mui dados a vinhos e facilmente se tomam dele e os Portugueses não o têm por afronta e deshonra e os convivios que se dão nesta terra, além de serem muitos e ordinarios, são de grande custo e neles se fazem muitos excessos de comeres exquisitos, etc.[22]

Esta abertura, bastante forçada pelas circunstâncias, à alteridade etílica não foi uma exclusividade dos portugueses, já que outros colonizadores também se dispuseram a experimentar os cauins e as chichas, e mesmo a introduzir estas bebidas em seu repertório etílico. Segundo Francisco Vásquez, cronista da expedição de Pedro de Ursua e Lope de Aguirre à busca do Eldorado (1560-1), os espanhóis e seus acompanhantes negros e índios aproveitaram bem as bebidas ("um tipo de vinho (…) tão forte que embriaga") de um grupo indígena do Alto Amazonas: "tinham os índios nesse povoado grandes adegas ('bodegas') dele, e os espanhóis, negros e índios do acampamento o tomaram em poucos dias. É todo saboroso e da cor do vinho tinto claro ('vino aloque')".[23]

Ainda com relação aos espanhóis, é importante apontar que estes – assim como os portugueses no Brasil – também não tinham um acesso fácil ao vinho europeu, muito embora tenham conseguido produzi-lo em grandes quantidades, em algumas regiões (Peru, Chile e Argentina, p. ex.).[24] Apesar disso, não deixaram de beber e mesmo produzir bebidas à moda indígena, como se depreende das lamúrias de um jesuíta anônimo acerca dos espanhóis que habitavam a região do Guairá (no atual estado do Paraná): "en muchos años no oyen palabra de dios y assi son sus costumbres poco menos que de idolatras, olgazanes, deshonestos, borrachos, porque aunque el vino que cojen es moderado, pero haçenle de mais, de miel, de cañas y de avejas y de otras cosas segun la costumbre de los indios".[25]

Até mesmo os franceses das Franças Antártica e Equatorial acabaram por superar suas resistências e experimentar (e até mesmo gostar) das bebidas da terra. Para isso, contudo, se viram obrigados a abandonar a ojeriza – sempre presente em todos os textos dos cronistas franceses – à insalivação, com a qual as índias fermentavam as matérias-primas dos cauins de milho e mandioca. André Thevet, por exemplo, afirmou que "não podia ver fabricarem essa bebida sem enjoo; mas afinal, cansado de beber água, e doente, experimentei-a a instâncias de amigos; e achei-a boa".[26]

---

22 "Informação da Provincia do Brasil para nosso Padre" (1585), in Anchieta, *Cartas*, 433.

23 "Relação verdadeira de tudo o que sucedeu na Jornada de Omagua e Dorado que o Governador Pedro de Orsua foi descubrir… Por um Rio que chamam das Amazonas (…)," in Porro, *As Crônicas do Rio Amazonas*, 91.

24 João Azevedo Fernandes, "Alcohol," in *Iberia and the Americas: Culture, Politics, and History – A Multidisciplinary Encyclopedia*, ed. J. Michael Francis (Santa Barbara: ABC-CLIO, 2006), 58-61.

25 "Relación en que se da cuenta de las ciudades de la governaçion del Paraguay y de sus indios y del estado q tienem por el mês de desiembre de 1620 años en respuesta de lo q a cerca desto preguntó su magestad", in Cortesão, *Jesuítas e Bandeirantes no Guairá*, 173.

26 Léry, *Viagem à Terra do Brasil*, 122.

Yves d'Evreux, por seu turno, asseverava que a cerveja dos índios da França Equinocial, "feita com milho bom" era "muito mais saborosa e saudável, por causa do contínuo calor, do que o vinho e a aguardente".[27]

Claude d'Abbeville, no Maranhão de princípios do século XVII, mostrou menos coragem, e só bebeu um cauim com a garantia (um tanto duvidosa, deve-se acrescentar) de que este não havia sido preparado pelas índias:

> Bem sei que muita gente há de se espantar com o processo da cauinagem; muitos dirão sem dúvida que os índios são pouco asseados e que, quanto a êles, prefeririam morrer de sêde a experimentar essa bebida mastigada pelas mulheres indígenas. Confesso que assim pensei durante algum tempo. Mas certa vez, em Juniparã, um francês de nossa companhia trouxe um pouco dessa bebida ao sr. de Rasilly e a mim, asseverando-nos não ser a mesma, mas sim outra que êle próprio fizera. Bebeu o sr. de Rasilly e garantiu-me que era excelente; provei-a e achei-a ótima, saborosa, com um gôsto picante nada desagradável. Creio que coada seria ainda melhor.[28]

Caberia a Jean de Léry, no seu "breviário de etnólogo" – conforme a definição de sua obra por Frank Lestringant[29] – a defesa mais pungente da maneira indígena de fazer bebidas. Comparando a insalivação das índias com as pisas das uvas dos europeus, Léry conclui pela superioridade higiênica da técnica nativa:

> Às pessoas que, em vista do que disse acima acerca da mastigação das raízes e do milho no preparo da bebida, enjoem e engulhem, lembro o modo pelo qual entre nós se fabrica o vinho. Pois se tivermos em vista que nos lugares onde crescem os bons vinhedos os vinhateiros, no tempo da vindima, metem-se dentro das tinas e das cubas e com os lindos pés, às vezes calçados de sapatões, machucam as uvas e ainda as enxovalham na lagariça, veremos que nesse mister se passam muitas coisas talvez menos aprazíveis do que a mastigação das mulheres americanas. Pode-se dizer que o vinho ao azedar e fermentar lança fora de si toda a impureza; em verdade o *cauim* também se purga ...[30]

---

27 Evreux, *Viagem ao norte do Brasil*, 164.

28 Abbeville, *História da Missão dos Padres Capuchinhos*, 238.

29 Frank Lestringant, *O Canibal: Grandeza e Decadência* (Brasília: Ed. UnB, 1997), 37.

30 Léry, *Viagem à Terra do Brasil*, 121-2. Os Tupinambá levados à França fabricaram o cauim para Montaigne, que assim descreveu a bebida: "sua bebida extrai-se de certa raiz; tem a cor de nossos claretes e só a tomam morna. Conserva-se apenas dois ou três dias, com um gosto algo picante, sem espuma. É digestiva e laxativa para os que não estão acostumados e muito agradável para quem se habitua a ela": Michel de Montaigne, "Dos Canibais" (1572), in Ribeiro e Moreira Neto, *A Fundação do Brasil*, 164.

Ora, se muitos europeus gostavam dos cauins, mais ainda apreciavam-nos os seus descendentes com as mulheres nativas, os mamelucos,[31] indivíduos marcados pelo hibridismo cultural e pela inadequação às regras de comportamento que os missionários gostariam de ver impostas na Terra de Santa Cruz: "trata-se de uma casta de Índios misturados (*hibridi*) com Lusitanos, que as pessoas de nossa terra chamam Mamelucos (...) eles se insinuam junto ao povo e persuadem-no a não acreditar no Padre".[32]

Sempre dispostos a disputar com os padres a gestão das relações entre os índios e o mundo europeu, eram "homens culturalmente ambíguos: meio índios, meio brancos. Um pouco tupi, outro tanto cristãos, quer em busca de sua identidade ameríndia, quer em defesa do colonialismo que os havia gerado".[33] Eram homens como Domingos Fernandes *Tomacaúna*, que costumava ir ao sertão, "fazer descer gentios para o povoado", e que acabava por permanecer entre os índios, recebendo deles "sete mulheres gentias que lhe deram os gentios e as teve ao modo gentílico", bebendo "seus vinhos" e fazendo "seus bailes e tangeres e cantares tudo como gentio".[34]

Esta integração cultural entre etnias tão diferentes, realizada através das cauinagens, não se dava sem conflitos e incompreensões mútuas, nem sem traduções equivocadas dos sentidos que cada lado conferia ao ato de beber e de se inebriar. Para os nativos, como vimos anteriormente, os cauins eram exobebidas que lançavam pontes à exterioridade social e cimentavam laços políticos com indivíduos de fora da esfera da consubstancialidade.

As festas de consumo do cauim, portanto, eram extremamente valorizadas enquanto espaço de interação com os europeus, não sendo de estranhar que muitos dos primeiros contatos entre índios e europeus – incluindo os padres – tenham se dado sob o signo dos "vinhos". Os franceses no Maranhão, por exemplo, eram comumente recebidos nas aldeias com "aplausos, choros, lágrimas e danças de dia e de noite", sendo servidos com "vinhos em abundância", além de "porcos-do-mato e outras caças" e "raparigas das mais bonitas".[35]

Mesmo os rigorosos Manuel da Nóbrega e José de Anchieta viram-se agraciados com este tipo de recepção, ao pousar em uma aldeia de índios aliados, no caminho de sua viagem à aldeia inimiga de Iperoig (1565), na baía de Guanabara. Chegando à localidade amiga, perceberam que o chefe já lhes havia preparado "uma casita pequena, em meio dela, para dizer missa", sendo recebido por ele e pelas mulheres da aldeia "como se ressuscitáramos áquela hora". O chefe foi então a uma aldeia vizinha "convidar aos outros que viessem beber á sua, onde lhes tinha grandes vinhos, e andando

---

31 Vainfas, *A Heresia dos Índios*, 141-51, e "Mamelucos", in Vainfas, *Dicionário do Brasil Colonial*, 365-7.

32 *Annua Littera provinciae brasiliae* (1581), in Pompa, *Religião como Tradução*, 205.

33 Vainfas, *A Heresia dos Índios*, 145.

34 "Confissão de Domingos Fernãdes," in Ribeiro e Moreira Neto, *A Fundação do Brasil*, 245.

35 Evreux, *Viagem ao norte do Brasil*, 91.

bebendo e bailando com grande festa, lhes disse que não queria que ninguém nos fizesse mal, nem falasse alguma palavra áspera".[36]

Sabedores deste papel central dos cauins nas relações dos Tupinambá com seus "outros", os próprios jesuítas podiam – dentro de limites bastante estreitos – driblar suas restrições às bebidas e promover seu consumo como forma de aprimorar os laços com os índios. Foi o que ocorreu, por exemplo, durante a viagem do visitador Cristóvão de Gouveia (1583-5) aos aldeamentos inacianos, viagem descrita por Fernão Cardim.

Diferentemente da prática jesuítica das primeiras décadas – bem mais repressiva quanto aos costumes etílicos indígenas, como se verá adiante – os padres da Companhia demonstravam nesta época uma maior abertura para a cultura nativa, antes por reconhecimento de que seria impossível reprimir totalmente os "maus hábitos" do que por qualquer tipo de relativismo cultural *avant la lettre*, embora seja de justiça lembrar que muito do que sabemos a respeito de todo este processo de contato se deve a um legítimo esforço de compreensão do outro exercitado pelos jesuítas, mesmo que seus motivos tenham sido instrumentais.

Chegando ao aldeamento baiano do Espírito Santo, o visitador foi recebido calorosamente pelos índios, retribuindo a recepção com uma "festa corporal", e um jantar a todos os da aldeia:

> Os homens comiam a uma parte, as mulheres a outra: no jantar se gastou uma vacca, alguns porcos mansos e do mato, com outras caças, muitos legumes, fructas, e vinhos feitos de várias fructas, a seu modo. Emquanto comiam, lhes tangiam tambores, e gaitas. A festa para elles foi grande, pelo que determinaram á tarde alegrar o padre, jogando as laranjadas, fazendo motins e suíças de guerra a seu modo (...). Andam tão inflamados em braveza, e mostram tanta ferocidade, que é cousa medonha e espantosa (...). Não se lhes entende o que cantam, mas disseram-me os padres que cantavam em trova quantas façanhas e mortes tinham feito seus antepassados (...) e tudo isto fazem para se embravecer.[37]

Esta violência ritual poderia, eventualmente, transformar-se em violência efetiva com alguma facilidade. Para os colonos leigos, as cauinagens eram vistas com uma tolerância diretamente proporcional à sua capacidade de controlá-las, mantendo a violência resultante dentro dos limites das aldeias, ou utilizando esta violência para a consecução de seus próprios objetivos. No interior das fazendas em que se utilizava o trabalho indígena, era comum que se permitisse a realização de suas festas e suas cauinagens, até mesmo para aliviar as tensões resultantes do fardo de seu trabalho, as quais poderiam provocar fugas ou revolta. Ambrósio Fernandes Brandão, por meio de seus célebres *Diálogos*, deu testemunho inequívoco acerca disto no limiar do século XVII pernambucano:

---

36 Ao Geral Diogo Lainez, de São Vicente, janeiro de 1565, in Anchieta, *Cartas*, 223.

37 Cardim, *Tratados da Terra e Gente do Brasil*, 184-5.

> *Alviano*: Os dias passados, indo visitar um amigo meu à sua fazenda, me não deixaram dormir toda uma noite uns índios que andavam nas suas borracheiras, na qual formavam uns cantos, qual eu nunca outros semelhantes vi.
> *Brandônio*: Esse é o seu costume mais ordinário (...) e, juntos em roda todo um dia e noite inteira, sem dormirem, bebendo sempre de ordinário muito vinho, até caírem todos por terra sem acordo, e às vezes saem também dali alguns não pouco escalavrados.[38]

No contexto da luta pela conquista do território e pela sujeição ou desbaratamento da resistência nativa, não foram poucos os casos em que os portugueses utilizaram as cauinagens para fomentar rivalidades entre os grupos indígenas. É claro que, por vezes – e especialmente nos princípios da ocupação portuguesa, quando os lusos ainda estavam em processo de "aprendizado da colonização" – a interferência nos rituais etílicos dos índios poderia trazer consequências não desejáveis e perigosas, como mostram alguns fatos ocorridos durante a conquista de Pernambuco.

O vianês Afonso Gonçalves, um dos primeiros povoadores de Pernambuco, trouxe de Portugal para a vila de Igaraçu vários de seus parentes e conterrâneos, que passaram a produzir mantimentos e cana-de-açúcar, em meio a relações aparentemente amistosas com os nativos: "e em tudo os ajudavam os gentios que estavam de paz, e entravam e saíam da vila, com seus resgates ou sem eles, cada vez que queriam".[39] Tais relações, não obstante, podiam revelar-se bastante instáveis:

> Mas, embebedando-se uma vez, uns poucos se começaram a ferir e matar, de modo que foi necessário mandar o capitão alguns brancos com seus escravos que os apartassem, ainda que contra o parecer dos nossos línguas e intérpretes, que lhe disseram os deixasse brigar e quebrar as cabeças uns aos outros, porque, se lhe acudiam, como sempre se receiam dos brancos, haviam cuidar que os iam prender e cativar, e se haviam de pôr em resistência. E assim foi, que logo se fizeram em um corpo e com a mesma fúria que uns traziam contra os outros se tornaram todos aos nossos, sem bastar vir depois o mesmo capitão com mais gente para os acabar de aquietar.[40]

Apesar destes riscos, os conflitos originados das bebedeiras também podiam ser manipulados em função dos interesses dos conquistadores. Jerônimo de Albuquerque, governando Pernambuco na ausência de Duarte Coelho – que havia viajado para Portugal em 1553 – utilizou-se do amor às cauinagens para fazer com que os próprios habitantes originais da Nova Lusitânia, os índios Caeté, acusassem alguns dentre eles por terem matado e comido uns portugueses e seus escravos.

Aconselhado por Vasco Fernandes de Lucena, homem de enorme prestígio entre os nativos, Albuquerque "mandou fazer vinhos e, eles feitos, mandou chamar os principais das aldeias dos

---

38 Brandão, *Diálogos das Grandezas do Brasil*, 233

39 Salvador, *História do Brasil*, 115.

40 *Ibidem*, 115-6.

gentios e, tanto que vieram, os mandou agasalhar pelos línguas ou intérpretes, que o fizeram ao seu modo, bebendo com eles, porque não suspeitassem ter o vinho peçonha e o bebessem de boa vontade".[41] Estando os índios já embriagados, Lucena discursou de forma habilidosa, convidando-os a fazer guerra contra seus inimigos tradicionais, os Tabajara, deixando claro, porém, que deveriam nomear os responsáveis pelas mortes de portugueses e escravos índios, já que os culpados poderiam atacar suas casas e famílias enquanto estivessem na guerra:

> E, como eles (deve ser pela virtude do vinho, que entre outras tem também esta) nunca falam a verdade senão quando estão bêbados, começaram a nomear os culpados, e sobre isto vieram às pancadas e frechadas, ferindo-se uns aos outros, até que acudiu o governador Jerônimo de Albuquerque e os prendeu e, depois de averiguar quais foram os homicidas dos brancos, uns mandou pôr em bocas de bombardas e dispará-las à vista dos mais, para que os vissem voar feitos pedaços, e outros entregou aos acusadores que os mataram em terreiro e os comeram em confirmação da sua inimizade.[42]

Durante o processo de conquista da Bahia os portugueses também fizeram uso das cauinagens, e de ritos guerreiros como a quebra de crânios dos inimigos, como forma de acirrar as desavenças entre os diferentes grupos de Tupinambá, evitando, desta forma, que os índios se unissem contra os próprios colonizadores:

> E em tempo que os portugueses tinham já povoado este rio de Jaguaribe, houve na sua povoação grande ajuntamento de aldeias dos índios ali vizinhos, para quebrarem caveiras em terreiros, com grandes festas, para os quebradores de cabeças tomarem novos nomes, as quais caveiras foram desenterrar a uma aldeia despovoada para vingança de morte dos pais ou parentes dos quebradores delas, para o que as enfeitavam com penas de pássaros ao seu modo; nas quais festas houve grandes bebedices, o que ordenaram os portugueses ali moradores para se escandalizarem os parentes dos defuntos, e se quererem de novo mal; porque se temiam que se viessem a confederar uns com os outros para lhe virem fazer guerra, o que foi bastante para o não fazerem, e se assegurassem com isto os portugueses que viviam neste rio.[43]

Não era apenas em busca do controle dos índios e no uso da violência que os colonizadores se imiscuíam nas práticas etílicas nativas. Já abordamos anteriormente o papel das bebidas fermentadas nos métodos de trabalho da sociedade Tupinambá, especialmente no que diz respeito à reunião dos homens para a participação nos mutirões. Os colonos souberam se aproveitar destas práticas tradicionais e utilizaram ativamente as cauinagens como meio de obter acesso, de forma consensual e

---

41 *Ibidem*, 120.

42 *Ibidem*, 121.

43 Souza, *Tratado Descritivo do Brasil*, 261.

não violenta, à capacidade de trabalho dos índios: "a troco de vinho fazem quanto querem (...) e deste modo usão os brancos prudentes, e que sabem a arte e a maneira dos Indios, e quanto fazem por vinho, por onde lhes mandão fazer vinhos, e os chamão ás suas roças e canaveaes, e com isto lhes pagão".[44]

Apesar da informação de Yves d'Evreux acerca de proibições das cauinagens por parte dos portugueses ("por minha vontade, os franceses deviam fazer o que fizeram os portugueses, isto é, proibir todas estas cauinagens [...]"[45]), a documentação é muda quanto a isso, pelo menos no que se refere às autoridades seculares. Talvez o capuchinho estivesse se referindo aos aldeamentos dos jesuítas. É bem verdade que, em 1583, o conselho municipal de São Paulo proibiu que os brancos visitassem as aldeias "para beber e dançar segundo seu costume", mas o que se buscava era mais impedir que alguns brancos obtivessem, através destas táticas de aproximação, um acesso privilegiado à mão-de-obra indígena, à custa de outros menos abertos a um contato tão íntimo com os nativos.[46]

Algumas outras determinações exaradas pela administração colonial são ambíguas: em 1735 o governador-geral José da Serra ordenou ao Capitão-mor da Capitania de Sergipe que prendesse alguns índios da aldeia de "tuba",[47] que haviam faltado com o "respeito e a obediência" ao missionário capuchinho Anselmo de Adorno, por conta de "algumas desordens originadas das bebidas e folguedos em que se ocupam", afirmando o governador que somente o "castigo os fará reprimir para viverem como católicos, e vassalos de Sua Magestade".[48] O mais provável, porém, é que esta ordem se refira à aguardente, já que, alguns dias depois, Serra ordena ao mesmo Capitão-mor que também castigue os vizinhos das aldeias, por "perturbar e arruinar o sossêgo da missão com bebidas (*a cachaça, certamente*) e fogos pelas suas lavouras".[49]

As proibições explícitas somente se dariam no contexto da entrada da cachaça nas aldeias, mas deve-se notar que a Coroa e as autoridades coloniais buscaram, de muitas maneiras, proibir a cachaça *aos próprios colonos*, e não apenas aos índios.[50] Se os cauins e, especialmente, as cauinagens desaparecerem, isto se deveu, fundamentalmente, à ação dos missionários, e não do Estado, muito embora este tenha tido, em alguns momentos, um papel de apoio àqueles.

Do choque de culturas e etnias que deu origem à sociedade brasileira emergiu um regime etílico que se construiu, em sua parcela mais importante, em torno de uma bebida destilada, e não das velhas bebidas fermentadas nativas, ao contrário do que ocorreu em outras áreas de colonização

---

44 Cardim, *Tratados da Terra e Gente do Brasil*, 109.

45 Evreux, *Viagem ao norte do Brasil*, 276.

46 Warren Dean, *A Ferro e Fogo: A história e a devastação da Mata Atlântica brasileira* (São Paulo: Companhia das Letras, 1996), 87.

47 Japaratuba ou Pacatuba; o documento está ilegível neste trecho.

48 "Portaria para o Capitão-mor da Capitania de Seregipe de El-Rei" (07/03/1735). DH, LXXVI: 73.

49 "Portaria para o Capitão-mor da Capitania de Seregipe de El-Rei" (28/03/1735). *DH*, LXXVI: 85.

50 Fernandes, "Alcohol," 61.

europeia – como o Peru e o México – onde bebidas como a chicha e o pulque mantiveram um lugar importante nas culturas e sociedades resultantes do contato.

Em termos de regimes etílicos, a colonização no Brasil e a posterior expansão da sociedade nacional parecem ter tido o condão de dissolver modelos e usos tradicionais com grande facilidade, e nisto se enquadram, claramente, as técnicas de fermentação com base na insalivação. Como afirmou Câmara Cascudo: "os 'vinhos' indígenas fermentados, na base do sumo de frutas ou raízes, desapareceram do uso normal da sociedade que se ampliava";[51] persistindo apenas na Amazônia, onde a insalivação "resistiu entre a população mestiça do interior até finais do século XIX".[52]

Restarão vestígios tênues destas técnicas nativas, como é o caso da *catimpuera* (ou *catambruera*), que tanto o *Novo Aurélio* quanto o *Houaiss* definem como "espécie de bebida fermentada, feita com aipim cozido e amassado, de mistura com água e mel de abelha", mas que não é citada no *Dicionário do Folclore Brasileiro*, de Câmara Cascudo, nem nas obras de Oswaldo Gonçalves de Lima, e que Nunes Pereira associa, na Amazônia, ao *beiju-açú*, matéria-prima dos *caxiris* e *paiaurus*, não estando relacionada, portanto, a cervejas insalivadas como o cauim.

No século XVIII encontraremos referências à catimpuera (enquanto sinônimo de cauim) no poema *Caramuru*, de frei José de Santa Rita Durão (1722-1784), o qual se refere às festas feitas pelos "selvagens" ao náufrago Diogo Álvares nestes termos:

> Mimosas carnes mandam, doces frutas
> O araçá, o caju, coco, e mangaba;
> Do bom maracujá lhe enchem as grutas
> Sobre rimas, e rimas de guaiaba:
> Vasilhas põem de vinho nunca enxutas,
> E a imunda catimpuera, que da baba
> Fazer costuma a bárbara patrulha,
> Que só de ouvi-lo o estômago se embrulha.[53]

Em seu clássico sobre a cultura mameluca, *Caminhos e Fronteiras*, Sérgio Buarque de Holanda mostra que as técnicas de insalivação ainda eram praticadas em Minas Gerais, durante o setecentos. Referindo-se à catimpuera, Holanda diz que seu fabrico era "competência de mulheres, que mascavam o milho de canjica, lançando-o depois no caldo da mesma canjica: já no dia seguinte tinha seu azedo e estava perfeita", e que a massa "para ser mais saborosa, deveria ser mascada por alguma velha, e quanto mais velha melhor". Sérgio Buarque cita um informante anônimo, que diz que isto se fazia

---

51 Luis da Câmara Cascudo, *Folclore do Brasil – Pesquisa e Notas* (Rio de Janeiro/São Paulo/Lisboa: Ed. Fundo de Cultura, 1967), 115.

52 *Ibidem*, 104.

53 José de Santa Rita Durão, *Caramuru: Poema Épico do Descobrimento da Bahia* (1781), canto XXXII, http://pt.wikisource.org/wiki/Caramuru (acessado em 27/02/2009).

"por lhe aproveitar a baba, e assim dela gostam os de bom estômago, que os nojentos a levam a socar ao pilão, e aquentam-na com água".[54]

Esta questão das velhas é mais complexa do que pensou Sérgio Buarque, e parece de um conteúdo claramente simbólico, já que nem sempre eram elas as únicas a fazerem estes últimos cauins. Em sua expedição científica ao interior do Ceará (1859-1861), o botânico Freire Alemão (1797-1874) observou a fabricação do cauim de mandioca pelos caboclos, "descendentes dos Pituguares de Filipe Camarão", que ainda praticavam os "restos destas usanças, fragmentos dispersos", em meio a um "embrutecimento maior, a que uma administração cega quer dar o nome de civilização", e bebendo a "cerveja tapuia".

O processo de fabricação era exatamente aquele que "o ignóbil ignorante vulgo tacha de asqueroso e nojento e que os descendentes dos adeptos, e dos alquimistas admiram e aplaudem", ou seja, a insalivação: "sentam-se à roda dos coches as mulheres (...) cada mulher tira do fundo do coche pequena porção de massa, e mastiga-a bem, não para subdividi-la, mas para misturá-la com saliva o mais que possível; depois bota-a na mão e a desfaz inteiramente no caldo do coche". Segundo Freire Alemão eram as jovens a fazerem o trabalho:

> Dizem por êsse mundo que só as velhas é que têm êsse privilégio; podemos asseverar que isso é pura calúnia; pois a primeira condição para ter assento em roda do coche são bons dentes, a segunda boca limpa; o sarro do cachimbo é prejudicial ao fabrico do cauim. Já se vê por essas exigências que as tais matronas remoçam consideràvelmente.[55]

Simbólica ou real, esta preferência pelas velhas representa uma inversão curiosa e reveladora: a bebida que deveria, idealmente,[56] ser mascada por meninas virgens, passa a ser fabricada, séculos após os primeiros contatos, preferencialmente por velhas, "e quanto mais velhas, melhor". Esta inversão de preferências parece mostrar que a fabricação dos cauins – estrutura nutricional, etílica e simbólica básica da vida dos Tupinambá e de outros povos indígenas – deixou de ser algo vivo e quotidiano e passou a ser, dentro da sociedade brasileira, um "conhecimento tradicional" exercido pelas pessoas mais velhas e em vias de desaparecimento, e vista mais como um remédio ("passava por medicinal e própria para cortar as febres"[57]) do que como um alimento ou uma substância essencial, voltada à

---

54 Sérgio Buarque de Holanda, *Caminhos e Fronteiras* (São Paulo: Companhia das Letras, 1994 [1ª edição: 1956]), 184.

55 Francisco Freire de Alemão Cisneiros, "Papéis da Expedição ao Ceará," in "Os Manuscritos do Botânico Freire Alemão (Catálogo e Transcrição)," ed. Darcy Damasceno e Waldir da Cunha, *Anais da Biblioteca Nacional*, 81 (1961): 347-50.

56 Idealmente, mas não exclusivamente: "as velhas mastigam as raízes picadas de *aipimacaxera*, depois a cospem na panela e a denominam suco de caraçu. Em seguida deitam-lhe água e aquecem em fogo lento (...) depois separam o licor que denominam *cauicaracu*.": Marcgrave, *História Natural do Brasil*, 273.

57 Holanda, *Caminhos e Fronteiras*, 184.

alteração da consciência. Neste processo de substituição cultural, uma corrente de mudança exerceu um papel fundamental: o proselitismo religioso dos missionários – jesuítas e de outras ordens religiosas – contra as cauinagens e a embriaguez cerimonial dos índios, como veremos na próxima seção.

2. Os Jesuítas e a Luta Contra as Cauinagens

> É esta gente tanto mais fácil em aceitar a fé do verdadeiro Deus, quanto menos empenhada está com os falsos; porque nenhum conhece, ou ama, que possa roubar-lhe a afeição. Seus ídolos são os ritos avessos de sua gentilidade, multidão de mulheres, vinhos, ódios, agouros, feitiçarias, e gula de carne humana; vencidos estes, nenhuma repugnância lhes fica para as coisas da fé.[58]

Ao tocar em terra brasileira, em 29 de março de 1549, depois de dois meses de viagem, o jesuíta Manuel da Nóbrega estava otimista. Ao que tudo indicava, seu único problema seria tratar com os povoadores portugueses, cerca de cinquenta pessoas, que viviam, em sua maioria, em "hum grande peccado", que era "terem os homens quasi todos suas negras por mancebas, e outras livres que pedem aos negros por molheres, segundo ho custume da terra, que hé terem muitas molheres".[59] Quanto aos "negros", isto é, os índios, apesar de serem "gente ton inculta e que tan poco lo conosce" e se regerem "por inclinación (...) e por apetite sensual",[60] possuíam uma enorme, e decisiva, qualidade: era "gente que nenhum conhecimento tem de Deus, nem idolos" e que "fazem tudo quanto lhe dizem".[61]

Não encontrando, entre os índios no Brasil, os templos, sacerdotes e ídolos com os quais deveriam se defrontar e, gloriosamente, derrotar,[62] os inacianos sentiram-se livres para tratar os índios como o *genus angelicum* das profecias milenaristas que os inspiraram, um povo virgem sobre o qual seria possível refundar o mundo cristão. De todo modo, era necessário imputar-lhes algum tipo de "crença", de "falsa religião" com a qual se pudesse estabelecer um diálogo epistêmico com base na dicotomia *verdadeiro/falso*, o que foi feito ao se conceder o estatuto de "sacerdotes" do demônio aos

---

58 Vasconcelos, *Crônica da Companhia de Jesus*, v. II, 15.

59 "Carta do P. Manuel da Nóbrega ao P. Simão Rodrigues, Lisboa (Bahia, 09/08/1549)," in Leite, *Cartas*, v. I, 119.

60 "Carta do P. Manuel da Nóbrega ao Dr. Martín de Azpilcueta Navarro, Coimbra (Salvador [Bahia], 10/08/1549)," *ibidem*, v. I, 136.

61 "Carta do P. Manuel da Nóbrega ao P. Simão Rodrigues, Lisboa (Bahia, 10/04/1549)," in Leite, *ibidem*, v. I, 111.

62 Vainfas, *A Heresia dos Índios*, 28-9.

caraíbas – os pajés nômades dos Tupinambá – e a seus rituais o epíteto de *santidades*, a falsa religião que deveria ser derrotada pelo Deus da verdade e por seus soldados.[63]

Seria ocioso retomar, neste livro, a discussão acerca do tema da luta dos jesuítas contra a "religião" ou "falta de religião" dos Tupinambá, tema admiravelmente trabalhado por autores como Eduardo Viveiros de Castro, Ronaldo Vainfas e Cristina Pompa. O que interessará a mim será perceber como os cauins e as cauinagens se enquadram no contexto da luta dos jesuítas (e de outros missionários que, de forma deliberada ou não, tomaram os inacianos como modelos para o seu próprio proselitismo) contra os "maus costumes" dos índios.

Faltando a religião, deveriam os soldados de Cristo lutar contra as "gentilidades" – a poligamia, o canibalismo, a nudez, as bebedeiras ... – trazendo os bárbaros à civilização. Somente após a transformação daqueles seres – vistos, alternativamente, como "infantis" ou "bestiais" – em *homens*, em seres "policiados" e "reduzidos" (pelo controle de corpos e mentes) à condição de *súditos*, sujeitos a um padre, a um rei, a um Deus. Não perceberam (ou não puderam perceber), os jesuítas, que os tais "maus costumes" e "gentilidades" eram "sua verdadeira religião, e que sua inconstância era o resultado da adesão profunda a um conjunto de crenças de pleno direito religioso".[64]

Era a religião da guerra, mas não como simples belicosidade, e sim como *devir histórico*: os Tupinambá matavam os inimigos (e eram mortos por eles) para manter em funcionamento um ciclo infindo de vinganças, ciclo que constituía sua própria memória. Memória que era permanentemente atualizada nos discursos e nas perorações dos "senhores da fala", dos grandes guerreiros a cantarem seus feitos, e de seus antepassados, pelas madrugadas das aldeias, durante os rituais do sacrifício canibal e, notadamente, durante as cauinagens, "a suma festa deste gentio", como disse Jácome Monteiro, na qual somente se ouvia "a prática da guerra, como mataram, como entraram na cerca dos inimigos, como lhe quebraram as cabeças. Assim que os vinhos são os memoriais e crónicas de suas façanhas".[65]

"Os memoriais e crónicas de suas façanhas ... ". Se a religião dos Tupinambá era a sua crônica de vinganças, de inimigos devorados e de crânios estraçalhados, as cauinagens eram o seu *templo*, e se os índios não tinham templos de pedra a serem destruídos, tinham os "vinhos" a serem extirpados, por cumprirem estes a mesma função que, entre os pagãos idólatras, cumpriam aqueles. Como aponta Eduardo Viveiros de Castro, "os Tupinambá bebiam para *não* esquecer, e aí residia o problema das cauinagens, grandemente aborrecidas pelos missionários, que percebiam sua perigosa relação com tudo aquilo que queriam abolir".[66]

Não se deve deixar de apontar a extraordinária capacidade dos jesuítas de se adaptarem às condições locais e de criarem formas de luta apropriadas a pagãos que não possuíam, ou que aparentavam

---

63   Pompa, *Religião como Tradução*, 35-56.

64   Viveiros de Castro, "O Mármore e a Murta," 192.

65   Jácome Monteiro, "Relação da província do Brasil, 1610," in Leite, *História da Companhia de Jesus no Brasil*, v. VIII, 410.

66   Viveiros de Castro, "O Mármore e a Murta," 248.

não possuir, religiões organizadas às quais os inacianos pudessem se contrapor. A mais importante destas adaptações foi, sem dúvida, a criação dos aldeamentos, instituição que estava em contradição direta com o espírito da "catequese itinerante", que constituía a norma da ação jesuítica na Europa, mas que parecia ser a única forma de arrancar os nativos do ambiente (as aldeias) propício aos "maus costumes" e, principalmente, retirá-los do convívio com os colonos leigos, somente interessados em escravizá-los, em se amancebar com suas mulheres e – na contramão de uma suposta "aculturação" – participar e aceitar seus costumes, entre eles as cauinagens, como ocorria com os mamelucos, e mesmo com os reinóis.[67]

Deve ser notado, por outro lado, que os jesuítas traziam da Europa toda uma informação relativa à luta de outras ordens religiosas contra a embriaguez e os regimes etílicos dos nativos americanos, e as implicações e conexões destes regimes para as religiões e sistemas de pensamento dos índios, com os quais os missionários cristãos tinham que lidar. O exemplo da Nova Espanha (México) rapidamente se apresenta, e isto por vários motivos, não sendo o menor o fato de que alguns dos inacianos que vieram para o Brasil, como José de Anchieta ou Azpilcueta Navarro, eram espanhóis e foram formados como religiosos na Espanha.

Para além das origens individuais, portugueses e espanhóis possuíam regimes etílicos praticamente idênticos, compartilhando, portanto, visões semelhantes a respeito do ato de beber, e daquilo que deveria ser feito para extirpar os maus atos etílicos dos nativos, na busca de transformá-los em verdadeiros cristãos e homens "civilizados". E o mais importante: em ambos os casos coloniais, uma impressão inicial de otimismo quanto à evangelização daqueles povos transformou-se em uma visão pessimista, de uma América atolada no pecado e na presença do Diabo, modificação de perspectiva para a qual concorreu decididamente a dificuldade em extirpar a prática do "beber supérfluo".[68]

Os missionários que exerceram seu ministério no México desenvolveram toda uma reflexão acerca do pecado da embriaguez que, provavelmente, influenciou de alguma forma a mentalidade dos jesuítas no Brasil, embora este seja um fato de difícil análise, até mesmo por conta do caráter relativamente iliterato da colonização portuguesa, como bem disse Sérgio Buarque de Holanda.[69] Quando os jesuítas chegaram ao Brasil, em 1549, já haviam sido publicadas obras como as várias *Doctrinas* de Juan de Zumárraga (primeiro bispo do México, inquisidor e grande "caçador" de bruxas), Alonso de Molina e Pedro de Córdova, que propunham as linhas de atuação para a evangelização dos povos nativos do México, e que davam especial atenção ao pecado da embriaguez.[70]

A par destas prováveis influências, os jesuítas no Brasil estavam, certamente, em contato com as reflexões acerca da embriaguez feitas pelo respeitado teólogo espanhol Martín de Azpilcueta Navarro (1491-1586), correspondente de Manuel da Nóbrega – que havia sido seu aluno em

---

67 Pompa, *Religião como Tradução*, 68-9.

68 Sobre esta modificação no México cf. Mancera, *El fraile, el índio y el pulque*, 11 e 239-56.

69 Sérgio B. de Holanda, *Raízes do Brasil* (Rio de Janeiro: José Olympio, 1979 [1ª edição: 1936]), 61-87.

70 Mancera, *El fraile, el índio y el pulque*, 154-60.

Coimbra e do qual havia recebido o grau de Bacharel em Cânones, em 1541[71] – e que era tio de um de seus companheiros de viagem e de missão, o padre Juan de Azpilcueta Navarro (1521?-1557-).[72] Navarro era autor de uma das melhores definições acerca do pecado da embriaguez, definição que estava perfeitamente de acordo com a prática ibérica de consumo quotidiano e moderado do vinho, enquanto parte das refeições e da nutrição quotidiana. Para Navarro, só havia pecado se houvesse premeditação na embriaguez, se o indivíduo bebia "conociendo que se había de embeodar, se hizo daño a sí mismo o a otro, privándose del uso de la razón. Si bebió sin creer que se iba a embeodar, no hay pecado mortal".[73]

É claro que havia uma distinção marcante entre as situações de contato no Brasil e no México, mas é possível traçar alguns paralelos, e contrastes, entre os regimes etílicos nativos das duas regiões. As grandes e complexas civilizações nativas da Mesoamérica possuíam formas de relacionamento com a bebida e a embriaguez que refletiam diretamente a profunda hierarquização e estratificação de seus sistemas sociais, e que, portanto, se diferenciavam bastante de sociedades relativamente igualitárias como a dos Tupinambá.

De todo modo, e tal como ocorria entre os Tupinambá, é impossível exagerar a importância do *octli* (ou *pulque*[74]) na sociedade asteca, seja ao nível do quotidiano (a seiva não fermentada do maguey – o *huitztli* – era uma bebida de uso comum, e que substituía a água quando necessário[75]), seja na vida social e econômica (boa parte dos tributos exigidos pelos astecas aos povos dominados era paga com a bebida[76]), seja na esfera religiosa, enquanto bebida relacionada ao culto de Mayáhuel (humana

---

71 Serafim Leite, em nota à "Carta do P. Manuel da Nóbrega ao Dr. Martín de Azpilcueta Navarro, Coimbra (Salvador [Bahia], 10/08/1549)," in Leite, *Cartas*, v. I, 134.

72 *Ibidem*, v. I, 38.

73 Martín de Azpilcueta Navarro, *apud* Sonia C. de Mancera, *Del amor al temor: Borrachez, catequesis y control en la Nueva España – 1555-1771* (México [D. F.], Fondo de Cultura Económica, 1994), 53.

74 "Pulque" é um barbarismo criado pelos espanhóis, já que a palavra tem origem no náhuatl *poliuhqui* ("corrompido"), que só era aplicado ao *octli* que já havia se estragado (*octli poliuhqui*) e não ao *iztac-octli*, o "vinho branco", bebida que havia sido corretamente fermentada e que possuía um sabor agradável. Sendo obtida a partir da seiva do agave conhecido como *maguey*, e fermentada e "fortificada" com o uso da casca de uma *Acacia* (*ocpatli*), o *iztac-octli* estragava rapidamente (entre vinte e quatro e trinta e seis horas), como todos os fermentados deste tipo. Desta forma, em pouco tempo o *iztac-octli* já estava sendo chamado pelos índios de *poliuhqui*, levando os espanhóis a imaginarem que fosse este o nome da bebida (Lima, *El maguey y el pulque*, 13-4; Mancera, *El fraile, el índio y el pulque*, 20).

75 Taylor, *Drinking, Homicide and Rebellion*, 30; Aasved, "Alcohol, drinking and intoxication in preindustrial society," 364-7. O pulque tinha enorme importância como bebida-alimento, o que ocorre ainda hoje. Nas regiões mais pobres do México o consumo do pulque pode representar até 12% das calorias ingeridas diariamente, além de vários outros benefícios nutricionais: Aasved, "Alcohol, drinking and intoxication in preindustrial society," 364-6.

76 Taylor, *Drinking, Homicide and Rebellion*, 32.

divinizada como deusa da fertilidade e da seiva não fermentada), de Pahtécatl (também um herói cultural divinizado, inventor e senhor da fermentação), e de inúmeros outros deuses, conhecidos como *centzontotochtin* (quatrocentos coelhos), os quais representavam as inúmeras formas possíveis de se embriagar.[77] Entre estes deuses associados ao *octli* estava Tezcatlipoca ("espelho fumegante"), deus da alegria enganosa e da insegurança, e de uma embriaguez que parecia, aos astecas, algo contraditório em sua essência e ameaçador em seus efeitos.[78]

De maneira geral, não era permitido aos homens comuns um contato livre, não mediado pelas autoridades religiosas, com a esfera divina. Sendo o *octli* apanágio de uma série de divindades, ingeri-lo significava obter acesso a um tipo de possessão enteogênica[79] que estava vedada aos homens comuns, os *macehualtin*. Contudo, existiam numerosos festivais e ritos religiosos em que estas proibições ficavam relaxadas, e nos quais todos acabavam por encontrar oportunidades de escapar aos rígidos controles impostos pelas normas sociais.

Entre os ritos em que se exigia o consumo da beberagem alcoólica estava o sacrifício humano. Dedicados ao deus solar, e protetor dos guerreiros, Huitzilopochtli, tais sacrifícios envolviam a morte de cativos de guerra que eram chamados de "filhos do sol" e muito bem tratados. Vigiados e cuidados por um velho sacerdote, os prisioneiros recebiam – para o combate mortal com seus vencedores – escudos e clavas orladas de penas, inúteis contra as clavas guarnecidas de obsidiana, portadas por seus inimigos. Aos prisioneiros, e aos sacerdotes envolvidos no sacrifício, era oferecido um *octli* especial, o *teoctli*, "pulque de deus", bebida sagrada à qual eram acrescentados ingredientes (alucinógenos?) que a fortificavam, e com a qual os prisioneiros se preparavam para o momento em que seus corações seriam arrancados pelos sacerdotes *tlamacazque*.[80]

Durante as festas a Huitzilopochtli era permitido que algumas outras pessoas também se embriagassem, como era o caso dos fabricantes do pulque ou dos "velhos águias", guerreiros anciãos. Dependendo do deus ao qual se dedicava uma festividade, outras categorias sociais podiam se dedicar à embriaguez: desta forma, durante a festa da deusa do sal, os comerciantes de sal podiam beber livremente.[81] Em festas como a de *Izcalli* ("crescimento") – realizada a cada quatro anos e dedicada ao deus do fogo *Ixcozauhqui* – na qual se furavam as orelhas das crianças, todos bebiam o pulque de maneira aberta e livre, embriagando-se à vontade e sem recriminações.[82] De forma geral, aos velhos e doentes era permitido que se dedicassem à embriaguez, mesmo fora das muitas ocasiões especiais.[83]

---

77 Lima, *El maguey y el pulque*, 100-8; Lima, *Pulque, Balché y Pajauaru*, 157-8; Mancera, *El fraile, el índio y el pulque*, 23.

78 *Ibidem*, 21-2.

79 Neologismo proposto por Gordon Wasson, que significa "trazer o deus para dentro de si", e que tem a mesma raiz de *enthusiasmos*, quie significa um estado de fervor intenso. É usado para se referir aos transes xamânicos.

80 Lima, *El maguey y el pulque*, 49; Mancera, *El fraile, el índio y el pulque*, 25-6.

81 *Ibidem*, 26-7.

82 *Ibidem*, 29.

83 Taylor, *Drinking, Homicide and Rebellion*, 33.

Afora estas ocasiões, as sociedades do México central tendiam a reprimir e a ver com maus olhos a embriaguez, possuindo várias instâncias formais e informais nas quais o excesso no beber era punido, com maior ou menor severidade. O Códice Florentino – conjunto de mitos recolhidos pelo missionário Bernardino de Sahagún, e no qual está descrita a penosa migração que trouxe os "bárbaros" ancestrais dos astecas ao México central, vindos do norte desértico – é pródigo em demonstrações de desagrado contra a embriaguez desmedida, como é o caso da história de Cuextécatl, verdadeiro "mito de origem" de todo o mal que poderia ser provocado pela embriaguez, e que tem um paralelismo muito interessante com o mito de Noé, já que Cuextécatl também se despe e revela seus *maxtlex* (órgãos sexuais), assim como fez o patriarca bíblico:

> E um homem de nome Cuextécatl/rei de um povo numeroso
> que bebeu somente quatro (jarras)/depois que já havia bebido quatro
> exigiu uma mais/e bebeu a quinta (jarra)
> por isso ficou totalmente ébrio, totalmente bêbado
> e não sabia como deveria se comportar
> e ali, diante do povo se despiu
> porque estava completamente ébrio[84]

Em um trecho deste códice os antigos mexicanos revelam com clareza sua visão acerca da ebriedade, ao dizer que o *octli*:

> é raiz e princípio de todo o mal e de toda a perdição porque este *octli* e esta embriaguez são causa de toda a discórdia e dissensão e de todas as revoltas e desassossegos dos povos e reinos: é como um torvelinho que a tudo revolve e desbarata, é como uma tempestade infernal que traz consigo todos os males juntos.[85]

Percebe-se, portanto, que, apesar de todas as suas diferenças com os europeus, os índios mexicanos possuíam sua própria ideologia antialcoólica, tão complexa, aliás, quanto aquela formulada pelo cristianismo, o que os afastava bastante da visão Tupinambá acerca do álcool. Apesar disso, tanto uns quanto outros, guardadas as diferenças, possuíam uma forma de *embriaguez ritual*, de *possessão enteogênica*, que, no entender dos cristãos, igualava seus regimes etílicos enquanto espaços para a ação do "demônio", e enquanto esferas da vida nativa que deveriam ser extirpadas pela ação missionária. Tanto espanhóis quanto portugueses procuraram reprimir estas formas enteogênicas de embriaguez a partir de um ponto de vista que vê na ebriedade um atentado à temperança, noção central no cristianismo pós-tomista.

Durante o século XVI, desenvolveu-se na Europa católica uma visão do bêbado como alguém que tem sua razão ofuscada pelos vapores da bebida, e que se põe a rir com liberdade e sem controle, desrespeitando a autoridade que o observa, vigia e censura. Como afirmou Sonia de Mancera: "o

---

84 Poema Mexica de origem do *pulque* e da embriaguez, in Lima, *Pulque, Balché y Pajauaru*, 148.

85 *Apud* Mancera, *El fraile, el índio y el pulque*, 27.

bêbado não diz *o que se espera que diga*, o que é previsível, o que a autoridade quer ouvir, senão aquilo que desejou expressar à margem do que é aceito e permitido. Não faz o que é correto, senão aquilo que deseja fazer. Neste sentido, o riso é a perfeita e maravilhosa loucura da liberdade".[86]

Será de posse desta visão da embriaguez, como "loucura da liberdade", liberdade que deveria ser reprimida ao ponto da sujeição e da *redução*, que os religiosos irão se relacionar com a "loucura" Tupinambá. Relação sempre perigosa: aos jesuítas, e a outros missionários (como os capuchinhos franceses do Maranhão), as cauinagens pareciam uma verdadeira "traça de infierno",[87] um ritual demoníaco e relacionado ao canibalismo e à imundície, que colocava em risco a própria vida dos missionários, que jamais se sentiam seguros "entre gente que a nada sabe ter respeito nem obediencia, e que quasi sempre anda quente de vinho, no qual gastavam os mais dos dias bebendo e cantando todo o dia e noite, com grandes gritos, homens e mulheres misturados, de maneira que, nem em casa nem fóra podiamos estar sem ouvir e ver suas borracharias".[88]

Esta falta de ordem, este afastamento da razão, da moderação e do "termo médio", que tanto aborrecia aos religiosos, é uma constante nas descrições das cerimônias etílicas dos índios no Brasil. Fernão Cardim, por exemplo, aponta a confusão reinante durante as cauinagens voltadas ao sacrifício canibal, quase que mostrando um horror maior ao barulho ("porcos com frio, homens com vinho, fazem grão ruído," dizia o adágio coevo[89]) e ao comportamento dos índios quando bebiam do que ao próprio ato de comer o inimigo aprisionado:

> A este tempo estão os potes de vinho postos em carreira pelo meio de uma casa grande, e como a casa não tem repartimentos, ainda que seja de 20 ou 30 braças de comprido, está atulhada de gente, e tanto que começo a beber é um lavarinto ou inferno ve-los e ouvi-los, porque os que bailão e cantão aturão com grandissimo fervor quantos dias e noites os vinhos durão: porque, como esta é a propria festa das matanças, ha no beber dos vinhos muitas particularidades que durão muito, e a cada passo ourinão, e assim aturão sempre, e de noite cantão e bailão, bebem e fallão cantando em magotes por toda a casa, de guerras e sortes que fizerão, e como cada um quer que lhe oução a sua historia, todos fallão a quem mais alto, afora outros estrondos, sem nunca se calarem, nem por espaço de um quarto de hora.[90]

Os capuchinhos franceses do Maranhão também se horrorizaram com a *folie* etílica dos índios brasileiros, e descreveram suas cauinagens em cores vívidas, apontando em especial o caráter orgíaco destas cerimônias. Foi este o caso de Yves d'Evreux, que dizia ser

---

86   Mancera, *Del amor al temor*, 45.

87   "Carta do P. Luís da Grã ao P. Inácio de Loyola, Roma (Bahia, 27/12/1554)," in Leite, *Cartas*, v. II, 132-3.

88   "Ao Geral Diogo Lainez, de São Vicente, janeiro de 1565," in Anchieta, *Cartas*, 223.

89   Bluteau, *Vocabulario Portuguez e Latino*, 507.

90   Cardim, *Tratados da Terra e Gente do Brasil*, 116.

horrível espetáculo ver essas gentes em reuniões, parecendo antes congresso noturno de feiticeiros do que ajuntamento de homens. Achei-me apenas uma só vez nestas reuniões, para deles poder falar, e nunca mais lá tornei. Via aqui uns deitados em suas redes vomitando com muita força, outros(s) caminhando ou marchando em diversos sentidos com o juízo perdido pelo vinho, ali outros gritando, fazendo mil trejeitos, estes dançando ao som do maracá, aqueles bebendo com muito boa vontade, aqueloutros fumando para mais se embriagarem, e o que é ainda pior é estarem mulheres e moças aí misturadas, parecendo bem difícil a presença de Baco sem Vênus.[91]

O companheiro de Evreux, Claude d'Abbeville, também se impressionou fortemente, ao ver os sátiros e mênades da América executarem suas tropelias, ao sabor do cauim e do tabaco e ao som dos maracás:

Nunca senti tamanho espanto como quando entrei numa dessas cabanas onde estava havendo uma cauinagem; no primeiro plano se achavam êsses grandes vasilhames de barro cercados de fogo e com a bebida fumegando; mais adiante, inúmeros selvagens, homens e mulheres, alguns completamente nus, outros descabelados, outros ainda revestidos de penas multicores, uns deitados expirando a fumaça do tabaco pela bôca e pelas narinas, outros dançando, saltando, cantando e gritando. E todos tinham a cabeça enfeitada e a razão tão perturbada pelo cauim que reviravam os olhos a ponto de parecer encontrar-me em presença de símbolos ou figuras infernais. E se na verdade o Diabo se deleita na companhia de Baco e busca por meio da dança perder as almas, há de por certo comprazer-se infinitamente nas reuniões desse miserável povo, que sempre lhe pertenceu pela barbárie, pela crueldade e embriaguez, e que somente encontra satisfação em dançar e cauinar quando se apresenta uma oportunidade, durante dois a três dias seguidos, sem repouso nem para dormir, até que todos os potes se esvaziem.[92]

Parecemos ver, nesta descrição dos religiosos portugueses e franceses, o mesmo tipo de recriminação que as elites gregas ou romanas, ou os primeiros cristãos, faziam à *embriaguez divina* dos cultos dionisíacos, e a mesma censura ao caráter libertário que a alegria provocada pela bebida e pela festa trazia. Já foi discutido, no decorrer deste trabalho, que é a cultura que, em última instância, determina os efeitos que uma substância essencial provoca naqueles que a consomem, e isto é tanto mais verdadeiro quando se trata de uma substância de fraca capacidade de alteração da consciência, como era o caso dos cauins.

O que faziam os participantes das cauinagens, tal como faziam os das *órguias* helênicas, ou das *bacchanalia* romanas, era atingir o **enthūsiasmós**, mas não se "transportando para o deus," como

---

91 Evreux, *Viagem ao norte do Brasil*, 275-6.

92 Abbeville, *História da Missão dos Padres Capuchinhos*, 239.

aqueles, já que não havia qualquer "Deus" para onde ir. No **enthūsiasmós** Tupinambá buscava-se o *aligeiramento*, a *leveza* do corpo (através, por exemplo, dos vômitos, tão mal vistos pelos observadores, ou da extenuação provocada pelas danças intermináveis) e, mais do que tudo, o escapar – ao menos por algumas horas – de uma humanidade que era uma condição temporal, e não uma essência, ou uma natureza.[93]

Os missionários perceberam muito bem que os índios, ao se embriagar de forma tão aparentemente louca, deixavam de ser homens, e o fato de que pensassem que aqueles se tornavam demônios ou bestas, e não deuses (ao contrário do que pensavam os próprios Tupinambá), em nada altera a perspicácia, em vista de seus próprios fins, de seu olhar. Para inverter o sentido da transformação provocada pela embriaguez – de demônios para homens, mas homens *reduzidos* e *sujeitos* – era necessário combater as cauinagens, aquele "templo" virtual, líquido e espumante dos selvagens.

Na luta contra o pecado mortal da intemperança alcoólica, os vários missionários, e mais ainda os jesuítas, tiveram que se haver com os problemas trazidos pelos colonos leigos. Era fundamental separar os nativos da má influência destes colonos, sem o que a missionação seria uma tarefa mais do que hercúlea, e sim impossível. Entre estes problemas, não era o menor o fato de que os índios, de posse dos instrumentos de ferro fornecidos pelos europeus, melhoraram substancialmente e eficiência de seu trabalho, e sua capacidade de intervenção em seu ambiente.

Este aumento de eficiência permitiu que o jesuíta Pero Correia criticasse os hábitos éticos dos nativos com base em uma generalização de cunho universalizante, ao afirmar, em 1553, que os índios "tienen las casas llenas de heramientas", o que lhes permitia ter as roças que quisessem, com resultados diretos na ocorrência das cauinagens e das guerras: "aora (...) comen y beben de continuo, y ándanse siempre a beber binos por las aldeas, ordenando gueras y hazie(n)do muchos males, lo que hazen todos los que son muy dados al vino por todas las partes del mundo".

O inaciano propunha que se parasse de dar instrumentos e ferramentas aos índios, para que dessem obediência a quem as tivesse, "y a conocer señorio", voltando aos tempos em que era "la hambre tanta entre ellos, que morían de hambre y vendíam um sclavo por una cuña (...), y también vendían los hijos y hijas, y ellos mismos se entregavan por sclavos".[94]

Seria nos aldeamentos – espaço que, ao menos idealmente, estava localizado além do *sæculum* – que os jesuítas construiriam sua estratégia de luta contra as cauinagens. É bem verdade que os aldeamentos não estavam alheios à lógica do sistema colonial, mantendo-se permanentemente em uma posição ambígua quanto ao conflito entre jesuítas e colonos.[95] Por um lado, a própria Companhia de Jesus, através de seus superiores em Roma, nutria sérias dúvidas quanto à conveniência de que a administração temporal das aldeias ficasse em mãos inacianas, e de que os missionários ficassem tão

---

93 Viveiros de Castro, "O Mármore e a Murta," 205; 256.

94 "Carta do Ir. Pero Correia [ao P. Simão Rodrigues, Lisboa] (S. Vicente, 10/03/1553)," in Leite, *Cartas*, v. I, 445-6; sobre este tema ver Monteiro, *Negros da Terra*, 30-1.

95 Maria Regina C. de Almeida, *Metamorfoses Indígenas: Identidade e cultura nas aldeias coloniais do Rio de Janeiro* (Rio de Janeiro: Arquivo Nacional, 2003), 103.

expostos aos perigos do convívio íntimo com os índios (e especialmente com as índias), enquanto que os jesuítas no Brasil tinham toda a certeza de que somente assim a missão no Brasil seria bem sucedida.[96]

Por outro lado, os aldeamentos representavam uma instituição crucial para a boa ordem do sistema colonial, na medida em que cumpriam a função básica de "civilizar" os índios, e torná-los obedientes vassalos da Coroa.[97] Além disso, os índios aldeados, e *sujeitos*, representavam uma verdadeira *polícia* (no sentido moderno do termo) do sistema, como afirmou um jesuíta anônimo: "porque elas assombram aos inimigos estrangeiros, fazem rosto aos aimorés, refocão (sic) aos negros da Guiné que se não levantem, e aos salteadores dos caminhos e fugitivos tomam e prendem e os entregam aos seus senhores".[98]

De todo modo, o fato de que o poder interno aos aldeamentos estivesse adscrito aos inacianos permitiu-lhes impor regras rígidas quanto ao uso das bebidas fermentadas nativas, pelo menos no que diz respeito ao seu consumo na forma de cauinagens: afinal, o que se queria impedir eram as cerimônias e os riscos associados a elas, e não o consumo moderado de bebidas que "eram o seu sustento". Não foi algo fácil, especialmente por conta da resistência daqueles indivíduos mais comprometidos com as "gentilidades", geralmente os anciãos das aldeias, velhos guerreiros de corpos riscados (que já haviam matado e comido muitos inimigos), e velhas "feiticeiras", que já haviam mascado muita mandioca (ou milho) e fabricado muito cauim para os "congressos noturnos".

Estas velhas incomodaram muito aos jesuítas, e colocaram inúmeros obstáculos à repressão às cauinagens, o que não deve surpreender, tendo em vista que toda a produção dos cauins era uma atividade profundamente relacionada às mulheres. Além disso – e ao contrário da visão androcêntrica da sociedade Tupinambá popularizada pelas obras de Florestan Fernandes – estas velhas podiam ocupar importantes posições de poder dentro do mundo indígena,[99] como revela esta carta do inaciano Antônio Blázquez, acerca de seu trabalho nas aldeias do Recôncavo baiano:

> Huma hora antes do sol, se toca outra vez a campainha pera que venhão as velhas e velhos que em estremo são preguiçosos, aos quais torna outra vez a ensinar a doutrina. A estas trabalha o Irmão polas ter mais benevolas porque as Aldeas regem-se cá polas velhas feiticeiras e com ellas se toma o conselho da guerra, e se ellas quisessem persuadir aos mais a que viessem à doutrina, sem duvida que se fizesse mais proveyto e ouvera mais numero de indios, mas hé tudo polo contrario, que totalmente

---

96 Charlotte de Castelneau-L'Estoile, *Operários de uma vinha estéril: Os jesuítas e a conversão dos índios no Brasil – 1580-1620* (Bauru: Edusc, 2006), 273-302; Pompa, *Religião como Tradução*, 73.

97 Almeida, *Metamorfoses Indígenas*, 101-19.

98 Anônimo, *Algumas advertências para a província do Brasil* (1609?), apud Pompa, *Religião como Tradução*, 74.

99 Fernandes, *De Cunhã a Mameluca*, 32-4.

estrovão a que não ousão a doutrina e siguão nossos custumes, e por isso se tem quaa por averiguado que trabalhar com ellas hé quasi em vão.[100]

Os tenazes padres não se intimidavam com estas resistências, colocando claramente para os índios que não havia acordo possível entre a aceitação do cristianismo (ou o que quer que esta "aceitação" significasse para os nativos) e determinadas práticas, como o canibalismo, a nudez, a poliginia e, por certo, as bebedeiras. Um bom exemplo deste tipo de imposição é dado pela chegada dos jesuítas à aldeia de Santo Antônio, em Arembepe, na Bahia. Escrevendo aos padres e irmãos de Portugal, o padre Antônio Pires informava que os índios daquela localidade há muito esperavam que os inacianos os visitassem, o que foi feito quando o provincial Luis da Grã inspecionou as aldeias daquela região, em 1560.

Pires informa que os nativos receberam os padres da mesma forma "como custumavão fazer em outro tempo a seus feiticeyros", colocando "huma ramada com sua rede para o Padre descansar e comer". O *principal* da aldeia, um "senhor da fala" como costumavam ser os chefes Tupinambá, discursava em sua honra, dizendo: "vinde, muyto folgo com vossa vinda, alegro-me muyto com isto; os caminhos folgão, as hervas, os ramos, os passaros, as velhas, as moças, os meninos, as agoas, tudo se alegra, tudo ama a Deos".

Muito enternecidos com tal recepção, mas muito práticos em seus objetivos, os padres logo trataram de impor suas exigências para "deixar aly quem os doutrynasse". Luis da Grã informou aos *principais* "os pontos mais essenciais que avião de goardar", e entre eles estavam: "que ninguem avya de ter mais [de huma molher], e outro que não avião de beber até se embebedar [como cus]tumavão, e que não avião de consentir os feiticeyros, e que avião todos de aprender, e que não avião de matar nem comer carne humana: isto foy supérfluo porque já o eles agora não fazem".

Embora surpresos em perceber os índios tão dispostos a abandonar "semelhantes cousas", fato que, anteriormente, consideravam "a mayor impossibilidade do mundo", os padres ficaram muito satisfeitos em ver que a aceitação das exigências ia ao ponto dos nativos quererem "comprir toda a ley que lhe puserem", inclusive levantando "tronquo para castigo dos roins". Afoitos para ganhar o apreço dos jesuítas, alguns dos *principais*, no papel de "meirinhos", foram logo "à cidade (...) para terem cuydado de prenderem os roins".[101]

Conceder a alguns dos índios mais importantes, e mais cooperativos, o papel de meirinhos representou uma das estratégias mais úteis no sentido de atrair apoios entre os *principais* nativos. Afinal, os índios eram bastante sensíveis à concessão de honrarias por parte dos europeus, mesmo que estas fossem de valor irrisório. Em carta a El-Rei D. Sebastião, datada de 31 de março de 1561, o governador-geral Mem de Sá informava que havia nomeado, na Capitania do Espírito Santo, "um meirinho dos do gentio em cada vila, porque folgam eles muito com estas onrras e contentam-se com pouco:

---

100 "Quadrimestre de setembro de 1556 a janeiro de 1557 pelo Ir. Antonio Blázquez (?) (Bahia, 01/01/1557)," in Leite, v. II, 352.

101 "Carta do P. António Pires aos Padres e Irmãos de Portugal ([Aldeia de Santiago] Bahia, 22/10/1560)," in Leite, *Cartas*, v. III, 312-3.

com os vestirem cad'anno e às molheres huma camisa d'algodam bastará". O objetivo do governador era, justamente, auxiliar a catequese dos jesuítas, ao "fazer tronco em cada vila e pelourinho, por lhes mostrar que tem tudo o que os cristãos tem, e para o meirinho meter os moços no tronco quando fogem da Escola (…) com autoridade [de] quem os ensina[102] e riside na vila. D[isto] são muito contentes, e recebem milhor o castigo que nós".[103]

Nem todos os índios nomeados como meirinhos pareciam compreender totalmente o alcance de suas responsabilidades, pelo menos do ponto de vista dos jesuítas. Era o caso do *principal* da Vila de São João, na Bahia, que apesar de ter sido nomeado meirinho "não ajudava, mas estorvava e desobedecia muytas vezes ao Governador e aos Padres", especialmente por continuar a fazer guerra contra os inimigos.[104] Era o que ocorria também com os "novamente christianos" (recém convertidos) Garcia de Sá e Bastião de Ponte, meirinhos em aldeias na Bahia, a respeito dos quais o Irmão Antonio Rodrigues pedia a Manuel da Nóbrega que os obrigassem a se por em "órden y policia christiana".[105]

Outros, porém, exerciam com eficiência o papel que lhes havia sido destinado, entre eles o "alcaide" de Piratininga, mencionado por Anchieta, que obrigava os índios a entrar na Igreja para ouvir a pregação dos padres.[106] Nenhum deles, contudo, se mostrou mais disposto a auxiliar os jesuítas no combate aos vinhos da terra do que Urupemaíba, *principal* da Aldeia do Espírito Santo (Bahia), o qual, como afirmava Antonio Rodrigues, era "muy buen yndio", e que sempre vinha "com los braços abiertos abraçarme, diziendo que siempre nos avía favorecido y que siempre lo avía de hazer".[107]

Ainda que Urupemaíba não tivesse "a vara" – ou seja, não tivesse sido oficialmente nomeado – mas "solamente la esperança de lo ser" (ou, talvez, justamente por isso…), foi um dia com um martelo "a la media noche y quebró quantas tinajas halló llenas de vino, porque se tiene mandado que no bevan de noche por se evitar muchas occasiones de peccados y dissoluciones que entonces se hazen. De todo sale mucho loor al Señor. Que será después que el Governador le hiziere la solennidad devida?".[108]

---

102 Isto é, os padres da Companhia, *ibidem*, v. III, 172, nota 9.

103 "Carta de Mem de Sá Governador do Brasil a D. Sebastião Rei de Portugal (Rio de Janeiro, 31/03/1560)," *ibidem*, v. III, 172.

104 "Carta do P. Manuel da Nóbrega ao P. Miguel de Torres e Padres e Irmãos de Portugal (Bahia, 05/07/1559)," in Leite, *Cartas*, v. III, 59.

105 "Carta do Ir. António Rodrigues ao P. Manuel da Nóbrega, Baía ([Aldeia do Espírito Santo] Bahia, 08[?]/08/1559)," *ibidem*, v. III, 122.

106 "Ao Geral Diogo Lainez, de São Vicente, a 16 de Abril de 1563," in Anchieta, *Cartas*, 196.

107 "Carta do Ir. António Rodrigues ao P. Manuel da Nóbrega, Baía ([Aldeia do Espírito Santo] Bahia, 08[?]/08/1559)," in Leite, *Cartas*, v. III, 122.

108 "Carta do Ir. António Rodrigues ao P. Manuel da Nóbrega, Baía ([Aldeia do Espírito Santo] Bahia, 09[?]/08/1559)," *ibidem*, v. III, 126.

É claro que não se poderia contar apenas com o concurso de alguns *principais* mais dispostos a auferir vantagens de suas relações privilegiadas com os padres da Companhia ou com as autoridades laicas. Para a peleja contra uma estrutura tão central na vida dos Tupinambá, como eram os cauins e cauinagens, era fundamental que as noções de moderação e temperança, e a ideia de que a embriaguez voluntária constituía um pecado, fossem divulgadas e praticadas para a sociedade como um todo, alcançando-se aquele estado de coisas que o padre Leonardo Nunes percebia, ou imaginava existir, entre os *carijós* (Guarani), os quais não bebiam "vino hasta emborracharse como éstos, antes uma Aldea bebe um solo cántaro o dos de vino, y esto raramente, lo que es gran cosa, porque el mucho bever destes es cousa de muchos males, como ya V. R.ª terná experimentado".[109]

Era necessário fazer algo mais. Os inacianos precisavam atingir – com sua pregação, ou com outras formas de pressão – as mulheres, para as quais eram os cauins uma instância central na obtenção de prestígio e honra. Parece-me, aliás, que o sucesso dos jesuítas em obter a colaboração das mulheres nesta missão representou um de seus logros mais extraordinários: tomando de empréstimo o que disse Eduardo Viveiros de Castro a respeito do abandono do canibalismo, poderíamos dizer que o abandono das cauinagens representou "uma derrota, sobretudo, da parte feminina da sociedade Tupinambá".[110] É um sucesso que se inscreve em um movimento mais amplo, que fez das mulheres um dos esteios mais importantes da ação jesuítica, tema que abordei em meu livro anterior.[111]

Ora, se foi importante, para os jesuítas, contar com *principais* ambiciosos, mais ainda o foi atrair o apoio de mulheres e meninos, como apontou, com agudeza, o provincial Luís da Grã, em carta ao próprio Inácio de Loyola: "de los niños tenemos mucha esperança, porque tienen habilidad y ingenio, y tomados ante que vaian a la guerra, ado van y aún las mugeres, y antes que bevan y entiendan em desonestidades".[112] Eram mulheres como aquelas descritas por Anchieta, que escondiam os vasos em que os índios comiam e bebiam "porque não usem deles as outras", quando se preparavam para matar e comer algum inimigo.[113] E, o que é ainda mais importante, as mulheres cristãs permitiam que seus filhos fossem levados (sequestrados, diria Viveiros de Castro[114]) e internados nos colégios dos padres, onde a visão de embriaguez como pecado pudesse lhes ser inculcada.

Acertaram em cheio os jesuítas, ao atacar justamente as clivagens centrais da sociedade Tupinambá, que envolviam as diferenças de idade e de gênero. Construída *pela* e *para* a guerra, enquanto mecanismo de criação de memórias e de temporalidades, a sociedade Tupinambá reservava um lugar necessariamente subalterno aos jovens e às mulheres, pelo menos nos discursos dominantes, os quais, nos fim das contas, fundavam o próprio *ser* Tupinambá.

---

109 "Carta do P. Leonardo Nunes ao P. Manuel da Nóbrega, Baía (S. Vicente, 29/06/1552)," *ibidem*, v. I, 340.

110 Viveiros de Castro, "O Mármore e a Murta," 259.

111 Fernandes, *De Cunhã a Mameluca*, 253-64.

112 "Carta do P. Luís da Grã ao P. Inácio de Loyola, Roma (Bahia, 27/12/1554)," in Leite, *Cartas*, v. II, 133.

113 "Ao Geral Diogo Lainez, de São Vicente, janeiro de 1565," in Anchieta, *Cartas*, 211.

114 Viveiros de Castro, "O Mármore e a Murta," 261.

A centralidade da guerra fazia com que, em relação aos jovens, esta clivagem fosse provisória e superável pela proeza guerreira. Desta forma, os relatos dos jesuítas oscilavam permanentemente entre o entusiasmo e a esperança na conversão dos meninos, e a desilusão e o desânimo ao ver que, assim que se tornavam adultos, os doces catecúmenos tornavam-se tão "selvagens" quanto seus pais. O próprio Luís da Grã, apenas dois anos após manifestar suas esperanças na conversão dos meninos, reconhecia que o otimismo havia sido exagerado:

> sus contritiones, sus desseos de seren buenos, todo es tan remisso, que no puede hombre certificar del. Lãs mugeres tienen más biveza en ello y mucho más se aplican a lo bueno, los hombres hasta 18 y 20 annos dan buena muestra, dende adelante comiençan a bever y házense tan rudos y tan ruínes que no es de creer. Este es el peccado de que parece menos se emendarán, porque mui poco es el tiempo que no estén beodos, y en estos vinos, que ellos hazen de todalas cosas, se tratan todalas malicias e deshonestidades.[115]

Apesar dos percalços, o grande alvo da ação jesuítica sempre esteve voltado para os meninos, cuja plasticidade permitia que trafegassem com maior facilidade entre os diferentes códigos culturais, e cuja imaturidade social – não mataram inimigos, logo não podiam beber – permitia, aos jesuítas, atingir um público "virgem" dos prêmios concedidos pela sociedade Tupinambá aos seus heróis, como a honra de serem considerados *principais*, os riscos no corpo ou a poliginia.[116] Desde os primeiros anos os inacianos trataram de "enseñarlos a ler y a escrevir, y a algunos dellos a cantar", pressionando todo aquele que fosse "perezoso" a ir para a escola. Diz Pero Correia que alguns dos meninos eram "tan vivos y tan buenos y tan atrevidos, que quiebran las tinajas llenas de vino a los suyos para que no bevan".[117]

Alguns destes meninos, comemorava Anchieta, eram "bem instruídos em leitura, escrita e em bons costumes", abominando "os usos de seus progenitores". Meninos que, com toda a certeza, auxiliavam os jesuítas na censura à "fraqueza" da conversão de seus pais, já "mui diferentes nos costumes dos de outras terras", mas sempre sujeitos a recaídas, como aqueles que foram a uma terra vizinha de Piratininga, onde havia um festim canibal, "não para comer carne humana, mas por beber e ver a festa", após o que tiveram que ser "disciplinados" para poderem voltar a entrar na igreja.[118]

---

115 "Carta do P. Luís da Grã ao P. Inácio de Loyola, Roma (Piratininga, 08/06/1556)," in Leite, *Cartas*, v. II, 294.

116 Sobre a estratégia jesuítica em relação aos meninos, cf. Rafael Chambouleyron, "Jesuítas e as crianças no Brasil quinhentista," in *História da criança no Brasil*, ed. Mary Del Priore (São Paulo: Contexto, 2006), 55-83; Plínio F. Gomes, "O Ciclo dos Meninos Cantores (1550-1552): Música e Aculturação nos Primórdios da Colônia," *Revista Brasileira de História* 21 (1990-1): 187-198.

117 "Carta do Ir. Pero Correia [ao P. Brás Lourenço, Espírito Santo] (São Vicente, 18/07/1554)," in Leite, *Cartas*, v. II, 70.

118 "Carta de São Vicente, a 15 de Março de 1555," in Anchieta, *Cartas*, 89.

Bastaram cinco anos para Anchieta cair na realidade, e perceber que as "gentilidades" tinham razões que a temperança e a "polícia" desconhecem. Escrevendo em 1560, o missionário canarino era forçado a reconhecer que o trabalho de conversão teria que ser muito mais intenso, talvez exigindo o concurso mais incisivo do poder temporal, e o afastamento mais radical dos colonos:

> Dos moços que falei no princípio foram ensinados não só nos costumes Cristãos, cuja vida quanto era mais diferente da de seus pais, tanto maior ocasião dava de louvar a Deus e de receber consolação, não queria fazer menção por não refrescar as chagas, que parecem algum tanto estar curadas; e daqueles direi sòmente, que chegando aos anos da puberdade, começáram a apoderar-se de si, vieram a tanta corrupção, que tanto excedem agora a seus pais em maldade, quanto antes em bondade, e com tanta maior senvergonha e desenfreamento se dão ás borracheiras e luxurias, quanto com maior modéstia e obediencia se entregavam dantes aos costumes Cristãos e divinas instrucções. Trabalhamos muito com eles, para os reduzir ao caminho direito, nem nos espanta esta mudança, pois vemos os mesmos Cristãos procederem da mesma maneira".[119]

Os mesmos meninos nos quais "se fazia algum fruto" estavam agora "totalmente remetidos aos seus antigos e diabolicos costumes, exceto o de comer carne humana", mas fazendo "grandes festas na matança dos seus inimigos" e "bebendo grandes vinhos como antes eram acostumados", juntamente com seus pais.[120] Quando bêbados, e "enraivecidos", provavelmente agiam como os índios não convertidos, que "passavam por nós outros sem nos falar, nem olhar senão de través, como homens que não nos conheciam, e assim todas as noites, maximè quando bebiam e cantavam".[121]

Com a persistência das vinhaças, os jesuítas não se arriscavam apenas a sofrerem violências físicas, para as quais, verdade seja dita, estavam psicologicamente muito bem preparados. Mais sérios eram os riscos para a ortodoxia religiosa. Embora os índios se mostrassem quase sempre bem dispostos a ouvir as pregações, parecia aos padres que os vinhos turvavam-lhes a compreensão do que lhes era dito. "Holgavan de oyrlas" disse Azpilcueta Navarro, "mas luego se les olvidan, mudando el sentido em sus vinos y guerras".[122]

Mais do que apenas lamentar os equívocos dos índios, preocupavam-se os inacianos com a proliferação das *caraimonhagas*, ou *santidades*, ritos relacionados às atividades dos pajés itinerantes, os *caraíbas*, "feiticeiros" que inventavam "bailes e cantares novos" e que faziam os índios "beber e bailar todo o dia e noite, sem cuidado de fazerem mantimentos", dizendo "que as velhas se hão de

---

119 "Ao Padre Geral, de São Vicente, a 1 de Junho de 1560," *ibidem*, 166.

120 "Ao Padre Geral Diogo Lainez, de São Vicente, a 12 de Junho de 1561," *ibidem*, 176.

121 "Ao Geral Diogo Lainez, de São Vicente, janeiro de 1565," *ibidem*, 239.

122 "Carta do P. Juan de Azpilcueta Navarro aos Padres e Irmãos de Coimbra (Porto Seguro, 24/06/1555)," in Leite, *Cartas*, v. II, 248.

tornar moças",[123] prometendo abundância, sucesso militar e o fim das doenças, entre outras coisas que perturbavam grandemente o bom andamento do proselitismo jesuítico, muito embora os índios dedicassem aos caraíbas a mesma falta de firmeza e de constância que mostravam pelos dogmas cristãos: "no hai em esta tierra idolatria, sino ciertas sanctidades que ellos dizen que ni creen ni dexan de creer".[124]

Apesar deste laxismo dos índios quanto a seus "santos", é fato que os caraíbas gozavam de enorme prestígio,[125] sendo considerados como grandes heróis (os heróis culturais míticos, detentores do conhecimento xamânico, eram também chamados de *karaiba*[126]), e "senhores da fala", o que fazia com que os nativos lhes proporcionassem – e aos seus "ídolos", os maracás – grandes festas, e "muchos cantares (…) biviendo muchos vinos assi hombres como mugeres, todos juntos, de día y de noche, haziendo harmonías diabólicas".[127]

Sendo também os jesuítas "senhores da fala", foram logo identificados, e buscaram se identificar, com os caraíbas: os padres também discursavam pelas madrugadas, e prometiam abundância e vitória sobre os inimigos, além de curar (ou tentar curar) suas doenças, muitas vezes trazidas por eles próprios. Mais interessante ainda do que esta "conversão" dos jesuítas às práticas dos caraíbas, contudo, foi o movimento contrário: a aceitação por parte destes de partes e imagens do discurso e da liturgia cristã, fenômeno de que a Santidade do Jaguaripe, estudada por Ronaldo Vainfas, foi o exemplo mais extraordinário, embora não o único.

Sem querer repetir aqui os argumentos e conclusões de Ronaldo Vainfas ou de Alida Metcalf,[128] entre outros, acerca da Santidade do Jaguaripe – religião híbrida que floresceu por volta de 1585, e cujas informações nos chegaram, basicamente, através da documentação inquisitorial – é importante apontar, como fez Vainfas, que as festas à moda nativa representavam o centro do culto mestiço ao ídolo Tupanasu, que se realizava em terras baianas. Não obstante, e talvez por conta do viés da documentação – depoimentos de indivíduos mais do que dispostos a apagar suas culpas e diminuir o número de seus pecados – os cauins estão singularmente ausentes. As descrições dos rituais da *caraimonhaga* do Jaguaripe são extremamente vagas e genéricas.

Se nos ativermos, contudo, à documentação, é forçoso reconhecer que, na mistura entre elementos da cultura Tupinambá e da liturgia cristã, o papel do tabaco foi grandemente inflado, às expensas das bebidas fermentadas. É possível que a "derrota da parte feminina da sociedade", expressa na progressiva perda de prestígio das cauinagens, tenha chegado ao ápice quando os caraíbas assumiram

---

123 "Informação do Brasil e de suas Capitanias – 1584," in Anchieta, *Cartas*, 339.

124 "Carta do P. Luís da Grã ao P. Inácio de Loyola, Roma (Piratininga, 08/06/1556)," in Leite, *Cartas*, v. II, 292.

125 Vainfas, *A Heresia dos Índios*, 61.

126 Viveiros de Castro, "O Mármore e a Murta," 202.

127 "Carta do Ir. Pero Correia [ao P. João Nunes Barreto, África] (S. Vicente, 20/06/1551)," in Leite, *Cartas*, v. I, 225.

128 Alida C. Metcalf, *Go-betweens and the Colonization of Brazil -1500-1600* (Austin: University of Texas Press, 2005), 206-34.

(embora por pouco tempo) o papel dos misóginos "padres", colocando aquilo que era um apanágio dos xamãs nativos, o uso do tabaco, como o foco central do rito.

Em sua arguta análise do papel do *petum* nas santidades, Ronaldo Vainfas mostra que aquela configuração cultural específica que se construiu no Jaguaripe foi mais importante do que qualquer potencialidade "neurológica" das substâncias essenciais envolvidas no ritual da Santidade, e esta configuração não parece ter dedicado um papel relevante às cauinagens. O veículo enteogênico privilegiado daquele culto foi, de fato, o tabaco:

> Seria equivocado buscar-se no maior ou menor poder alucinógeno do tabaco a fonte do transe ameríndio (...). O transe místico é mais do que um problema de beberagem ou ingestão de alucinógenos, inserindo-se, na verdade, em teia cultural mais complexa. Mais do que embriagante, o fumo da santidade era divino, conforme exclamou, com fervor, certo adepto da seita: 'Bebamos o fumo, que este é o nosso Deus que vem do Paraíso'".[129]

Conforme disse antes, é possível que a ausência dos cauins esteja relacionada a um determinado viés documental. O jesuíta Fernão Guerreiro, escrevendo em 1609, diz de uma outra santidade que os índios andavam "tão cegos com aquela que chamam a sua santidade, que totalmente teem para si que não há outra e que eles só são os que acertam (...). Usam da cruz, mas com pouca reverência, e teem outras cerimonias ao modo da igreja". A demonstração mais cabal de que o cristianismo era "lido" de forma totalmente idiossincrática pelos nativos era o discurso do "padre" desta santidade: "ele estava como quem ensina a doutrina, misturando mil desbarates, como era dizer *Santa Maria, tupana, remireco*, que quer dizer *Santa Maria, mulher de deus*, e outros despropósitos semelhantes".[130]

É difícil imaginar que nestas "cerimonias ao modo da igreja" não se imitasse, com o uso dos cauins, o papel do vinho como o "sangue" do Cristo, mas este é um vôo especulativo que a falta de lastro documental me impede de fazer. Infelizmente não temos, para a missionação entre os Tupinambá, elementos documentais que apontem casos semelhantes ao do cacique Guarani Miguel Atiguaye, que se fazia de padre, vestindo roupa branca e "mitra" de penas, e bebendo *chicha* de milho em uma cabaça multicolorida.[131] No que diz respeito aos primeiros índios a sofrerem o impacto da expansão portuguesa, o papel social e cultural das bebidas fermentadas parece ter diminuído conforme a colonização lusa se estabilizava e os aldeamentos da Companhia de Jesus atingiam seus objetivos.

Ao se encerrar o primeiro século da colonização, o discurso dos jesuítas acerca da embriaguez dos Tupinambá já era bem mais otimista. Fernão Cardim, por exemplo, afirmava em 1584 que os índios das aldeias "(...) honram-se muito de chegarem a commungar, e por isso fazem extremos, até

---

129 Vainfas, *A Heresia dos Índios*, 135-7.

130 *Apud* Pompa, *Religião como Tradução*, 54.

131 Maxime Haubert, *Índios e Jesuítas no Tempo das Missões – Séculos XVII-XVIII* (São Paulo: Companhia das Letras, 1990), 160.

deixar seus vinhos a que são muito dados, e é a obra mais heróica que podem fazer (...)",[132] enquanto que Anchieta, em 1585, dizia que os índios deixavam com facilidade "os costumes depravados" como o de "embriagar-se de ordinario com os vinhos".[133]

O nome de José de Anchieta, aliás, ficará marcado indelevelmente como o maior e mais tenaz inimigo das cauinagens, especialmente por conta de seu *Auto representado na festa de São Lourenço* (1587),[134] notável peça teatral em que todos os preconceitos dos padres contra os vinhos da terra, e todos as estratégias utilizadas para desmoralizar os adeptos das cerimônias etílicas foram utilizados.

No auto, os principais personagens são Guaixará – chefe Tamoio de Cabo Frio, que atacou os portugueses em 1566-7 – que é identificado ao Diabo, e seus dois auxiliares, Aimbirê e Saravaia. Guaixará inicia seus discursos reclamando da chegada dos jesuítas à sua terra, e se apresentando como campeão dos "maus costumes" dos Tupinambá:

> Esta virtude estrangeira
> Me irrita sobremaneira.
> Quem a teria trazido,
> com seus hábitos polidos
> estragando a terra inteira?
> (...)
> Quem é forte como eu?
> Como eu, conceituado?
> Sou diabo bem assado.
> A fama me precedeu;
> Guaixará sou chamado.
> Meu sistema é o bem viver.
> Que não seja constrangido
> o prazer, nem abolido.
> Quero as tabas acender
> com meu fogo preferido
>
> Boa medida é beber
> cauim até vomitar.
> Isto é jeito de gozar
> a vida, e se recomenda
> a quem queira aproveitar.

---

132 Cardim, *Tratados da Terra e Gente do Brasil*, 191.

133 "Informação da Provincia do Brasil para nosso Padre (1585)," in Anchieta, *Cartas*, 443.

134 José de Anchieta, *Auto representado na festa de São Lourenço* (Rio de Janeiro: Serviço Nacional de Teatro – Ministério da Educação, 1973), http://www.dominiopublico.gov.br/pesquisa/DetalheObraForm.do?select_action=&co_obra=1853 (acessado em 10/02/2009).

> A moçada beberrona
> trago bem conceituada.
> Valente é quem se embriaga
> e todo o cauim entorna,
> e à luta então se consagra.
> (...)
> Vêm os tais padres agora
> com regras fora de hora
> prá que duvidem de mim.
> Lei de Deus que não vigora.

As velhas que fabricavam o cauim, e que tantos problemas causaram aos inacianos, não foram esquecidas:

> O diabo mal cheiroso,
> teu mau cheiro me enfastia.
> Se vivesse o meu esposo,
> meu pobre Piracaê,
> isso agora eu lhe diria.
>
> Não prestas, és mau diabo.
> Que bebas, não deixarei
> do cauim que eu mastiguei.
> Beberei tudo sozinha,
> até cair beberei.

O diabo Guaixará envia seu auxiliar, Saravaia, para assolar as aldeias e aprisionar os índios que haviam se afastado da pregação cristã:

> **GUAIXARÁ**
> Demorou menos que um raio!
> Foste mesmo, Saravaia?
>
> **SARAVAIA**
> Fui. Já estão comemorando
> os índios nossa vitória.
>
> Alegra-te!
> Transbordava o cauim,
> o prazer regurgitava.
> E a beber, as igaçabas
> esgotam até o fim.

GUAIXARÁ
E era forte?
SARAVAIA
Forte estava.
E os rapazes beberrões
que pervertem esta aldeia,
caiam de cara cheia.
Velhos, velhas, mocetões
que o cauim desnorteia.

São Sebastião chega à cena e pergunta aos demônios quem havia lhes dado o direito de comandar os índios:

SÃO SEBASTIÃO
Quem foi que insensatamente,
um dia ou presentemente?
os índios vos entregou?
Se o próprio Deus tão potente
deste povo em santo ofício
corpo e alma modelou!

O auxiliar do Diabo, Aimbirê, responde, mostrando quem era o verdadeiro vilão, o verdadeiro instrumento da ação demoníaca entre os nativos:

AIMBIRÊ
Bebem cauim a seu jeito,
como completos sandeus
ao cauim rendem seu preito.

Esse cauim é que tolhe
sua graça espiritual.
Perdidos no bacanal
seus espíritos se encolhem
em nosso laço fatal.
(...)
Têm bebida aos desperdícios,
cauim não lhes faltará.
De ébrios dão-se ao malefício,
ferem-se, brigam, sei lá!

Não faltam, também, novas recriminações contra as velhas "feiticeiras", que fabricavam os cauins e perturbavam, com seus feitiços, a cabeça e a sexualidade dos jovens, retirando-os da esfera de influência dos padres:

> GUAIXARÁ
> Eu que te ajude a explicar.
> As velhas, como serpentes,
> injuriam-se entre dentes,
> maldizendo sem cessar.
> As que mais calam consentem.
>
> Pecam as inconsequentes
> com intrigas bem tecidas,
> preparam negras bebidas
> pra serem belas e ardentes
> no amor na cama e na vida.
>
> AIMBIRÊ
> E os rapazes cobiçosos,
> perseguindo o mulherio
> para escravas do gentio...
> Assim invadem fogosos...
> dos brancos o casario.

O auto termina, como não poderia deixar de ser, de uma forma edificante, com Guaixará arrasado no inferno, e com Aimbirê (que na história real bandeou-se para o lado dos portugueses) atuando como algoz infernal dos imperadores romanos, Décio e Valeriano, perseguidores dos cristãos. Ironicamente, o inferno anchietano reunia índios e romanos, pecadores, os dois, por perseguirem e matarem os filhos de Deus, e pecadores, os dois, por fazerem da bebida, e dos prazeres etílicos, parte essencial de sua relação com o mundo e com a vida. Nos improvisados palcos das aldeias jesuíticas, representava-se toda a luta cristã contra o álcool e a embriaguez: reunia-se, a um só tempo, o princípio e o fim da história. Ali, em meio às matas brasileiras, o sonho milenarista de refundar o mundo se realizava, em meio à guerra contra a expansão da consciência e dos sentidos, e contra a liberdade e o riso, permitidos pela ebriedade.

3. O Fim do Antigo Regime Etílico

Outro trabalho diário, e de toda a attenção é a colheita do mel, do qual fazem um pessimo vinho, para as suas continuadas bebedeiras e festas (...). Em julho o apparecimento das Pleyadas ou Sete Estrelas, é uma das principais festas (...). Tudo é uma festa e uma beberronia (...) nas quais se pintam, mascaram e ornam extraordinariamente, e ella é completa só quando todos ficam bebados até cahir.[135]

Ao se espalhar pelo território que se tornaria o Brasil, a colonização europeia também ia estendendo suas formas de relacionamento com a experiência etílica. Colonos leigos e missionários, soldados e funcionários, portugueses e de outras nações europeias, todos tinham que adaptar suas práticas etílicas ao novo mundo que ia sendo descoberto, alguns optando por se abrir à experiência advinda do consumo de bebidas elaboradas de forma muito diferente daquelas conhecidas na Europa, outros lutando para combater estas bebidas e a embriaguez provocada por elas, considerada como uma porta aberta ao pecado e à degradação dos povos nativos, além de um potencial perigo para os próprios europeus.

Seria impossível, contudo, fazer agora o que fiz com os Tupinambá, na seção anterior. Não existe, para outras situações de contato, um conjunto de informações e documentos que nos permita – em quantidade e qualidade comparáveis ao que se pode fazer em relação aos Tupinambá – traçar uma história coerente e razoavelmente detalhada das relações que nativos e europeus estabeleceram em torno das bebidas fermentadas tradicionais. De qualquer forma, existem algumas indicações, dentro de uma documentação muito variada e de qualidade desigual, que mostram que a experiência dos jesuítas com os Tupinambá serviu, como um modelo para as relações dos próprios jesuítas, e de outros europeus, com outros povos nativos.

Antes de chegar a estas outras experiências, contudo, deve-se recordar que os portugueses não foram os únicos a se relacionar com os Tupinambá. Franceses e holandeses também tiveram a oportunidade de estabelecer um contato íntimo, embora fugaz, com os povos deste conjunto étnico. Nestes contatos, tanto franceses quanto holandeses se defrontaram, muitas vezes, com os mesmos problemas com que se houveram os portugueses, escolhendo (ou sendo forçados a escolher) soluções que nos dizem muito a respeito de suas próprias visões a respeito da experiência etílica.

Já vimos que os franceses, assim como os portugueses, se surpreenderam e, muitas vezes, se horrorizaram com um modo de beber que lhes parecia algo extremamente selvagem, ou mesmo inspirado pelo demônio. Os missionários franceses, especialmente durante a tentativa frustrada de colonização no Maranhão, em princípios do século XVII, tentaram fazer o mesmo que fizeram os jesuítas no território dominado por Portugal, isto é, controlar ou mesmo extinguir as cauinagens, com resultados muito diferentes daqueles alcançados pelos inacianos.

Os capuchinhos franceses compartilhavam com os jesuítas da mesma visão a respeito da embriaguez: aceitavam a necessidade de manter o álcool como produto de uso quotidiano, mas com moderação, respeitando-se a necessidade da temperança, e criticando a embriaguez deliberada. E, o

---

135 Ricardo Franco de Almeida Serra, "Sôbre o aldêamento dos indios uaicurus e guanás, com a descrição dos seus usos, religião, estabilidade e costumes," (1803), *Revista Trimestral de Historia e Geographia ou Jornal do IHGB* XIII (1872): 354-5.

mais importante: condenavam a embriaguez cerimonial e enteogênica, à moda indígena, percebendo naquelas cerimônias um aspecto religioso que lhes era absolutamente inaceitável.

Diferentemente dos jesuítas, porém, os franceses jamais puderam contar com o apoio do braço secular em um nível semelhante ao dos inacianos. Não puderam, por exemplo, separar, em aldeamentos, os índios da influência dos europeus laicos, o que permitia que os intérpretes (*truchement*) normandos e bretões que já viviam há décadas no Brasil, conhecendo a língua e aderindo a muitos dos costumes nativos (inclusive os rituais antropofágicos), tivessem livre acesso aos índios, solapando, muitas vezes, a obra catequética dos capuchinhos.

Apesar destas diferenças, os franceses também se viram às voltas com as questões típicas do contato com os Tupinambá, especialmente a proliferação de leituras nativas, e heterodoxas, do cristianismo, leituras que eram, muitas vezes, realizadas pelos *pajé-açu*, os caraíbas que tanto trabalho deram aos jesuítas. Yves d'Evreux foi um grande observador destes caraíbas, percebendo que eles "ocupavam entre os selvagens o lugar de mediadores entre os espíritos e o resto do povo", colocando-se, portanto, como opositores naturais da empresa evangelizadora. Possuíam enorme prestígio entre os índios, até mesmo por conta de seu comportamento diferenciado:

> Quanto mais progressos fazem nos abusos, mais graves se mostram: falam pouco, buscam a solidão, evitam o mais que podem as companhias, com o que alcançam mais honra e respeito, são mais procurados depois dos principais, e estes lhes falam com atenção aí usada, e ninguém os maltrata.[136]

Como em outros lugares, os pajés eram os grandes divulgadores, através dos seus discursos, dos pecados que os religiosos queriam ver extintos: "(*só falam em*) matar, comer, assar, e secar a carne dos seus inimigos, e nas suas incontinências, libertinagens e loucuras". Usavam do *petun*, do tabaco, para "comunicar seu espírito aos outros", mas também imitavam as cerimônias cristãs, como a aspersão da água benta: "de ordinário enchem d'água grandes potes de barro, proferindo em segredo algumas palavras sobre eles, deitando também fumaças de *petun* (...), p[õe]m-se a dançar, e depois o feiticeiro toma um ramo de palmeira, mete dentro do pote, e com ele asperge a companhia".[137]

Além de imitar as cerimônias, os pajés também procuravam interpretar os discursos que as fundamentavam, em termos muito diferentes daqueles dos missionários. Afirmavam, por exemplo, referindo-se aos padres, que estes os faziam sair das igrejas[138] para que Tupã "(*descesse*) diante deles, e

---

136 Evreux, *Viagem ao norte do Brasil*, 301.

137 *Ibidem*, 320-1.

138 Os índios que ainda não haviam sido batizados, e que não podiam assistir a missa, estranhavam bastante esta discriminação: "julgaram isto uma afronta e mostraram-se ofendidos", *ibidem*, 376.

então se ajoelham todos os *caraíbas* (*os brancos*). Bebe e come Tupã em belos vasos de oiro, e em mesa bem preparada e ornada de belos estofos, e bonitos panos de linho".[139]

Era uma crença profundamente arraigada essa: os índios tinham certeza que, durante a eucaristia, "Tupã descia sobre os altares, bebendo e comendo" com os padres. Para os índios, e sua visão enteogênica, Deus estava *realmente* naquele rito, e sua vinda estava obviamente relacionada à bebida e à comida que lhe era oferecida. Não é por acaso que, certa vez, uma índia tenha manifestado verdadeiro horror a receber a hóstia e a beber o vinho diretamente no cálice: "tão grande secura da língua e boca proveio da grande timidez dela em receber tão santo manjar", o que me parece estar relacionado à total inadequação deste ato no contexto da cultura Tupinambá, já que somente os grandes pajés podiam entrar em contato tão direto com os espíritos, e ainda mais com o maior espírito de todos.[140]

Os missionários franceses também procuraram estabelecer limites ao consumo do álcool e a reprimir a ocorrência das cauinagens, mandando, por exemplo, "atirar no mato a comida, a bebida e o fogo que costumamos dar aos nossos parentes defuntos".[141] Um dos principais índios convertidos, um *principal* e pajé da aldeia de Tapuitapera, chamado Marentim (que recebeu o nome cristão de Martim Francisco), e que era chamado de *pai-mirí* (padre pequeno, ou "vigário" dos padres), insistia com os índios para que deixassem os cauins. Aqueles que o ouviam, diz o padre d'Evreux:

> Nunca iam aos cauins e reuniões, conforme costumavam os Tupinambás: era um dos pontos principais que Martim Francisco gravava no coração dos convertidos, isto é, que os cauins eram inventados por Jeropari (*o diabo*) para semear a discórdia entre eles, e fazer com que praticassem toda a espécie de males os que os frequentassem, sendo impossível amar a Deus quem gostasse de cauins, porque, dizia ele, "quando descubro que alguns dos meus semelhantes se retiram das cauinagens, agouro que bem depressa serão cristãos, e vou procurá-los; mas não tenho ânimo para fazer o mesmo aos que frequentam tais orgias".[142]

Os holandeses, em seu curto período no domínio de Pernambuco e regiões vizinhas (1630-54), também travaram relações profundas com os Tupinambá da costa brasileira, em especial os Potiguara da Paraíba e Rio Grande do Norte. Assim como os outros europeus, os neerlandeses também lamentaram a mudança de comportamento apresentada pelos índios conforme estes se embriagavam nas cauinagens:

> Bastante tranquilamente vivem entre êles exceto quando se comprazem com as bebidas, porque então passam os dias e as noites pulando e cantarolando. Porquanto se entregam excessivamente à embriaguez tanto as mulheres como os homens: nem

---

139 *Ibidem*, 253.

140 *Ibidem*, 327.

141 *Ibidem*, 253.

142 *Ibidem*, 275.

facilmente podem ser dissuadidos dêsse vício, o qual é para êles o máximo, do qual nascem brigas e outros maus costumes.[143]

Muito embora fossem os holandeses reconhecidos mundialmente como excepcionais bebedores,[144] não deixaram de criticar o vício da embriaguez dos nativos, notadamente quando tentaram convertê-los à sua religião reformada. Os índios "brasilianos" (os Tupinambá) foram reunidos em aldeias, comandadas por "commandeurs" civis até 1645, quando o medo da revolta levou o Conselho dos XIX (*Herren XIX*) – órgão máximo de governo da Companhia das Índias Ocidentais – a reconhecer sua liberdade e nomear regentes índios para governá-las, entre os quais Antônio Paraupaba e Domingos Fernandes Carapeba.[145]

Segundo os holandeses, os índios pouco haviam aprendido da religião católica "a não ser recitar padre-nossos e ouvir missas", o que significava dizer que a catequese jesuítica teria deixado poucas marcas entre eles. O Conselho Político do Recife determinou, em 1636, que os meninos fossem afastados de seus pais e educados na língua e na religião holandesa, porque os adultos estavam esquecendo a "verdade" e retornando "às suas antigas superstições e idolatrias". A língua portuguesa deveria ser proibida nas aldeias, e quando fossem os índios "senhores da língua holandesa ser-lhe-ia ensinado o catecismo da igreja reformada com as suas perguntas e respostas e, em seguida, pelos mestres, iniciados nos fundamentos da verdadeira religião cristã", além dos "costumes civis".[146]

O plano todo se revelou um grande fracasso, não apenas pela difícil condição militar do domínio holandês, mas também por conta da dificuldade em separar os meninos de seus pais, insistência que chegou a produzir levantamentos nas aldeias e massacres de holandeses, como ocorreu no Ceará, em fevereiro de 1644. Sem esta separação, reconheciam os batavos (tal como fizeram os jesuítas antes deles), seria impossível conseguir qualquer resultado com os índios, já que os adultos não abandonavam "seus vícios inveterados, prostituição, alcoolismo e preguiça".

Em 1645 era pedido ao Conselho dos XIX que fossem enviados ao Brasil "pessoas honradas para servir de mestres-escolas, não sendo pessoas inclinadas a bebidas já que os índios são muito chegados a este vício". Deve-se notar que o próprio Supremo Conselho do Recife, comumente, enviava "presentes de aguardente" aos índios. Em 1644, os holandeses desistiam, oficialmente, de seu ensaio de catequização.[147] Como diz Gilberto Freyre, "o Recife holandês (…) foi um burgo de beberrões.

---

143 Marcgrave, *História Natural do Brasil*, 269.

144 Beber, criticava Antônio Vieira, escrevendo da Holanda, "nesta terra não é pecado nem desonra": "Carta ao Marquês de Nisa" (Haia, 12/01/1648)," in Antônio Vieira, *Cartas do Brasil (1626-1697) – estado do brasil e estado do maranhão e grão-Pará* (São Paulo: Hedra, 2003), 348.

145 José A. Gonsalves de Mello, *Tempo dos Flamengos: Influência da Ocupação Holandesa na Vida e na Cultura do Norte do Brasil*, (Recife: Coleção Pernambucana, 1978 [1ª edição: 1947]), 209-10.

146 "Instruções dadas a Servaes Carpentier por parte do Conselho Político, o qual vai em missão do mesmo Conselho ao Conselho dos XIX a expor a situação do Brasil" (20/02/1636)," *ibidem*, 212.

147 *Ibidem*, 223.

Pessoas da melhor posição social eram encontradas bêbadas pelas ruas",[148] fato que, certamente, não contribuía em nada para extinguir o "alcoolismo" dos índios.

Quanto aos chamados tapuias, grandes aliados militares dos holandeses, jamais aceitaram o discurso evangelizador dos pregadores reformados,[149] e também se mantiveram firmes em suas usanças etílicas. Os Kariri, por exemplo, reuniam-se periodicamente para consumir "acauí" e "aiipii", começando pela manhã e, entregando-se "à bebedeira, cantarolam e dansam quasi sem interrupção. Quando algum se sente repleto, demasiadamente de bebida, provoca o vômito e bebe novamente. Desta maneira, quem pode vomitar mais e beber de novo, é tido pelo melhor e mais poderoso dos beberrões".[150]

A relativa lassidão no combate ao beber indígena, por parte dos holandeses, e a desorganização provocada pela ocupação neerlandesa nos aldeamentos jesuíticos, contribuíram para que a luta contra os regimes etílicos nativos sofresse uma grave (do ponto de vista dos jesuítas) interrupção. Para piorar, muitos índios que apoiaram e lutaram junto aos flamengos, entre os quais Antônio Paraupaba, refugiaram-se na Serra do Ibiapaba, no Ceará, conhecida como a "Genebra de todos os sertões do Brasil", por conta da influência dos índios refugiados de Pernambuco, "nascidos e criados entre os Holandeses, sem outro exemplo nem conhecimento da verdadeira religião". Antônio Vieira dizia que Ibiapaba era uma verdadeira "República de Baco (...) por serem as borracheiras continuas de noite e de dia".[151]

De todo modo, a expulsão dos holandeses contribuiu para estabilizar o domínio luso sobre os Tupinambá, ou sobre o que restava deles. Estes Potiguara "neerlandizados" (com o perdão do neologismo desajeitado), que se refugiaram em Ibiapaba, representaram apenas o final de uma longa e conflituosa história dos portugueses com as cauinagens. A guerra de jesuítas, e outros missionários, contra cauinagens e outras formas nativas de beber seria transferida para outros espaços e outras nações indígenas, nos sertões e na ocupação da Amazônia.

Ao expandir os limites de sua colônia pelos sertões do Brasil, os portugueses encontraram outros povos, outras bebidas e outros modos de se embriagar. Já possuíam, contudo, o *know how* necessário para lidar com estas situações, acumulado em décadas de aldeamentos e pregações de jesuítas e outros missionários. Ao entrar no século XVII, os próprios jesuítas já não consideravam necessário lutar com tanto empenho contra os "vinhos", provavelmente porque o arcabouço místico que envolvia as cauinagens estava em franco processo de enfraquecimento (ou, seria mais prudente dizer, esmaecimento), juntamente com a proeminência social de seus maiores representantes, os xamãs caraíbas e as "velhas feiticeiras".

---

148 Gilberto Freyre, *Sobrados e Mucambos: decadência do patriarcado rural e desenvolvimento do urbano* (São Paulo: Global, 2003 [1ª edição: 1936]), 280.

149 Mello, *Tempo dos Flamengos*, 207.

150 Marcgrave, *História Natural do Brasil*, 273-4.

151 Antônio Vieira, "Relação da Missão da Serra de Ibiapaba" (1660), *in* Ribeiro e Moreira Neto, 1992: 276.

Nas *Advertências* de 1609, o jesuíta anônimo mostra que os anos de catequese haviam suavizado as táticas de conquista espiritual dos nativos brasileiros, fazendo com que se aceitasse tudo aquilo que não representasse uma ameaça exagerada ao bom governo das aldeias, e que não fizesse com que os índios as abandonassem ou se revoltassem contra os padres. Permitia-se, inclusive, que os índios pudessem mudar suas aldeias de lugar, "porque assim se conservão mais". Este documento é revelador quanto à mudança no paradigma missionário dos inacianos, e representa um extraordinário exemplo da vitória jesuítica em implementar a visão católica mediterrânica sobre a embriaguez, pelo menos dentro das aldeias:

> como os indios para morrerem basta tomarem melancolia ec. parece que não he bem tirar-lhes os nossos seus costumes que se não encontrão com a lei de Deus, como chorar, cantar e beberem com moderação. E se alguns se desmandarem, dar-lhes a sua penitência. E não quebrar-lhes os nastos de vinho.[152]

A alteração dos regimes etílicos nativos era tão patente que a própria produção dos cauins parece ter sido, paulatinamente, abandonada entre aqueles grupos que estavam em contato com os europeus há mais tempo. Antônio Vieira, em 1654, demonstrava surpresa ao perceber que, em determinada aldeia no Maranhão, depois do anoitecer, "em todas as (*casas*) se falava alto e que estava toda a aldeia acordada". Os padres estranharam o fato, bastante inusitado, imaginando que isto se devia à presença do vinho. O trecho a seguir é, a meu ver, importantíssimo, porque mostra que, naquela aldeia, embora os "senhores da fala" ainda se aproveitassem da embriaguez para fazer seus discursos, *já não se produzia o cauim*, dependendo aqueles índios, se quisessem se embriagar, do comércio com os cristãos (os itálicos são meus):

> Estranharam o modo de inquietação, e muito mais àquelas horas, porque, como os índios são naturalmente de pouca conversação, o grande silêncio que há nas ditas aldeias, principalmente de noite, em que parece que não há nelas cousa vivente, julgaram os padres pela experiência que devia de ser vinho, *o qual se não vende entre os índios, e em o havendo em alguma casa se expõe a todos os que querem ir beber*, e ordinariamente querem todos, e ele é o que faz falar os mudos, e não há história dos passados, nem obrigação ou queixa dos presentes, que então não venha à prática, em que gastam as noites inteiras.[153]

Pelo visto, tinham pouca fé os padres em sua pregação, já que os índios estavam acordados, muito pios, rezando e ensinando as orações e declarações do catecismo, "todos deitados em suas redes". Vieira aproveita para elogiar o novo paradigma jesuítico de conversão:

---

152 Anônimo, *Algumas advertências para a província do Brasil* (1609?), apud Pompa, *Religião como Tradução*, 75.

153 "Carta ao padre provincial do Brasil (1654)," in Vieira, *Cartas do Brasil*, 172.

Não crera isto destes homens quem de antes os conhecera, e vira quão inclinados são a gastar as noites em seus brincos e passatempos, mas tanto pode a graça sobre a natureza. Nem nós lhe tiramos ou proibimos o seu cantar e bailar, nem ainda beber e alegrar-se, contanto que seja com a moderação devida, por lhe não fazermos a lei de Cristo pesada e triste, quando ela é jugo suave e leve.[154]

Durante a longa catequese dos tapuias do sertão do Nordeste, processo complexo e entremeado por guerras e conflitos com os colonos, os missionários repetiram os passos de sua luta contra a embriaguez cerimonial e o beber supérfluo. Como demonstrou, de forma brilhante, Cristina Pompa em *Religião como Tradução*, a missionação junto aos povos do sertão se apropriou de vários elementos e experiências da catequese realizada com os Tupinambá, inclusive quanto à necessidade de criação de uma "religião tapuia" com a qual os missionários pudessem duelar, e isto é verdadeiro também no que diz respeito à postura dos religiosos quanto aos regimes etílicos dos povos tapuias.

Neste campo, aliás, os missionários tiveram bastante com o que se ocupar. Entre os Kariri, por exemplo, as sessões de embriaguez constituíam parte importante no culto daquilo que os jesuítas viam como "deuses". Em uma ânua datada de 1679, o irmão Felipe Coelho informava que os índios "cultuavam e veneravam duas falsas divindades, ou Numes, cujos nomes eram Vuankidzan (sic) e Potidzan, que festejavam, um dia estabelecido durante o ano, com várias ofertas e dádivas, danças, bebedeiras e ritos profanos, e enfim, guardavam pequenos objetos como se tratasse de relíquias para o culto divino.[155]

No culto destas "divindades" era comum que os índios realizassem uma cerimônia (que o jesuíta Jacques Cockle chama de "danças sagradas" ou "jogos") em que a embriaguez ocupava um lugar central: "para cuidar destas coisas há alguns homens e mulheres que chamam Pais e Mães do jogo ou de Varakidzan. Se eles conduzirem bem as cerimônias, os mais velhos predizem muita coisa boa. Terminam os jogos bem cheios e bêbados, por isso as mais jovens mulheres trabalham alguns dias fazendo vinho.[156]

Entre os tapuias Moriti (também do grupo Kariri), havia uma cerimônia que se realizava quando as Plêiades surgiam no céu, e que consistia em "meterem-se no rio para colherem muitos frutos, fazer uma festa, do tipo supersticioso com bebida, para terem muitos filhos, lavar os filhos recém-nascidos na água em que tinham cozido a caça, para que eles fossem bons caçadores; enterrar os corpos dos mortos dentro de grandes potes".[157]

A ação dos jesuítas contra a embriaguez cerimonial inspirou os *Catecismos* em língua Kariri, escritos pelo jesuíta Luis Vicente Mamiani (1698), e pelo capuchinho Bernard de Nantes (1709), nos quais a luta contra as bebidas nativas ocupa um lugar dos mais importantes. No catecismo de

---

154 Ibidem, 172-3.

155 *Annuae Litterae provinciae brasiliensis ab anno 1670 usque ad 1679*, in Pompa, *Religião como Tradução*, 364-5.

156 "Carta do P. Jacques Cockle ao P. Geral Oliva (20/11/1673)," ibidem, 366.

157 *Annuae Litterae exBrasilia Anno 1693*, ibidem, 373.

Mamiani são apresentados as principais atitudes e costumes que eram consideradas pelos missionários como pecados, entre eles "esfregar uma creança com porco do mato e lavala com Aloá para que, quando for grande, seja bom caçador & bom bebedor" e "fazer vinho, derramado no chão e varrer o andro da casa para correr com as bexigas".[158] No catecismo de Bernard de Nantes são feitas perguntas a respeito da firmeza com a qual se respeitava o primeiro mandamento: "fostes cantar o Soponhiu? (he cantar dissoluto, & barbaro, quando banquetão). Toldastes vos de vinho nelle?".[159]

A experiência anterior com os índios do litoral fazia ver aos missionários, e à administração colonial, que a estratégia de reunir os tapuias em aldeias era a melhor forma de trazê-los para o âmbito da "civilização", como o demonstra a determinação do governador-geral Matias da Cunha, na qual ordena que os "Indios Cariris" que fossem achados fora de sua aldeia fossem levados de volta à Missão, já que, ao se ausentarem dela, evitavam

> por este modo a educação da doutrina Christã que lhes ensina, e os bons costumes com que pretende livrar de seus antigos ritos, e tel-os domesticados e promptos para o serviço de Deus e de Sua magestade, que é o principal fim a que se dirige a dita Missão, e todas as mais que Sua Magestade tão particularmente encarrega a este Governo, e porque convem que os ditos índios se reduzam á dita Aldeia, e se conservem nella sem que pessôa alguma os possa divertir.[160]

Para os missionários, e especialmente para os jesuítas mais experientes nas coisas do sertão, não restava dúvida de que esta era a forma adequada de tratar das "abusões" dos índios. Em 1667, o padre João de Barros escrevia da aldeia de S. Francisco Xavier de Jacobina, na Bahia, defendendo esta estratégia (contra aqueles que defendiam que a atuação jesuítica deveria se limitar aos colégios), e elogiando a atuação do padre flamengo Jacob Roland junto aos "Tapuyas". Afirmava que os padres no sertão viam tudo com seus próprios olhos, "m.^{to} difernte de que no Coll.º se pratica", defendia a prática de agir com suavidade com os índios "que cordialmente nos amão, e desejão em tudo faser a vontade, deixando por amor de nos cousas que parecem (?), como são o beber vinhos azedos cõ q. se embebedam, não cumdescender cõ algũa molher mã q. os incita (...)".[161]

E desta forma, com avanços e recuos de acordo com cada situação em particular, a guerra contra as bebidas nativas ia sendo vencida, "por amor de nos" ou com a ajuda crucial da Coroa ou da administração colonial. Não apenas os jesuítas, mas outras ordens religiosas, como

---

158 Luis Vicente Mamiani, *Catecismo da doutrina christã na língua brasílica da Naçam Kiriri* (1698), *ibidem*, 398.

159 Bernard de Nantes, *Catecismo da língua kiriri* (1709), *ibidem*, 398.

160 "Ordem para os Capitães dos districtos donde forem achados Indios Cariris pertencentes á Aldeia do Capitão Fernando os obriguem e entreguem ao Missionario della" (19/11/1687). DH, XXXII: 270-1.

161 "Carta do P. João de Barros ao Pe. Comissário Antão Gonçalves (11/09/1667)," in Pompa, *Religião como Tradução*, 320.

franciscanos e oratorianos, percebiam nestas bebidas, e no tipo de embriaguez que se praticava entre os índios no Brasil, um risco para a transformação daqueles povos em verdadeiros súditos de Deus e da Coroa, e tratavam de extinguir tais práticas, pelo menos quando estas ocorriam em um nível, para eles, exagerado.

A administração colonial participava deste esforço, sempre que solicitada, inclusive chamando a atenção dos padres, quando estes não cumpriam com a tarefa a contento, talvez por suavizarem demais o trato com os nativos, e sendo excessivamente condescendentes com as "gentilidades". Em um Regimento datado de 1734, o Conde de Sarzedas, capitão-general e governador de São Paulo, ordenava aos superiores das aldeias da Capitania que estes deveriam: "(…) por serviço de D.^{s} evitar-lhe as bebediças á q. são costumados pello seu pouco governo atalhando a que nas Aldeyas não fabriquem bebidas de q. nascem as suas pendencias e muitas vezes o perderem o resp.^{to}, e a seus off.^{es} e todos os superiores, fazendosce depois persizos haver castigos q. se devem evitar tirando as occasiões".[162]

A própria Coroa poderia ser acionada a evitar "as occasiões", na medida em que isso se fizesse necessário. Logo após a sua instalação, em 1642, o Conselho Ultramarino já era instado a impedir que os índios tivessem a oportunidade de se envolver em problemas em virtude das bebidas. O missionário oratoriano João Duarte do Sacramento havia solicitado ao Conselho que proibisse os soldados do sertão de venderem vinho e aguardente aos índios, pelos problemas que isso ocasionava ao serviço de Deus e da Coroa. O Conselho Ultramarino concordou com as razões do missionário, e ordenou "que nenhuma pessoa de qualquer calidade que seja (…) leve vinho, ou aguardente, as Aldeias para contratar como os Indios pellas grandes offenças de Deos, e ruínas que cauzão para também por este caminho se evitarem as desordens que so se dera com tanto escandalo na capitania do Seara".[163]

É interessante apontar, neste documento, a presença da aguardente – de cana, certamente, por não poderem os soldados adquirir a aguardente do reino, e muito menos vendê-la aos índios – no comércio com o trato com os índios do sertão. Muito embora não se pretenda fazer neste livro um estudo da aguardente de cana e de seu papel no contato interétnico no Brasil colonial – tema que merece, e que permite, um outro livro – é importante apontar aqui que sua expansão entre as sociedades indígenas somente se tornou possível quando suas bebidas tradicionais foram atacadas e extintas pela ação missionária e administrativa.

O "vácuo etílico" provocado pela extinção, ou desvalorização simbólica, das bebidas nativas abriu espaço para a introdução de uma bebida muitíssimo mais potente, e para a criação de um espaço de ebriedade que superava em muito os limites da antiga embriaguez cerimonial, lançando os índios no mundo do etilismo moderno, com o qual os europeus e os africanos

---

162 "Registo de hū Regim.^{to} p.^{a} todas as Aldeyas desta Capp.^{nia} p.^{a} os Índios dellas" (10/05/1734)," in *Documentos Interessantes para a História e Costumes de São Paulo*, XXII: 74-5.

163 "Sobre o que pede João Duarte do Sacramento acerca de se prohibir que os soldados do sertão levam os índios para os seus quartéis, e que por aquellas Aldeias se não deve a vender vinho ou aguardente pellos certões e Aldeias, donde asistem os índios pello grande prejuízo que isso resulta," Arquivo Histórico Ultramarino, Documentos de Pernambuco, Códice 19, fls. 19-20.

também estavam se havendo, e que marcaria, para sempre, a visão que a sociedade ocidental nutria acerca dos povos indígenas. Nesta mudança, e apesar de todos os discursos acerca da moderação e da temperança, os missionários tiveram um papel decisivo. No momento em que se fazia necessário atrair os índios para o espaço cultural europeu, ou euro-brasílico, os padres não pestanejavam em se utilizar do grande atrator dos povos indígenas a partir do século XVII: a cachaça.

Em 23 de novembro de 1653, às margens do Rio Tocantins, o padre Antônio Vieira observava a chegada de "um principal e um seu filho e alguns outros índios do sertão", índios que estavam em vista de serem guerreados e escravizados, "para que se veja com que neste país se resolvem semelhantes empresas". Naquele dia, o maior dos defensores dos índios contra a escravidão e o trabalho extenuante, e aquela que se tornaria um dos instrumentos para atrair os índios àquelas mazelas, se encontrariam às margens daquele rio:

> Passaram estes índios novos por uma capitania deste Estado, cujo capitão-mor os acompanhou com uma carta em que aconselhava ao governador que àquelas quatro aldeias rebeldes se lhes fosse logo dar guerra, porque, além do serviço que nisso fazia a S.M., seria de grande utilidade do povo, que por esta via teria escravos, com que se servir (...). No mesmo dia em que chegaram os índios novos, os mandou o capitão-mor que nos viessem ver. Nós os festejamos e brindamos; e, posto que estranharam a aguardente, que é o vinho da cana, que cá se usa, eles nos prometeram com muita graça que se iriam se acostumando, e nós o cremos.[164]

A partir de encontros deste tipo, raramente tão bem documentados, os índios brasileiros seriam inseridos no mundo moderno, não como os homens civilizados das vãs esperanças de Yves d'Evreux, que sabiam "beijar a mão" e "tirar o chapéu", mas como os índios "fracos e pusilânimes" de Charles-Marie de La Condamine. Inebriados pela aguardente, os índios tornar-se-iam os ícones de uma diferença insuperável, muito maior do que aquela que opunha o vinho europeu, e suas formas moderadas de consumo, àquelas bebidas, feitas com a saliva de moças gentis, que molhavam as carnes dos inimigos, e que transportavam os homens ao encontro das vitórias e dos espíritos dos seus avós.

---

164 "Carta ao padre provincial do Brasil" (1654)," in Vieira, *Cartas do Brasil*, 151. Não era um fato isolado, e nem exclusivo das relações com os índios. Na África, os missionários sempre davam a cachaça brasileira (gerebita) aos nativos, para facilitar o processo de conversão: Curto, *Álcool e Escravos*, 103-4.

CONSIDERAÇÕES FINAIS

> Hoaipe chegava com muita cachaça e distribuía a bebida para todos os pirahã. Primeiro, dava somente para as mulheres até todas ficarem de porre; depois, bebia e ficava de porre também. Aos homens não dava nada. Quando Hoaipe estava muito bêbado, queria brigar com os pirahã; eles ficavam com medo e corriam para o mato.[1]

"Hoaipe" foi o nome dado pelos índios Pirahã[2] a Marco Antonio Gonçalves, antropólogo que preparava uma etnografia sobre eles. Gonçalves ficou surpreso ao ver-se, no sonho de Ahoapatsi, como um bêbado violento, que colocava em risco a vida dos índios. Afinal, quando da chegada do antropólogo (que não bebia) à aldeia, era o próprio Ahoapatsi quem estava bêbado (de cachaça) e violento. Confrontado com esta inversão dos fatos, Ahoapatsi respondeu: "Hoaipe nunca bebeu, mas no dia em que beber, vai querer ficar com nossas mulheres e matar os homens pirahã".[3]

Através dos sonhos, muitas vezes utilizados de forma claramente instrumental, os Pirahã discutem seu quotidiano, suas práticas sociais, e seus medos e esperanças quanto aos vários aspectos de suas vidas. Ao realizar uma evidente inversão em relação ao uso da bebida, e ao comportamento

---

1 Sonho de Ahoapatsi, índio Pirahã, in Gonçalves, *O Mundo Inacabado*, 271.

2 Povo da família linguística Mura, do estado do Amazonas.

3 Gonçalves, *O Mundo Inacabado*, 272.

enquanto bêbado, Ahoapatsi fazia, na verdade, um discurso acerca do contato entre os Pirahã e o mundo dos brancos, no qual estes apareciam como uma fonte de violência e de destruição para os índios, violência e destruição corporificados em uma bebida, a cachaça, e em uma forma de utilizá-la, a embriaguez violenta e destrutiva.

Conquanto seja esta uma inversão interessante, e bastante reveladora do papel dos brancos e de seus produtos no contato com as sociedades indígenas atuais, ao historiador é flagrante a existência de uma outra inversão, talvez ainda mais reveladora: a figura do "bêbado violento" e ameaçador, durante séculos lançada aos índios pelos colonizadores europeus e pela sociedade nacional, agora é utilizada pelos próprios índios para caracterizar os perigos de sua relação com uma sociedade que os envolve de maneira cada vez mais totalizante.

Durante o percurso deste livro, procuramos estudar os primeiros momentos deste processo de inversões simbólicas e reais. Desde o princípio, insisti na ideia de que não se pode considerar os índios como vítimas passivas de um impacto que lhes era imposto a partir de fora, de um "sistema mundial" que a tudo levava de roldão. Ao contrário do que ocorreu em outros contextos coloniais, como na América do Norte e na Austrália (onde os nativos não conheciam as bebidas e onde se pode falar, dentro de muitos limites, de um "presente envenenado" do álcool), os povos nativos no Brasil possuíam todo um mundo de experiências e práticas etílicas, as quais determinaram, em última instância, o papel que as bebidas alcoólicas ocuparam durante o contato interétnico, inclusive após a invenção da cachaça, como nos ensina Ahoapatsi.

Nos primeiros capítulos, mostramos a variedade técnica e ecológica dos processos indígenas de elaboração das bebidas fermentadas, e suas muitas práticas sociais de consumo. Ao contrário do que diziam os primeiros colonizadores, e ao contrário de uma percepção contemporânea vulgar, os "primitivos" e "preguiçosos" indígenas eram extremamente proficientes no uso das matérias-primas de seu mundo natural, aproveitando-as, como material para suas bebidas, das formas mais variadas. Apesar da importância, técnica e simbólica, do "nauseante" método da insalivação, esta era apenas uma das técnicas de fermentação disponíveis aos índios, técnicas que iam desde a fermentação simples de seivas e sucos até o complexo processo de sacarificação provocado por fungos, base dos caxiris e paiaurus amazônicos.

Também abordei a imensa complexidade social das bebidas fermentadas, e o papel crucial das festas e cerimônias etílicas nas sociedades indígenas, concentrando o foco na sociedade Tupinambá e suas cauinagens canibais, principal *topos* da reflexão europeia acerca do beber indígena. O lugar central ocupado pelas bebidas no sistema de relações de gênero, e seu papel como exobebidas, como instrumentos de interação com a exterioridade social, mostraram que os cauins e as cauinagens representavam muito mais do que um meio de obtenção de estados alterados de consciência, mas agiam como esferas simbólicas vitais, e como espaços de exercício da memória e da temporalidade, instâncias estreitamente relacionadas à participação em cerimônias que dependiam totalmente, para a sua efetivação, da produção (feminina) e do consumo (basicamente masculino) das bebidas fermentadas.

Passando para o lado europeu, observamos que os regimes etílicos dos colonizadores tinham uma história tão complexa quanto a dos índios, e eram tão carregados de contradições, em relação ao que era visto como o "modo correto de beber", quanto os regimes etílicos nativos. Jesuítas, e outros missionários, combatiam as cauinagens com base em pressupostos e fórmulas imagéticas que foram construídas pelas sociedades europeias durante milênios: ao tratar o beber indígena como um conjunto de atos bárbaros, homens como José de Anchieta ou Yves d'Evreux utilizavam de luta das civilizações mediterrânicas contra os "bárbaros do norte", e suas forma enteogênicas de embriaguez, além de repetir as perorações que as elites da antiguidade clássica, e dos primórdios do mundo moderno, lançavam às formas populares, e "descontroladas", de usufruto dos prazeres etílicos, tratando a luta contra as cauinagens como verdadeiro "processo civilizador", como se tivessem lido Norbert Elias com o olhar do feitor e com a palmatória nas mãos.

Vimos também que as estruturas sociais e econômicas dos povos indígenas no Brasil possuíam autonomia suficiente para impedir que a colonização portuguesa, tal como fizera na África, introduzisse sua bebida nacional, o vinho de uvas, como uma "mercadoria civilizadora". Os índios recusaram – em um sentido meramente sociológico – o vinho, não "porque não o sabiam bem" como disse Caminha, mas porque os portugueses jamais conseguiram garantir um fornecimento suficiente para que o vinho assumisse o lugar dos cauins enquanto veículo eficiente para as suas festas, e enquanto um bem que pudesse circular pelas extensas redes de trocas simbólicas das sociedades indígenas, ao contrário do que ocorreu nas hierarquizadas sociedades africanas, em que o vinho, embora raro e caro, podia ser absorvido como um artigo de luxo e reservado às elites.

Por fim, aprendemos que a luta contra os "vinhos" dos índios, foi, provavelmente, a tarefa mais difícil com a qual se depararam os missionários no Brasil. Além de terem os próprios colonos, muitas vezes, como adversários, já que vários entre eles bebiam e gostavam dos cauins e de participar das "demoníacas" cauinagens, os missionários foram forçados a reconhecer que as cauinagens eram o próprio palco onde se efetivavam, e se reproduziam, os "maus costumes" que eram a verdadeira religião de índios que, sem templos ou sacerdotes, pareciam não ter religião alguma.

A vitória contra as cauinagens representou o grande sucesso da catequese no Brasil, até mesmo por ter conseguido o apoio das mulheres, principais responsáveis pela produção dos cauins e pela própria existência das cauinagens. Com esta vitória – talvez uma vitória de Pirro para alguns, como Yves d'Evreux, que queriam os índios agindo como *gentilhommes* – os missionários estabeleceram um "vazio etílico" que seria ocupado por uma bebida muito mais potente, e muito mais destrutiva para os planos de transformar, ou trazer de volta, os índios à condição do *genus angelicum* das profecias milenaristas.

Resta-nos, agora, abordar os desdobramentos possíveis desta pesquisa. Um destes desdobramentos é óbvio: é necessário estudar o impacto da cachaça nas sociedades indígenas durante o período colonial. Este estudo – que ainda não foi feito, permanecendo a historiografia, nas raras vezes em que toca no assunto, nas platitudes da "arma da colonização" – não pode ser realizado, porém, dentro do ponto de vista que coloca os índios como vítimas passivas, até porque eles não o foram.

Muitas vezes, os povos indígenas recusaram as bebidas destiladas, percebendo nelas um enorme potencial destrutivo para o seu modo de vida. Foi o caso, por exemplo, dos Suruí (Tupi/RO), que durante o processo de contato (na década de 1960), abominavam a cachaça: "os Suruí por diversas vezes relataram o seu horror pelo fato de terem visto os regionais se embriagarem. Todos estão convictos de que podem morrer se tomarem qualquer quantidade de cachaça. Por isso, sentem-se bastante ofendidos quando alguém lhes oferece bebidas."[4]

Regina Celestino mostrou em seu trabalho, *Metamorfoses Indígenas*, que os índios aldeados do Rio de Janeiro agiram ativamente no sentido de lutar contra os efeitos que a introdução da aguardente trouxe para a suas comunidades: em princípios do oitocentos, alguns índios da aldeia de Mangaratiba apresentaram requerimento solicitando a expulsão dos brancos de suas aldeias e o fim "das tabernas que há em a dita aldeia, pelas consideráveis desordens que se seguem por causa das espirituosas bebidas, pelas quais se deixam relaxar muitos dos miseráveis daquele distrito".[5]

Para além do impacto dos destilados nas sociedades indígenas, parece cada vez mais clara a necessidade de se estudar a própria cachaça, bebida que permeia, há séculos, a vida das camadas populares da sociedade nacional, que representou um dos principais produtos comercializados durante o período colonial, que serviu como estopim de vários conflitos em torno de sua tributação e privilégios de comércio, e que jamais foi estuda de forma profunda. Nos últimos anos alguns trabalhos de caráter monográfico estão procurando suprir esta lacuna,[6] mas falta um trabalho de conjunto que aborde a história da cachaça de uma forma ampla, não apenas a partir de temas econômicos ou tributários, mas também como história cultural.

Neste sentido, o livro de Câmara Cascudo, *Prelúdio da Cachaça*, permanece como uma peça solitária. Recentemente, José C. Curto, em seu *Álcool e Escravos*, e Luís Felipe de Alencastro, em *O Trato dos Viventes*, revelaram o lugar central ocupado pela "aguardente da terra" nas relações entre o Brasil e a África, mas não existem estudos sobre o significado da bebida no próprio Brasil. Esta é uma tarefa imprescindível para que possamos entender o impacto da cachaça nas sociedades indígenas e seu papel no contato interétnico.

---

4   Roberto DaMatta e Roque de B. Laraia, *Índios e Castanheiros: a empresa extrativista e os índios no Médio Tocantins* (Rio de Janeiro: Paz e Terra. 108.

5   *Apud* Almeida, *Metamorfoses Indígenas*, 165. Estes exemplos de recusa podem ser comparados a um exemplo – desta feita norte-americano – de luta dos índios pelo direito de controlar o acesso e o consumo dos destilados. Durante o processo de expulsão ("remoção") dos Cherokee de suas terras, em princípios do século XIX, o governo americano tentou proibir a venda de rum e uísque a eles, pelos grandes problemas causados por estas bebidas entre os "fracos" índios. Os chefes Cherokee não apenas desafiaram a proibição, como organizaram eles próprios o comércio de álcool, auferindo lucros com isso. Em 1819, o Conselho Nacional dos Cherokee aprovou uma lei de controle dos destilados, transformando toda a questão em uma complexa disputa de soberanias, somente resolvida com um tratado nos anos 1820. Tanto no caso das recusas, quanto neste último caso, o ato de beber tinha uma complexidade política muito maior do que o simples desejo do álcool: Izumi Ishii, "Alcohol and Politics in the Cherokee Nation before Removal," *Ethnohistory* 50, nº 4 (2003): 671-95.

6   Um exemplo, entre outros, é Virginia Valadares, "O consumo de aguardente em Minas Gerais no final do século XVIII: uma visão entre os poderes metropolitano e colonial," in Venâncio e Carneiro, *Álcool e drogas na história do Brasil*, 123-40.

Estudar como se formou o "vazio etílico", como fiz neste trabalho, representa um passo inicial, mas o tema não se esgota aí. Ao contrário do pensava Câmara Cascudo (e a maioria das pessoas), que associa a origem da cachaça aos negros escravizados nos engenhos de açúcar, imagino que os índios do passado tenham muito mais a dizer a este respeito. É difícil imaginar que os primeiros trabalhadores da cana, os índios, que fermentavam tudo que podia ser fermentado, não tivessem sido eles próprios os criadores dos "vinhos de mel", que frei Vicente do Salvador queria ver substituir aos vinhos de Portugal e da Madeira.

Ambrósio Fernandes Brandão aponta fortemente para esta possibilidade, ao dizer que os índios, em suas "borracheiras", que eram "seu costume mais ordinário", aparelhavam "muitos vinhos que fazem do sumo de canas de açúcar, que vão buscar pelos engenhos".[7] Se isto é verdadeiro, os nativos brasileiros tiveram participação fundamental em uma das mais importantes modificações ocorridas no mundo moderno: a "revolução dos destilados", que alterou toda a percepção do homem acerca da experiência etílica.

Por fim, mas não menos importante, não se pode esquecer que as cauinagens não desapareceram com os jesuítas, e outros missionários dos primeiros séculos da colonização. A cada vez que os europeus se internavam mais pelo território que se tornaria o Brasil, iam encontrando novos povos indígenas, e novas bebidas e festas. Não obstante, a cada vez que os poderes coloniais, ou os da sociedade nacional, aumentavam a capacidade de intervir, destruir e controlar os povos nativos alterava-se também sua visão acerca das "borracheiras" nativas. Aquilo que, nos primeiros tempos, era encarado com horror e preocupação por parte dos europeus, é visto, com o passar do tempo, como um item dos "gabinetes de curiosidades" que os europeus iam formando com os restos e troféus retirados dos povos nativos que caíam sob seu domínio. Os viajantes estrangeiros do século XIX olhavam para estas festas com uma percepção completamente distinta daquela dos primeiros colonizadores, e esta percepção é, ela própria, merecedora de outro livro.

É com um rápido olhar sobre esta diferença que encerro este trabalho. Nesta ilustração, do livro de Johann von Spix e Carl von Martius, *Viagem pelo Brasil* (1817-20), toda a mudança na maneira pela qual os europeus viam os povos nativos, e suas formas de relacionamento com o mundo através da experiência etílica, ficam gritantemente explicitadas. Longe de temerem o caráter "demoníaco" daquela festa, observada entre os índios "Coroados", os europeus estão relaxados, em uma posição de superioridade e controle, e que denota um misto de curiosidade e desprezo pelo aspecto pouco convidativo da bebida insalivada de milho e pela etiqueta etílica dos índios.[8] O canto da festa, que para Jean de Léry (ouvindo os Tupinambá do século XVI) era "tão harmonioso que o medo passou e tive o desejo de tudo ver de perto",[9] para os orgulhosos alemães era apenas "uma cantiga monótona", "destinada a esconjurar e afastar o mau espírito".[10]

---

7   Brandão, *Diálogos das Grandezas do Brasil*, 233.

8   *Festa de embriaguez dos Coroados*, in Spix e Martius, *Viagem pelo Brasil*, 185.

9   Léry, *Viagem à Terra do Brasil*, 191.

10 Spix e Martius, *Viagem pelo Brasil*, 200.

Em única imagem, toda uma história de poder e de conquista. Em um único olhar, de um europeu de braços cruzados, e preguiçosamente encostado a uma árvore, toda uma metáfora do domínio sobre o mundo indígena. Não se ouviriam mais os cantos sobre os antepassados, sobre cabeças quebradas, sobre o sabor da carne do inimigo: com o fim das cauinagens, todo um mundo de sonho e de conquista havia desaparecido para sempre.

Os cauins e outras bebidas nativas continuam a ser produzidos e consumidos por vários povos indígenas. Mas um destes povos merece uma menção especial. Nas praias do sul da Bahia, ainda vivem descendentes dos primeiros nativos a encontrarem os europeus. Os Tupinambá de Olivença, estudados por Susana Viegas, com todas as imensas transformações pelas quais passaram, ainda constroem sua identidade cultural em torno de celebrações regadas a cerveja de mandioca, que eles chamam de *giroba*, cujo consumo lhes permitem construir laços de amizade e afinidade, assim como exercitar antigas formas de religiosidade através de transes provocados pela embriaguez.[11] Naquelas mesmas praias onde os primeiros europeus desembarcaram, a mandioca ainda ferve nos jarros, trazendo de volta esmaecidas memórias de um passado cheio de cantos, danças, guerras e festas.

---

11 Susana de Matos Viegas, *Terra Calada: Os Tupinambá na Mata Atlântica do Sul da Bahia* (Rio de Janeiro/Lisboa: 7Letras/Almedina, 2007).

BIBLIOGRAFIA

AASVED, Mikal J. "Alcohol, drinking and intoxication in preindustrial society: Theoretical, nutritional, and religious considerations." Tese de Doutoramento, University of California (Santa Barbara), 1988.

ABBEVILLE, Claude d'. *História da Missão dos Padres Capuchinhos na Ilha do Maranhão e terras circunvizinhas*. Belo Horizonte/São Paulo: Itatiaia/Edusp, 1975 (1ª edição: 1614).

AGUILERA, César. *História da Alimentação Mediterrânica*. Lisboa: Terramar, 2001.

ALARCÃO, Jorge de (org.). *Portugal: Das Origens à Romanização (Nova História de Portugal*, v. I, dir. Joel Serrão e A. H. de Oliveira Marques). Lisboa: Presença, 1990.

_____. "O Reordenamento Territorial." In *Portugal: Das Origens à Romanização*, org. Jorge de Alarcão, 352-82. Lisboa: Presença, 1990.

_____. "A Produção e a Circulação dos Produtos," In *Portugal: Das Origens à Romanização*, org. Jorge de Alarcão, 409-41. Lisboa: Presença, 1990.

ALENCASTRO, Luiz F. de Alencastro. *O Trato dos Viventes: Formação do Brasil no Atlântico Sul (Séculos XVI e XVII)*. São Paulo: Companhia das Letras, 2000.

ALMEIDA, Maria Regina C. de. *Metamorfoses Indígenas: Identidade e cultura nas aldeias coloniais do Rio de Janeiro*. Rio de Janeiro: Arquivo Nacional, 2003.

ALTMAN, Ida e Reginald D. Butler. "The Contact of Cultures: Perspectives on the Quincentenary." *The American Historical Review* 99, nº 2 (1994): 478-503.

ALVIM, Clóvis de Faria. "Alcoolismo no Brasil Colonial." *Revista da Associação Médica de Minas Gerais* 26, nºˢ 1 e 2 (1975): 43-53.

ANCHIETA, José de. *Cartas, informações, fragmentos históricos e sermões*. Belo Horizonte/São Paulo: Itatiaia/Edusp, 1988.

_____. *Auto da festa de São Lourenço (1587)*, http://www.dominiopublico.gov.br/pesquisa/DetalheObraForm.do?select_action=&co_obra=1853 (acessado em 10/02/2009).

ARAÚJO, Alceu M. de. *Medicina Rústica*. São Paulo: Editora Nacional, 1979 (1ª edição: 1959).

ARNAUT, Salvador D. *A Arte de Comer em Portugal na Idade Média*. Sintra: Colares, 2000.

BALIUNAS, Sally e Willie Soon. "Climate History and the Sun." *Washington Roundtable on Science & Public Policy – The George C. Marshall Institute* (05/06/2001), http://www.marshall.org/article.php?id=90 (acessado em 08/02/2009).

BANDEIRA, Luiz A. Moniz. *O Feudo – A Casa da Torre de Garcia d'Ávila: da conquista dos sertões à independência do Brasil*. Rio de Janeiro: Civilização Brasileira, 2000.

BARO, Roulox. *Relação da Viagem ao país dos Tapuias*. Belo Horizonte/São Paulo: Itatiaia/Edusp, 1979 (1ª edição: 1651).

BAUER, Arnold J. "La cultura material." In *Para uma historia de América* (I. Las estructuras), org. Marcello Carmagnani, Alicia H. Chávez e Ruggiero Romano, 404-97. México (D. F.): Fondo de Cultura Económica, 1999.

BELMONT, François Vachon de. *Histoire de l'eau-de-vie en Canadá – d'après um manuscrit récemment obtenu de France*. Québec: Société Littéraire et Historique, 1840. Early Canadiana Online, http://www.canadiana.org/eco/mtq?id=60d54d621d&doc=42998 (acessado em 05/02/2009).

BENNASSAR, Bartolomé. "Dos mundos fechados à abertura do mundo." In *A Descoberta do Homem e do Mundo*, org. Adauto Novaes, 83-93. São Paulo: Companhia das Letras, 1998.

BENNION, L. J. e T. K. Li. "Alcohol metabolism in American Indians and whites. Lack of racial differences in metabolic rate and liver alcohol dehydrogenase." *The New England Journal of Medicine* 294, nº 1 (1976): 9-13.

BLACKBURN, Robin. *A construção do escravismo no Novo Mundo, 1492-1800*. Rio de Janeiro: Record, 2003.

BLOOMFIELD, Kim et al. "International Comparisons of Alcohol Consumption." *Alcohol Research and Health* 27, n° 1 (2003): 95-109.

BLUTEAU, Raphael. "Vinho." In *Vocabulario Portuguez e Latino* (Coimbra, 1712-28), 506. Instituto de Estudos Brasileiros, http://www.ieb.usp.br/online/index.asp (acessado em 12/04/2008).

BOOGAART, Ernst van den. "Infernal Allies: The Dutch West India Company and the Tarairiu (1631-1654)." In *Índios do Nordeste: temas e problemas* (v. II), orgs. Luís S. de Almeida, Marcos Galindo e Juliana L. Elias, 101-28. Maceió: Edufal, 2000.

BOUZON, Emanuel. *O Código de Hammurabi*. Petrópolis: Vozes, 1986.

BRAGA Jorge S. (org.). *O Vinho e as Rosas: antologia de poemas sobre a embriaguez*. Lisboa: Assírio & Alvim, 1995.

BRANDÃO, Ambrósio Fernandes. *Diálogos das Grandezas do Brasil*. Recife: Fundação Joaquim Nabuco/Massangana, 1997 (1ª edição: 1618).

BRÁSIO, Antônio (col.). *Monumenta Missionaria Africana – (1ª serie, v. V, África Ocidental, 1600-1610)*. Lisboa: Agência Central do Ultramar, 1955.

_____. (col.). *Monumenta Missionaria Africana –(2ª serie, v. I, África Ocidental, 1342-1499)*. Lisboa: Agência Central do Ultramar, 1958.

_____. (col.). *Monumenta Missionaria Africana – (2ª serie, v. IV, África Ocidental, 1600-1622)*. Lisboa: Agência Central do Ultramar, 1968.

_____. (col.). *Monumenta Missionaria Africana – (2ª serie, v. XI, África Ocidental, 1651-1655)*. Lisboa: Agência Central do Ultramar, 1971.

BRAUDEL, Fernand. *Civilização Material, Economia e Capitalismo (v. I: As Estruturas do Cotidiano)*. São Paulo: Martins Fontes, 1995.

BUHNER, Stephen H. *Sacred and Herbal Healing Beers: The Secrets of Ancient Fermentation*. Boulder: Brewers Publications, 1998.

CABEZA DE VACA, Alvar Nuñes. *Naufrágios e Comentários*. Porto Alegre: L&PM, 1999 (1ª edição: 1555).

CABRAL, Carlos. *Presença do Vinho no Brasil: um pouco de história*. São Paulo: Cultura, 2007.

CAETANO, Raul, Catherine L. Clark e Tammy Tam. "Alcohol Consumption Among Racial/Ethnic Minorities: Theory and Research." *Alcohol Health & Research World* 22, nº 4 (1998): 233-41.

CÂMARA CASCUDO, Luis da. *Folclore do Brasil – Pesquisa e Notas*. Rio de Janeiro/São Paulo/Lisboa: Ed. Fundo de Cultura, 1967.

_____. *Prelúdio da Cachaça: Etnologia, História e Sociologia da Aguardente*. Belo Horizonte, Itatiaia, 1986 (1ª edição: 1968).

_____. *Dicionário do Folclore Brasileiro*. Rio de Janeiro: Ediouro, 1998 (1ª edição: 1954).

CARDIM, Fernão. *Tratados da Terra e Gente do Brasil*. São Paulo/Brasília: Companhia Ed. Nacional/INL, 1978 (1ª edição: 1625).

CARNEIRO, Henrique. "Mezinhas, Filtros e Triacas: Drogas no Mundo Moderno (XVI ao XVIII)." Dissertação de Mestrado, Universidade de São Paulo, 1993.

_____. *Amores e sonhos da flora: afrodisíacos e alucinógenos na botânica e na farmácia*. São Paulo, Xamã, 2002.

_____. *Pequena Enciclopédia da História das Drogas e Bebidas: história e curiosidades sobre as mais variadas drogas e bebidas*. Rio de Janeiro, Elsevier, 2005.

CARNEIRO DA CUNHA, Manuela L. e Eduardo B. Viveiros de Castro. "Vingança e Temporalidade: Os Tupinambá." *Journal de la Société des Americanistes* LXXI (1985): 129-208.

_____. "Introdução a uma história indígena." In *História dos índios no Brasil*, org. Manuela L. Carneiro da Cunha, 9-24. São Paulo: Companhia das Letras, 1992.

CASAL, Manuel Aires de. *Corografia Brasílica ou Relação Histórico-Geográfica do Reino do Brasil*. Belo Horizonte/São Paulo: Itatiaia/Edusp, 1976 (1ª edição: 1817).

CASTELNEAU-L'ESTOILE, Charlotte de. *Operários de uma vinha estéril: Os jesuítas e a conversão dos índios no Brasil – 1580-1620*. Bauru: Edusc, 2006.

CERECEDA, Juan D. (org.). *Exploradores e Conquistadores de Indias: Relatos Geográficos*. Madrid: Consejo Superior de Investigaciones Científicas, 1964.

CHAMBOULEYRON, Rafael. "Jesuítas e as crianças no Brasil quinhentista," In *História da criança no Brasil*, ed. Mary Del Priore, 55-83. São Paulo: Contexto, 2006.

COELHO, Maria H. "Na barca da conquista. O Portugal que se fez caravela e nau." In *A Descoberta do Homem e do Mundo*, org. Adauto Novaes, 123-43. São Paulo: Companhia das Letras, 1998.

COLOMBO, Cristóvão. *Diários da Descoberta da América*. Porto Alegre: L&PM, 1999.

COOPER, John M. "Estimulantes e narcóticos." In *Suma Etnológica Brasileira* (v. I), org. Berta Ribeiro, 101-18. Petrópolis: Vozes/FINEP, 1986.

CORTESÃO, Jaime (ed.). *Manuscritos da Coleção de Angelis (v. I: Jesuítas e Bandeirantes no Guairá – 1549-1640)*. Rio de Janeiro: Biblioteca Nacional, 1951.

_____. (ed.). *Manuscritos da Coleção de Angelis (v. II: Jesuítas e Bandeirantes no Tape – 1615-1641)*. Rio de Janeiro: Biblioteca Nacional, 1969.

CORTONESI, Alfio. "Cultura de subsistência e mercado: a alimentação rural e urbana na baixa Idade Média." In *História da Alimentação*, dir. Jean-Louis Flandrin e Massimo Montanari, 409-21. São Paulo: Estação Liberdade, 1998.

CURTH, Louise Hill. "The Medicinal Value of Wine in Early Modern England." T*he Social History of Alcohol and Drugs* 18 (2003): 35-50.

CURTO, José C. *Álcool e Escravos: O comércio luso-brasileiro do álcool em Mpinda, Luanda e Benguela durante o tráfico atlântico de escravos (c. 1480-1830) e o seu impacto nas sociedades da África Central Ocidental*. Lisboa: Vulgata, 2002.

DAMASCENO, Darcy e Waldir da Cunha (ed.). "Os Manuscritos do Botânico Freire Alemão (Catálogo e Transcrição)." *Anais da Biblioteca Nacional*, 81 (1961).

DAMATTA, Roberto e Roque de B. Laraia. *Índios e Castanheiros: a empresa extrativista e os índios no Médio Tocantins*. Rio de Janeiro: Paz e Terra, 1978.

DANIEL, João. "Tesouro Descoberto no Rio Amazonas." *Anais da Biblioteca Nacional* 95 (1976), 2 v.

Davidson, James. *Courtesans and Fishcakes: The Consuming Passions of Classical Athens*. Nova York, St. Martin's Press, 1998.

Dean, Warren. *A Ferro e Fogo: A história e a devastação da Mata Atlântica brasileira*. São Paulo: Companhia das Letras, 1996.

Debret, Jean-Baptiste. *Viagem Pitoresca e Histórica ao Brasil*. São Paulo/Brasília: Martins Fontes/INL, 1975 (1ª edição:1834), 2 t.

Descola, Philippe. "A selvageria culta." In *A Outra Margem do Ocidente*, org. Adauto Novaes, 107-24. São Paulo: Companhia das Letras, 1999.

_____. *As Lanças do Crepúsculo: relações jivaro na Alta Amazônia*. São Paulo: Cosac Naify, 2006.

DeBoer, Warren. "The Big Drink: feast and forum in the Upper Amazon." In *Feasts*, ed. Michael Dietler e Brian Hayden, 215-39. Washington/Londres: Smithsonian Institution Press, 2001.

Dietler, Michael. "Theorizing the feast: rituals of consumption, commensal politics, and power in african contexts." In *Feasts*, ed. Michael Dietler e Brian Hayden, 65-114. Washington/Londres: Smithsonian Institution Press, 2001.

_____. "Alcohol: Anthropological/Archaeological Perspectives." *Annual Review of Anthropology* 35 (2006): 229-249.

_____ e Brian Hayden (ed.). *Feasts: archaeological and ethnographic perspectives on food, politics, and power*. Washington/Londres: Smithsonian Institution Press, 2001.

_____ e _____. "Digesting the feast: good to eat, good to drink, good to think – an introduction." In *Feasts*, ed. Michael Dietler e Brian Hayden, 1-20. Washington/Londres: Smithsonian Institution Press, 2001.

_____ e Ingrid Herbich. "Feasts and labor mobilization: Dissecting a fundamental economic practice." In *Feasts*, ed. Michael Dietler e Brian Hayden, 240-64. Washington/Londres: Smithsonian Institution Press, 2001.

Documentos Históricos da Biblioteca Nacional. Rio de Janeiro: Biblioteca Nacional, 1928-55. 110 v.

Dudley, Robert. "Evolutionary Origins of Human Alcoholism in Primate Frugivory." *The Quarterly Review of Biology* 75, nº 1 (2000): 3-15.

_____. "Fermenting fruit and the historical ecology of ethanol ingestion: is alcoholism in modern humans an evolutionary hangover?" *Addiction* 97 (2002): 381-88.

DUNCAN, Thomas Bentley. *Atlantic Islands: Madeira, the Azores and the Cape Verdes in Seventeenth-Century Commerce and Navigation*. Chicago: The University of Chicago Press, 1972.

DUPONT, Florence. "Gramática da alimentação e das refeições romanas." In *História da Alimentação*, dir. Jean-Louis Flandrin e Massimo Montanari, 199-216. São Paulo: Estação Liberdade, 1998.

ENGS, Ruth C. "Do Traditional Western European Practices Have Origins in Antiquity?" *Addiction Research* 2, nº 3 (1995): 227-39.

_____. "Protestants and Catholics: Drunken Barbarians and Mellow Romans?" *Alcohol Research and Health Information – Indiana University Bloomington* (2001), http://www.indiana.edu/~engs/articles/cathprot.htm (acessado em 06/02/2009).

ESCOHOTADO, Antonio. *A Brief History of Drugs: From the Stone Age to the Stoned Age*. Rochester: Park Street Press, 1999.

EVREUX, Yves d'. *Viagem ao norte do Brasil feita nos anos de 1613 a 1614*. São Paulo: Siciliano, 2002 (1ª edição: 1615).

FAUSTO, Carlos. *Inimigos Fiéis: história, guerra e xamanismo na Amazônia*. São Paulo: Edusp, 2001.

FERNANDES, Florestan. *A Organização Social dos Tupinambá*. São Paulo: Hucitec, 1989 (1ª edição: 1948).

_____. *A Investigação Etnológica no Brasil e outros Ensaios*. Petrópolis: Vozes, 1975.

FERNANDES, João A. *De Cunhã a Mameluca: A Mulher Tupinambá e o Nascimento do Brasil*. João Pessoa, Ed. UFPB, 2003.

_____. "Alcohol." In *Iberia and the Americas: Culture, Politics, and History – A Multidisciplinary Encyclopedia*, ed. J. Michael Francis, 58-61. Santa Barbara: ABC-CLIO, 2006.

FERREIRA, Alexandre Rodrigues. *Viagem Filosófica ao Rio Negro*. Belém: Museu Paraense Emílio Goeldi, 1983 (1ª ed.: 1787).

FERREIRA, Mariana K. L. (org.). *Histórias do Xingu – Coletânea de depoimentos dos índios Suyá, Kayabi, Juruna, Trumai, Txucarramãe e Txicão*. São Paulo: NHII-USP/Fapesp, 1994.

FERREIRA, Roquinaldo. "Dinâmica do comércio intracolonial: Geribitas, panos asiáticos e guerra no tráfico angolano de escravos (século XVIII)." In *O Antigo Regime nos Trópicos: A Dinâmica Imperial Portuguesa (Séculos XVI-XVIII)*, org. João Fragoso, Maria F. Bicalho e Maria de F. Gouvêa, 339-78. Rio de Janeiro: Civilização Brasileira, 2001.

FINLEY, Moses I. *Economia e Sociedade na Grécia Antiga*. São Paulo: Martins Fontes, 1989.

FISHER, A. D. "Alcoholism and race: the misapplication of both concepts to North American Indians." *Canadian Review of Sociology & Anthropology* 24, nº 1 (1987): 81-98.

FLANDRIN, Jean-Louis e Massimo Montanari (dir.). *História da Alimentação*. São Paulo: Estação Liberdade, 1998.

_____. "A alimentação camponesa na economia de subsistência." In *História da Alimentação*, dir. Jean-Louis Flandrin e Massimo Montanari, 580-610. São Paulo: Estação Liberdade, 1998.

FLEISCHMANN, Ulrich, Matthias R. Assunção e Zinka Ziebell-Wendt. "Os Tupinambá: Realidade e Ficção nos Relatos Quinhentistas". *Revista Brasileira de História* 21 (1990-1): 125-45.

FLEXOR, Maria H. O. "Núcleos urbanos planeados do século XVIII e a estratégia de civilização dos índios do Brasil." In *Cultura Portuguesa na Terra de Santa Cruz*, org. Maria B. Nizza da Silva, 79-88. Lisboa: Estampa, 1995.

FONTANA, Riccardo. *O Brasil de Américo Vespúcio*. Brasília: Linha Gráfica/Ed. UNB, 1995.

FORSYTH, Douglas W. "The Beginnings of Brazilian Anthropology: Jesuits and Tupinamba Cannibalism." *Journal of Anthropological Research* 39 (1983): 147-78.

FRANK, John W., Roland S. Moore e Genevieve M. Ames. "Historical and cultural roots of drinking problems among American Indians." *American Journal of Public Health* 90, nº 3 (2000): 344-51.

FRENCH, Laurence A. e Jim Hornbuckle. "Alcoholism among Native Americans: an analysis." *Social Work* 25, nº 1 (1980): 275-85.

FREYRE, Gilberto. *Sobrados e Mucambos: decadência do patriarcado rural e desenvolvimento do urbano*. São Paulo: Global, 2003 (1ª edição: 1936).

GARCIA, José M. *O Descobrimento do Brasil nos Textos de 1500 a 1571*. Lisboa: Fundação Calouste Gulbenkian, 2000.

GERBI, Antonello. *O Novo Mundo: história de uma polêmica – 1750-1900*. São Paulo: Companhia das Letras, 1996.

GLAUSIUSZ, Josi. "Homo Intoxicatus." *Discover* 21, nº 6 (2000): 17.

GOMES, Plínio F. "O Ciclo dos Meninos Cantores (1550-1552): Música e Aculturação nos Primórdios da Colônia." *Revista Brasileira de História* 21 (1990-1): 187-98.

GONÇALVES, Marco Antônio. *O Mundo Inacabado: Ação e Criação em uma Cosmologia Amazônica. Etnografia Pirahã*. Rio de Janeiro: Ed. UFRJ, 2001.

GOODMAN, Jordan, Paul E. Lovejoy e Andrew Sherratt (ed.). *Consuming Habits: Global and Historical Perspectives on How Cultures Define Drugs*. Londres: Routledge, 2007.

GOW, Peter. "A geometria do corpo." In *A Outra Margem do Ocidente*, org. Adauto Novaes, 299-315. São Paulo: Companhia das Letras, 1999.

GRIMAL, Pierre. *A Civilização Romana*. Lisboa: Ed. 70, 1988.

GRUZINSKI, Serge. "Les Mondes Mêlés de la Monarchie Catholique et Autres 'Connected Histories.'" *Annales. Histoire, Sciences Sociales* 56, nº 1 (2001): 85-117.

GIUCCI, Guillermo. *Sem Fé, Lei ou Rei: Brasil 1500-1532*. Rio de Janeiro: Rocco, 1993.

GOUBERT, Jean-Pierre. "La dive bouteille: voyages, alcools et remèdes dans les deux hemispheres XVIE – XXE." *História, Ciências, Saúde – Manguinhos* VIII, suplemento, (2001): 945-58.

HAMER, John H. "Acculturation Stress and the Functions of Alcohol among the Forest Potawatomi." *Quarterly Journal of Studies on Alcohol* 26, nº 2 (1965): 285-301

HANCOCK, David. "Commerce and Conversation in the Eighteenth-Century Atlantic: The Invention of Madeira Wine." *The Journal of Interdisciplinary History* 29, nº 2 (1998): 197-219.

HAUBERT, Maxime. *Índios e Jesuítas no Tempo das Missões – Séculos XVII-XVIII*. São Paulo: Companhia das Letras, 1990.

HEATH, Dwight B. "Cultural studies on drinking: definitional problems." In *Cultural Studies on Drinking and Drinking Problems*. Report on a Conference, eds. Pirjo Paakkanen e Pekka Sulkunen, 5-40. Social Research Institute of Alcohol Studies, Helsinki, 1987.

_____. "Anthropology and Alcohol Studies: Current Issues." *Annual Review of Anthropology* 16 (1987): 99-120.

HECKENBERGER, Michael. "O enigma das grandes cidades: corpo privado e Estado na Amazônia." In *A Outra Margem do Ocidente*, org. Adauto Novaes, 125-52. São Paulo: Companhia das Letras, 1999.

HEMMING, John. *Red Gold: The Conquest of Brazilian Indians.* Chatham: Papermac, 1995.

HENRÍQUEZ, Francisco da Fonseca. *Âncora Medicinal para conservar a vida com saúde.* Cotia: Ateliê, 2004 (1ª edição: 1721).

HERCKMANS, Elias. "Descrição Geral da Capitania da Paraíba." In *Administração da Conquista*, ed. J. A. Gonsalves de Mello, 59-112. Recife: CEPE, 2004 (1ª edição: 1639).

HOLANDA, Sérgio Buarque de. *Raízes do Brasil.* Rio de Janeiro: José Olympio, 1979 (1ª edição: 1936).

_____. *Caminhos e Fronteiras.* São Paulo: Companhia das Letras, 1994 (1ª edição: 1956).

HOLT, Mack P. "Europe Divided: Wine, Beer, and the Reformation in Sixteenth-century Europe." In *Alcohol: A Social and Cultural History*, ed. Mack P. Holt, 25-40. Oxford/Nova York: Berg, 2006.

HOUAISS, Antonio e Mário de S. Villa. *Dicionário Houaiss de Língua Portuguesa.* Rio de Janeiro: Objetiva, 2001.

HUGH-JONES, Stephen. "Coca, Beer, Cigars and Yagé: Meals and anti-meals in na Amerindian community." In *Consuming Habits*, ed. Jordan Goodman, Paul E. Lovejoy e Andrew Sherratt, 46-64. Londres: Routledge, 2007.

HUPKENS, Christianne, Ronald Knibbe e Maria Drop. "Alcohol consumption in the European Community: uniformity and diversity in drinking patterns." *Addiction* 88 (1993): 1391-404.

ISHII, Izumi. "Alcohol and Politics in the Cherokee Nation before Removal." *Ethnohistory* 50, nº 4 (2003): 671-95.

JOANNÈS, Francis. "A função social do banquete nas primeiras civilizações." In *História da Alimentação*, dir. Jean-Louis Flandrin e Massimo Montanari, 54-67. São Paulo: Estação Liberdade, 1998.

JOHNSON, Hugh. *A História do Vinho.* São Paulo: Companhia das Letras, 1999.

KATZ, Solomon; VOIGT, Mary. "Bread and Beer: The Early Use of Cereals in the Human Diet." *Expeditions* 28, nº 2 (1986): 23-34.

KAVANAGH, Thomas W. "Archaeological Parameters for the Beginnings of Beer." *Brewing Techniques* 2, nº 5 (1994), http://www.brewingtechniques.com/library/backissues/issue2.5/kavanagh.html (acessado em 06/02/2009).

LA CONDAMINE, Charles-Marie de. *Viagem pelo Amazonas – 1735-1745*. Rio de Janeiro/São Paulo: Nova Fronteira, 1992 (1ª edição: 1745).

LAET, Johannes de. "História ou Annaes dos Feitos da Companhia Privilegiada das Indias Occidentaes." *Anais da Biblioteca Nacional* XXX, XXXIII, XXXVIII e XLI-II (1912-20), 1ª edição 1644.

LANDSTEINER, Erich. "The crisis of wine production in late sixteenth-century central Europe: climatic causes and economic consequences." *Climatic Change* 43 (1999): 323-34.

LAPA, Manuel R. *Cantigas d'Escarnho e de Mal Dizer dos cancioneiros medievais galego-portugueses*. Coimbra: Galáxia, 1965.

LARAIA, Roque de Barros. "Organização Social dos Tupi Contemporâneos." Tese de Doutoramento, Universidade de São Paulo, 1972.

LASMAR, Cristiane. "Mulheres Indígenas: Representações." *Estudos Feministas* 7, nᵒˢ 1 e 2 (1999): 143-56.

LAUNAY, Robert. "Tasting the World: Food in Early European Travel Narratives." *Food & Foodways* 11, nº 1 (2003): 27–47.

LEITE, Serafim. *História da Companhia de Jesus no Brasil*. Rio de Janeiro: Civilização Brasileira, 1949.

_____. *Cartas dos Primeiros Jesuítas do Brasil*. Coimbra: Tipografia da Atlântida/Comissão do IV Centenário da Cidade de São Paulo, 1954, 3 v..

LEROI-GOURHAN, André. *Evolução e Técnicas – v. II: O Meio e as Técnicas*. Lisboa, Ed. 70, 1984 (1ª edição: 1943).

LÉRY, Jean de. *Viagem à Terra do Brasil*. São Paulo: Martins, 1960 (1ª edição: 1578).

_____. *Histoire d'un voyage fait en la terre du Brésil*. Genebra: Droz, 1975 (edição fac-similar).

LESTRINGANT, Frank. *O Canibal: Grandeza e Decadência*. Brasília: Ed. UnB, 1997.

LEVINE, Harry G. "The Discovery of Addiction: Changing Conceptions of Habitual Drunkenness in America." *Journal of Studies on Alcohol* 15 (1979): 493-506.

LÉVI-STRAUSS, Claude. *El Origen de las Maneras de Mesa*. México (D.F.): Siglo Veintiuno, 1970.

_____. *Tristes Trópicos*. Lisboa: Ed. 70, 1986.

_____. *A Oleira Ciumenta*. São Paulo: Brasiliense, 1986.

LIMA, Oswaldo Gonçalves de. *El maguey y el pulque en los códices mexicanos*. México (D.F.), Fondo de Cultura Económica, 1986 (1ª edição: 1956).

_____. *Pulque, Balché y Pajauaru. En la etnobiología de las bebidas y de los alimentos fermentados*. México (D.F.): Fondo de Cultura Económica, 1990 (1ª edição: 1975).

LIMA, Tânia S. "O dois e seu múltiplo: reflexões sobre o perspectivismo em uma cosmologia tupi." *Mana* 2, nº 2 (1996): 21-47.

_____. *Um peixe olhou para mim: O povo Yudjá e a perspectiva*. São Paulo/Rio de Janeiro: Unesp/ISA/NUTI, 2005.

LISBOA, João Francisco. *Crônica do Brasil Colonial – Apontamentos para a História do Maranhão*. Petrópolis: Vozes, 1976 (1ª edição: 1855).

LOPES, Fernão. *Chronica del Rey D. Pedro I deste nome, e dos reys de Portugal o oitavo cognominado o Justiceiro na forma em que a escereveo Fernão Lopes... /copiada fielmente do seu original antigo... pelo Padre Jozé Pereira Bayam*. Lisboa: Manoel Fernandes Costa, 1735. Biblioteca Nacional Digital, http://purl.pt/422 (acessado em 22/02/2009).

LITAIFF, Aldo. *As Divinas Palavras: identidade étnica dos Guarani-Mbyá*. Florianópolis: Ed. UFSC, 1996.

LOVEJOY, Paul E. "Kola nuts: the 'coffee' of the central Sudan". In *Consuming Habits*, ed. Jordan Goodman, Paul E. Lovejoy e Andrew Sherratt, 98-120. Londres: Routledge, 2007.

MANCALL, Peter C. *Deadly Medicine: Indians and Alcohol in Early America*. Ithaca/Londres: Cornell University Press, 1995.

Mancera, Sonia C. de. *El fraile, el índio y el pulque: evangelización y embriaguez en la Nueva España – 1523-1548*. México (D. F.), Fondo de Cultura Económica, 1991.

_____. *Del amor al temor: Borrachez, catequesis y control en la Nueva España – 1555-1771*. México (D. F.), Fondo de Cultura Económica, 1994.

Mandelbaum, David G. "Alcohol and Culture." *Current Anthropology* 6, nº 3 (1965): 281-293.

Marcgrave, Jorge. *História Natural do Brasil*. São Paulo: Museu Paulista/Imprensa Oficial, 1942 (1ª edição: 1648).

Marques, António L. "A água e a vida quotidiana à luz das IV e V Centúrias de Curas Medicinais de Amato Lusitano." *Cadernos de Cultura* 13 (1999): 16-9.

Martel, H. E. "Hans Staden's captive soul: Identity, imperialism, and rumors of cannibalism in sixteenth-century Brazil." *Journal of World History* 17 (2006): 651-669.

Martin, A. Lynn. "How much did they drink? The consumption of alcohol in traditional Europe." *Research Centre for the History of Food and Drink*, http://www.hss.adelaide.edu.au/centrefooddrink/publications/articles/martinhowmuchdrink0paper.html (acessado em 26/02/2009).

Martins, José V. de Pina. "Descobrimentos portugueses e Renascimento europeu." In *A Descoberta do Homem e do Mundo*, org. Adauto Novaes, 179-92. São Paulo: Companhia das Letras, 1998.

Mauro, Frédéric. *Portugal, o Brasil e o Atlântico: 1570-1670*. Lisboa: Estampa, 1997 (1ª edição: 1960), 2 v.

Mello, José A. Gonsalves de. *Tempo dos Flamengos: Influência da Ocupação Holandesa na Vida e na Cultura do Norte do Brasil*. Recife: Coleção Pernambucana, 1978 (1ª edição: 1947).

_____. (ed.). *Fontes para a História do Brasil Holandês (v. I – A Economia Açucareira)*. Recife: CEPE, 2004.

_____. (ed.). *Fontes para a História do Brasil Holandês (v. II – Administração da Conquista)*. Recife: CEPE, 2004.

Metcalf, Alida C. *Go-betweens and the Colonization of Brazil (1500-1600)*. Austin: University of Texas Press, 2005.

MÉTRAUX, Alfred. *A Religião dos Tupinambás e suas relações com a das demais tribus tupi-guaranis*. São Paulo: Companhia Ed. Nacional, 1950.

MINDLIN, Betty Mindlin (e narradores indígenas). *Terra Grávida*. Rio de Janeiro: Record/Rosa dos Tempos, 1999.

MINTZ, Sidney W. "Comida e Antropologia: Uma breve revisão." *Revista Brasileira de Ciências Sociais* 16, nº 47 (2001): 31-41.

MONTANARI, Massimo. "Sistemas alimentares e modelos de civilização." In *História da Alimentação*, dir. Jean-Louis Flandrin e Massimo Montanari, 108-20. São Paulo: Estação Liberdade, 1998.

_____. *A Fome e a Abundância: História da Alimentação na Europa*. Bauru: Edusc, 2003.

MONTEIRO, John M. Monteiro. *Negros da Terra: índios e bandeirantes nas origens de São Paulo*. São Paulo: Companhia das Letras, 1994.

_____. "Tupis, Tapuias e Historiadores: Estudos de História Indígena e do Indigenismo." Tese de Livre-Docência, Universidade de Campinas, 2001.

MOORE, Jerry D. "Pre-Hispanic Beer in Coastal Peru: Technology and Social Context of Prehistoric Production." *American Anthropologist* 91 (1989): 682-95.

MORIN, Edgar. *O Método IV – As Ideias: a sua natureza, vida, habitat e organização*. Lisboa: Publicações Europa-América, 1992.

MÜLLER, Regina P. *Os Asurini do Xingu: História e Arte*. Campinas: Ed. Unicamp, 1993.

MUSTO, David F. "Alcohol in American History." *Scientific American* 274, nº 4 (1996): 64-9.

NEVES, Luiz F. Baeta. *O Combate dos Soldados de Cristo na Terra dos Papagaios: colonialismo e repressão cultural*. Rio de Janeiro: Forense-Universitária, 1978.

NIEUHOF, Johan. *Memorável Viagem Marítima e Terrestre ao Brasil*. Belo Horizonte/São Paulo: Itatiaia/Edusp, 1981 (1ª edição: 1682).

NOBLECOURT, Christiane D. *A Mulher no Tempo dos Faraós*. Campinas: Papirus, 1994.

NOVAES, Adauto (org.). *A Descoberta do Homem e do Mundo*. São Paulo: Companhia das Letras, 1998.

_____. (org.). *A Outra Margem do Ocidente*. São Paulo: Companhia das Letras, 1999.

OLIVEIRA, Jorge E. de. *Guató: Argonautas do Pantanal*. Porto Alegre: Edipucrs, 1996.

OLIVEIRA Fº, João Pacheco de. "Uma etnologia dos 'índios misturados'? Situação colonial, territorialização e fluxos culturais." *Mana* 4, nº 1 (1998): 47-77.

OUBIÑA, César P. "Looking Forward in Anger: Social and political transformations in the Iron Age of the North-Western Iberian Peninsula." *European Journal of Archaeology* 6, nº 3 (2003): 267–299.

PAULA, Beatriz M. e M. Ema Ferreira (org.). *Textos Literários: Século XVI* Lisboa: Aster, sd.

PEELE, Stanton. "Addiction as a Cultural Concept." *Annals of the New York Academy of Sciences* 602 (1990): 205-220.

_____; BRODSKY, Archie, "Alcohol and Society: how culture influences the way people drink." *The Stanton Peele Addiction Website* (Julho, 1996), http://www.peele.net/lib/sociocul.html (acessado em 04/02/2009).

PEREIRA, Maria D. Fajardo. "Catolicismo, protestantismo e conversão: o campo de ação missionária entre os Tiriyó." In *Transformando os Deuses: Os múltiplos sentidos da conversão entre os povos indígenas no Brasil*, org. Robin M. Wright, 425-445. Campinas, Ed. Unicamp, 1999.

PEREIRA, Nunes. *Panorama da Alimentação Indígena: Comidas, Bebidas e Tóxicos na Amazônia Brasileira*. Rio de Janeiro: Livraria São José, 1974.

PERRONE-MOISÉS, Leyla. *Vinte Luas: Viagem de Paulmier de Gonneville ao Brasil: 1503-1505*. São Paulo: Companhia das Letras, 1992.

PHILLIPS, Rod. *Uma Breve História do Vinho*. Rio de Janeiro: Record, 2003.

POMPA, Cristina. *Religião como Tradução: missionários, Tupi e Tapuia no Brasil colonial*. Bauru: Edusc/Anpocs, 2003.

PORRO, Antônio. *As Crônicas do Rio Amazonas: tradução, introdução e notas etno-históricas sobre as antigas populações indígenas da Amazônia*. Petrópolis: Vozes, 1992.

PRIORE, Mary Del; VENÂNCIO, Renato P. *Ancestrais: uma introdução à história da África Atlântica*. Rio de Janeiro: Elsevier, 2004.

Prous, André. *Arqueologia Brasileira*. Brasília: Edunb, 1992.

_____. "A pintura em cerâmica Tupiguarani." *Ciência Hoje* 36, nº 213 (2005): 22-8.

Pudsey, Cuthbert. *Diário de uma Estada no Brasil, 1629-1640*. Petrópolis: Índex, 2000.

Puntoni, Pedro. *A Guerra dos Bárbaros: Povos indígenas e a Colonização do Sertão Nordeste do Brasil, 1650-1720*. São Paulo, Fapesp/Hucitec/Edusp, 2002.

Quintero, Gilbert. "Making the Indian: Colonial Knowledge, Alcohol, and Native Americans." *American Indian Culture and Research Journal* 25 (2001): 57-71.

Raminelli, Ronald. "Imagens da Colonização: a representação do índio de Caminha a Vieira." Tese de Doutoramento, Universidade de São Paulo, 1994.

_____. "Eva Tupinambá." In *História das Mulheres no Brasil*, org. Mary Del Priore, 11-44. São Paulo: Contexto, 1997.

_____. "Da etiqueta canibal: beber antes de comer." In *Álcool e drogas na história do Brasil*, org. Renato P. Venâncio e Henrique Carneiro, 29-46. São Paulo/Belo Horizonte: Alameda/Ed. pucMinas, 2005.

Rasteiro, Alfredo. "A receita do 'manjar de fígados' do Doutor Amato Lusitano (1511-1568)." *Cadernos de Cultura* 11 (1997): 4-9.

Ribeiro, Berta. *Os Índios das Águas Pretas*. São Paulo: Companhia das Letras/Edusp, 1995.

Ribeiro, Darcy; Moreira Neto, Carlos de A.(orgs.). *A Fundação do Brasil: Testemunhos 1500-1700*. Petrópolis: Vozes, 1992.

Ribeiro, Francisco de Paula. "Memória sobre as Nações Gentias, que presentemente habitam o Continente do Maranhão." *Revista do Instituto Histórico e Geográfico Brasileiro* 3, nos 10, 11 e 12 (1841): 184-97; 297-322; 442-56.

Rimke, Heidi; Hunt, Alan. "From sinners to degenerates: the medicalization of morality in the 19th century." *History of the Human Sciences* 15, nº 1 (2002): 59-88.

Romagnoli, Daniela. "Guarda no sii vilan: as boas maneiras à mesa." In *História da Alimentação*, dir. Jean-Louis Flandrin e Massimo Montanari, 496-508. São Paulo: Estação Liberdade, 1998.

Room, Robin. "The Cultural Framing of Addiction." *Janus Head* 6, nº 2 (2003): 221-34.

Rosenberger, Bernard. "A cozinha árabe e sua contribuição à cozinha europeia." In *História da Alimentação*, dir. Jean-Louis Flandrin e Massimo Montanari, 338-58. São Paulo: Estação Liberdade, 1998.

Roth, Marty. "The golden age of drinking and the fall into addiction." *Janus Head* 7, nº 1 (2004): 11-33.

Rubin, Miri. *Corpus Christi: The Eucharist in Late Medieval Culture*. Cambridge: Cambridge University Press, 1992.

Rudgley, Richard. *Essential Substances: A Cultural History of Intoxicants in Society*. Nova York: Kodansha, 1995.

Sá, Artur Moreira de (comp.). *Chartularium Universitatis Portugalensis – v. I: 1288-1377*. Lisboa: Instituto de Alta Cultura/Universidade de Lisboa, 1966.

Saggers, Sherry; Gray, Dennis. *Dealing with Alcohol: indigenous usage in Australia, New Zealand and Canada*. Cambridge: Cambridge University Press, 1998.

Sahlins, Marshall. "A Primeira Sociedade da Afluência." In *Antropologia Econômica*, org. Edgar A. Carvalho, 7-44. São Paulo: Ciências Humanas, 1978.

_____. *Cultura e Razão Prática*. Rio de Janeiro: Zahar, 1979.

_____. *Ilhas de História*. Rio de Janeiro: Jorge Zahar, 1990.

Saeidi, Ali; Unwin, Tim. "Persian Wine Tradition and Symbolism: Evidence from the Medieval Poetry of Hafiz." *Journal of Wine Research*, 15, nº 2 (2004): 97–114.

Salvador, Vicente do. *História do Brasil (1500-1627)*. São Paulo/Brasília: Melhoramentos/INL, 1975 (1ª edição: 1627).

Santos, Fernando S. D. dos. "Alcoolismo: a invenção de uma doença." Dissertação de Mestrado, IFCH-Universidade de Campinas, 1995.

Santos, João M. "A expansão pela espada e pela cruz." In *A Descoberta do Homem e do Mundo*, org. Adauto Novaes, 145-162. São Paulo: Companhia das Letras, 1998.

Santos, Sérgio de P. *Vinho e História*. São Paulo: Dórea, 1998.

Saragoça, Lucinda. *Da "Feliz Lusitânia" aos Confins da Amazônia (1615-62)*. Lisboa/Santarém: Cosmos/Câmara Municipal de Santarém, 2000.

Saraiva, José H. *História Concisa de Portugal*. Lisboa: Europa-América, 1988.

Scarano, Julita Scarano. "Bebida Alcoólica e Sociedade Colonial." In *Festa: Cultura e Sociabilidade na América Portuguesa*, orgs. István Jancsó e Íris Kantor, 467-83. São Paulo: Edusp/Fapesp/Imprensa Oficial, v. II, 2001.

Schwartz, Stuart B.; Pécora, Alcir (orgs.). *As excelências do governador. O panegírico fúnebre a D. Afonso Furtado, de Juan Lopes Sierra (Bahia, 1676)*. São Paulo: Companhia das Letras, 2002.

Serra, Ricardo Franco de Almeida. "Sôbre o aldêamento dos indios uaicurus e guanás, com a descrição dos seus usos, religião, estabilidade e costumes (1803)." *Revista Trimestral de Historia e Geographia ou Jornal do IHGB* XIII (1872): 301-54.

Severns, Jen Royce. "A Sociohistorical View of Addiction and Alcoholism." *Janus Head* 7, nº 1 (2004): 149-66.

Sherratt, Andrew. "Alcohol and its alternatives: symbol and substance in pre-industrial cultures." In *Consuming Habits*, ed. Jordan Goodman, Paul E. Lovejoy e Andrew Sherratt, 11-45. Londres: Routledge, 2007.

Silva, Alberto da Costa e. *A Enxada e a Lança: a África antes dos portugueses*. Rio de Janeiro: Nova Fronteira, 2006.

Silva, Armando C. F. da. "A Idade do Ferro em Portugal." In *Portugal: Das Origens à Romanização*, org. Jorge de Alarcão, 259-341. Lisboa: Presença, 1990.

Silva, Maria B. Nizza da (org.). *Cultura Portuguesa na Terra de Santa Cruz*. Lisboa: Estampa, 1995.

Silveira, Simão Estácio da. "Relação Sumária das cousas do Maranhão." *Anais da Biblioteca Nacional* 94 (1976 [1ª edição: 1624]), edição fac-similar.

Siqueira, Diogo de Meneses e. "Carta para El-rei, sobre a arribada à Baía do galeão de D. Constantino de Meneses, que ia para a India; sobre as aldêas do gentio, sobre o serviço dos engenhos, etc." (Olinda, 23/08/1608) *Anais da Biblioteca Nacional* LVII (1935): 37-9.

Smith, David E; Solgaard, Hans S. . "Changing patterns in wine consumption: The north-south divide." *International Journal of Wine Marketing* 8, nº 2 (1996): 16-30.

Smith, Frederick H. "European Impressions of the Island Carib's Use of Alcohol in the Early Colonial Period." *Ethnohistory* 53, nº 3 (2006): 543-66.

Soler, Jean. "As razões da Bíblia: regras alimentares hebraicas." In *História da Alimentação*, dir. Jean-Louis Flandrin e Massimo Montanari, 80-91. São Paulo: Estação Liberdade, 1998.

Souza, Gabriel Soares de. *Tratado Descritivo do Brasil em 1587*. Recife: Fundação Joaquim Nabuco/Massangana, 2000 (1ª edição: 1587).

Souza, Marina de Mello e. *Reis Negros no Brasil Escravista: História da Festa de Coroação de Rei Congo*. Belo Horizonte, Editora UFMG, 2002.

Spina, Segismundo. *A Lírica Trovadoresca*. Rio de Janeiro/São Paulo: Grifo/Edusp, 1972.

_____. *Presença da Literatura Portuguesa – Era Medieval*. Rio de Janeiro: Bertrand Brasil, 1991.

Spix, Johann B. von; Martius, Carl F von. *Viagem pelo Brasil – 1817-1820*. São Paulo: Melhoramentos/IHGB/Imprensa Nacional, 1976 (1ªs edições: 1828-1829), 3 v.

Staden, Hans. *Duas Viagens ao Brasil*. Belo Horizonte/São Paulo: Itatiaia/Edusp, 1974 (1ª edição 1557).

Suess, Paulo (org.). *A Conquista Espiritual da América Espanhola*. Petrópolis: Vozes, 1992.

Tannahill, Reay. *Food in History*. Londres: Penguin Books, 1988.

Taylor, William B. *Drinking, Homicide and Rebellion in Colonial Mexican Villages*. Stanford: Stanford University Press, 1979.

Teixeira-Pinto, Márnio. *Ieipari: Sacrifício e Vida Social entre os índios Arara (Caribe)*. São Paulo: Hucitec/Anpocs/Ed. UFPR, 1997.

Thevet, André. *As Singularidades da França Antártica*. Belo Horizonte/São Paulo: Itatiaia/Edusp, 1978 (1ª edição: 1556).

Thompson, Stephen I. "Women, Horticulture and Society in Tropical America." *American Anthropologist* 79 (1977): 908-10.

THORNTON, John. *Africa and Africans in the making of the Atlantic world, 1400-1680*. Cambridge: Cambridge University Press, 1992.

TURNER, Terence. "De Cosmologia a História: resistência, adaptação e consciência social entre os Kaiapó." In *Amazônia: Etnologia e História Indígena*, org. Eduardo B. Viveiros de Castro e Manuela Carneiro da Cunha, 43-66. São Paulo: NHII-USP/Fapesp, 1993..

UNRAU, William E. *White Man's Wicked Water: The Alcohol Trade and Prohibition in Indian Country, 1802-1892*. Wichita: University Press of Kansas, 1999.

VAINFAS, Ronaldo. *A Heresia dos Índios: catolicismo e rebeldia no Brasil colonial*. São Paulo: Companhia das Letras, 1995.

_____. (dir.). *Dicionário do Brasil Colonial (1500-1808)*. Rio de Janeiro: Objetiva, 2000.

VALADARES, Virginia. "O consumo de aguardente em Minas Gerais no final do século XVIII: uma visão entre os poderes metropolitano e colonial." In *Álcool e drogas na história do Brasil*, ed. Renato P. Venâncio e Henrique Carneiro, 123-40. São Paulo/Belo Horizonte: Alameda/Ed. PUCMinas, 2005.

VASCONCELOS, Simão de. *Crônica da Companhia de Jesus*. Petrópolis/Brasília: Vozes/INL, 1977 (1ª edição: 1663), 2 v.

VASCONCELLOS, José L. de. *Textos Arcaicos*. Lisboa: Livraria Clássica, 1959.

VELHO, Álvaro. *O Descobrimento das Índias: O Diário da Viagem de Vasco da Gama, escrito por Álvaro Velho*. Rio de Janeiro: Objetiva, 1998 (1ª edição: 1838).

VENÂNCIO, Renato P.; CARNEIRO, Henrique (orgs.). *Álcool e drogas na história do Brasil*. São Paulo/Belo Horizonte: Alameda/Ed. PUCMinas, 2005.

VETTA, Massimo. "A cultura do symposion." In *História da Alimentação*, dir. Jean-Louis Flandrin e Massimo Montanari, 170-85. São Paulo: Estação Liberdade, 1998.

VEYNE, Paul. "O Império Romano." In *História da Vida Privada (v. I: Do Império Romano ao ano mil)*, org. Paul Veyne, 19-223. São Paulo: Companhia das Letras, 1995.

VICENTE, Gil. Pranto de Maria Parda. *Porque vio as ruas de Lisboa com tão poucos ramos nas tavernas, e o vinho tão caro e ella não podia passar sem elle (1522)*. Project Gutemberg, http://www.gutenberg.org/etext/21287 (acessado em 23/02/2009).

VIEGAS, Susana de Matos. *Terra Calada: Os Tupinambá na Mata Atlântica do Sul da Bahia*. Rio de Janeiro/Lisboa: 7Letras/Almedina, 2007.

VIEIRA, Antônio. *Cartas do Brasil (1626-1697) – Estado do Brasil e Estado do Maranhão e Grão-Pará*. São Paulo: Hedra, 2003.

VILAÇA, Aparecida. *Comendo Como Gente: formas do canibalismo Wari*. Rio de Janeiro: Ed. UFRJ/ANPOCS, 1992.

VITERBO, Joaquim de Santa Rosa de. *Elucidário das palavras, termos e frases que em Portugal antigamente se usaram e que hoje regularmente se ignoram : obra indispensável para entender sem erro os documentos mais raros e preciosos que entre nós se conservam*. Lisboa: A. J. Fernandes Lopes, 1865 (1ª edição: 1798), 2 t. Biblioteca Nacional Digital, http://purl.pt/13944/1/ (acessado em 22/02/2009).

VIVEIROS DE CASTRO, Eduardo B. *Araweté: os deuses canibais*. Rio de Janeiro: Jorge Zahar/ANPOCS, 1986.

_____. "Apresentação", In VILAÇA, Aparecida. *Comendo Como Gente: formas do canibalismo Wari*. Rio de Janeiro: Ed. UFRJ/ANPOCS, 1992.

_____. "Alguns Aspectos da Afinidade no Dravidianato Amazônico." In *Amazônia: Etnologia e História Indígena*, org. Eduardo B. Viveiros de Castro e Manuela Carneiro da Cunha, 149-210. São Paulo, NHII-USP/Fapesp, 1993.

_____. "Etnologia Brasileira." In *O que ler na ciência social brasileira (1970-1995)*, org. Sérgio Miceli, 109-223. São Paulo/Brasília: Sumaré/ANPOCS/CAPES, 1999.

_____. *A inconstância da alma selvagem – e outros ensaios de antropologia*. São Paulo: Cosac Naify, 2002.

_____. "Perspectivismo e multinaturalismo na América indígena." In *A inconstância da alma selvagem – e outros ensaios de antropologia*. São Paulo: Cosac Naify, 2002, 347-99.

_____. "O Mármore e a Murta: Sobre a Inconstância da Alma Selvagem." In *A inconstância da alma selvagem – e outros ensaios de antropologia*. São Paulo: Cosac Naify, 2002, 183-264.

_____; CUNHA, Manuela Carneiro da (orgs.). *Amazônia: Etnologia e História Indígena*. São Paulo: NHII-USP/Fapesp, 1993.

WACHTEL, Nathan. "Os Índios e a Conquista Espanhola." In *História da América Latina: A América Latina Colonial (v. 1)*, org. Leslie Bethell, 195-239. São Paulo/Brasília: Edusp/Funag, 1998.

WARNER, Jessica. "Before there was 'alcoholism': lessons from the medieval experience with alcohol." *Contemporary Drug Problems* 19, nº 3 (1992): 409-429

WIENS, Frank *et al.*, "Chronic intake of fermented floral nectar by wild treeshrews." *Proceedings of the National Academy of Sciences* 105, nº 30 (2008): 10426–31.

WILLIAMS, Patrick R. "An Intoxicating Ritual: A Sacrament of Drunkenness Built Loyalty in the Andes." *Discovering Archaeology* 2, nº 2 (2000): 72.

WILLIS, Justin. "Drinking Power: Alcohol and History in Africa." *History Compass* 3 (2005), http://www.blackwell-compass.com/subject/history/article_view?article_id=hico_articles_bpl176 (acessado em 13/02/2009).

WILSON, Samuel M. e J. Daniel Rogers. "Historical Dynamics in the Contact Era." In *Ethnohistory and Archaeology: Approaches to Postcontact Change in the Americas*. ed. J. Daniel Rogers e Samuel M. Wilson, 3-15. Nova York: Plenum Press, 1993.

WRIGHT, Robin M. (org.). *Transformando os Deuses: Os múltiplos sentidos da conversão entre os povos indígenas no Brasil*. Campinas: Ed. Unicamp, 1999.

ZENT, Egleé L., Stanford Zent e Teresa Iturriaga. "Knowledge and use of fungi by a mycophilic society of the Venezuelan Amazon." *Economic Botany* 58, nº 2 (2004): 214–26.

AGRADECIMENTOS

Este livro é resultado de minha tese de doutoramento, defendida em 2004 no Programa de Pós-Graduação em História da Universidade Federal Fluminense, sob a orientação de Ronaldo Vainfas. Entre cortes e acréscimos, fiz várias modificações, no sentido de tornar o trabalho apropriado a um público mais amplo. Além disso, nestes últimos anos vários livros e artigos surgiram, com novas abordagens e resultados, e tentei, na medida do possível, acrescentar estes novos desenvolvimentos ao meu próprio trabalho.

Muitas destas modificações se originaram dos comentários e críticas feitos pelos meus arguidores, durante a defesa da tese. Quero agradecer a todos: Eduardo Viveiros de Castro, John Monteiro, Maria Regina Celestino e Ronald Raminelli contribuíram enormemente para que eu pudesse sanar insuficiências e preencher lacunas da tese original. Espero ter conseguido, neste livro, fazer justiça às suas excelentes intervenções.

Naturalmente, meu maior agradecimento vai para Ronaldo Vainfas. Desde o princípio, ele se mostrou um leitor atento e entusiasmado com as possibilidades deste trabalho. Sem as suas críticas, rápidas e certeiras, mas sempre suaves e generosas, minhas dificuldades seriam ainda maiores na abordagem de um tema enciclopédico que, frequentemente, parecia querer escapar de minhas mãos, e se perder em uma montanha de informações. Não obstante, Ronaldo jamais disse que deveria me conter, algo comum em tantos orientadores: pelo contrário, constantemente me incentivava a ir atrás dos meus próprios pensamentos. Sempre solícito e atencioso, não poderia ter desejado uma orientação melhor do que a dele.

Outras pessoas também colaboraram com seu incentivo e sugestões, e eu citaria (já me desculpando pelos inevitáveis esquecimentos) os professores André Vieira de Campos e Hebe Mattos de Castro, bem como meus colegas no curso de Pós-Graduação em História da UFF. Também quero agradecer a José C. Curto, Marco Antonio Gonçalves, Alida C. Metcalf, Cristina Pompa e Susana Viegas, pelos comentários e incentivos vários.

Para minha tia, Marly Azevedo Gama, tenho um agradecimento especial, por seu carinho e disponibilidade em me hospedar no Rio de Janeiro, enquanto cursava as disciplinas da pós-graduação. E também Nayana Mariano, cuja capacidade de trabalho e boa vontade na realização das pesquisas documentais foram fundamentais para o resultado desta tese, além de Danuza Mariano, pela leitura e correções.

Agradeço à minha família e amigos, por suportarem toda a variabilidade do meu humor, enquanto escrevia a tese e agora este livro. E ao PICD-Capes e à PRPG-UFPB pelo apoio financeiro durante o doutorado.

Por fim (*but last not least...*), os agradecimentos mais importantes:

Para Serioja, cujo carinho e amor imensos foram vitais para mim. Em um momento difícil (grávida e escrevendo sua própria tese), em que minha presença seria mais necessária, ela suportou com firmeza e bom humor inesgotáveis os muitos momentos de ausência. Sua herança tapuia jamais se enciumou de minhas predileções tupinambás, e meu amor por ela, que já era imenso, só fez aumentar.

E para Paulinho, que veio ao mundo no momento em que eu escrevia a tese, e que colocou tudo de pernas para o ar. Em pleno gozo dos quarenta e um anos, jamais imaginei que ainda era um *kuru'mi*, e que só me tornaria um homem ao ver aquele rostinho risonho me fitando. Espero que, no futuro, você leia e goste deste trabalho, e saiba que, apesar das noites mal dormidas, jamais me senti tão feliz.

Cabedelo, Paraíba, fevereiro de 2011

Esta obra foi impressa em Santa Catarina no outono de 2011 pela
Nova Letra Gráfica & Editora. No texto foi utilizada a fonte Arno Pro,
em corpo 10,5, com entrelinha de 13,5 pontos.